小学数学课程与教学论

黄友初　朱忠明　编著

上海交通大学出版社
SHANGHAI JIAO TONG UNIVERSITY PRESS

内容提要

本书主要分为小学数学课程与教科书分析、小学数学教学理论和小学数学教学实践三个模块,共七章。其中,第一章为概论,内容相对独立,主要论述小学数学的产生与发展、小学数学的主要特点,以及学习小学数学课程与教学论的目的和意义。第二章和第三章属于小学数学课程模块,主要论述小学数学课程的发展,解读小学数学课程标准,分析小学数学教科书,并介绍了教科书分析和教学改造的主要策略。第四章和第五章属于小学数学教学理论模块,主要论述小学生数学发展的主要特征和小学数学教学的主要特征。第六章和第七章属于小学数学教学实践模块,主要论述小学数学教学的主要方法,以及小学数学教学设计撰写的主要内容和步骤。本书适合小学教育专业(数学方向)、数学与应用数学(师范)专业本科生和相关专业研究生阅读,既适合作为相关课程的教科书,也适合作为小学数学在职教师和教育研究者的阅读书籍。

图书在版编目(CIP)数据

小学数学课程与教学论/黄友初,朱忠明编著. —
上海:上海交通大学出版社,2024.1
ISBN 978 - 7 - 313 - 29736 - 5

Ⅰ.①小…　Ⅱ.①黄…②朱…　Ⅲ.①小学数学课—教学研究　Ⅳ.①G623.502

中国国家版本馆 CIP 数据核字(2023)第 207750 号

小学数学课程与教学论

XIAOXUE SHUXUE KECHENG YU JIAOXUELUN

编　　著	黄友初　朱忠明			
出版发行	上海交通大学出版社	地　　址	上海市番禺路 951 号	
邮政编码	200030	电　　话	021 - 64071208	
印　　制	上海景条印刷有限公司	经　　销	全国新华书店	
开　　本	787mm×1092mm　1/16	印　　张	11.75	
字　　数	242 千字			
版　　次	2024 年 1 月第 1 版	印　　次	2024 年 1 月第 1 次印刷	
书　　号	ISBN 978 - 7 - 313 - 29736 - 5			
定　　价	56.00 元			

前　言

　　本书主要阐述小学数学的课程内容和要求,以及小学数学教学的主要特点和基本方法,回答小学数学课程"教什么"和"怎么教"这两个方面的问题。小学数学的学科知识虽然难度不大,但是要把小学数学课上好却不容易,因为教师在讲授时需要以学生的知识为基础,不能超越他们已有的知识,教师还需要以学生的认知思维为基础,不能超越他们的数学能力和思维习惯。这就要求教师对小学数学知识的学科本质有较为深刻的理解,要对小学数学知识的教学要求有全面的认识,要对小学生的数学认知特征和学习习惯较为熟悉,还要具有较强的小学数学教学设计能力和实施能力,这些都对小学数学教师的专业提出了较高的要求。本书旨在帮助小学数学教师认识小学数学,理解小学生的数学学习,掌握小学数学的教学方法,进而帮助小学数学教师更有效地提高自身的专业水平。

　　本书由上海师范大学的黄友初和朱忠明负责编写,其中黄友初负责第一、第四到第七章的撰写,朱忠明负责第二、第三章的撰写,全书由黄友初负责审阅。两位教师从事该课程的教学多年,本书以两位教师的课程教学为基础,以《义务教育数学课程标准(2022年版)》为指导,在对教学内容和教学经验进行提炼后形成理论性知识,既涵盖了小学数学课程与教学的核心内容,又体现了较强的可教性和可学性。具体请见课程导图。为了帮助小学教师更好认识小学数学,本书对小学数学的历史发展过程进行了简述;为了帮助小学教师更好认识小学生的数学学习,本书对小学生的数学发展特征和数学学习特征进行了论述,这也是本书相较于其他同类书的特色之处。这些内容对于小学数学教师更好理解小学数学学科知识,更好认识小学生的数学思维发展过程,设计更符合小学生学习的课堂教学有一定参考价值。特别地,本书在每章末尾设置了思考与练习,通过上海交通大学出版社网站的资源服务,可免费下载相应的参考资料。获取路径为:http://www.jiaodapress.com.cn/Data/List/zyxz。

  本书引用了很多学者的观点，在此表示感谢。在本书的撰写过程中，笔者的博士生尚宇飞和王佩，硕士生管民、成婕好、于洁、史雪莉、沈逸铭和邵君妍给予了很多帮助，在此表示感谢！

  由于水平有限，本书还存在诸多不足，敬请读者批评指正。

黄友初

2023 年 9 月于上海师范大学

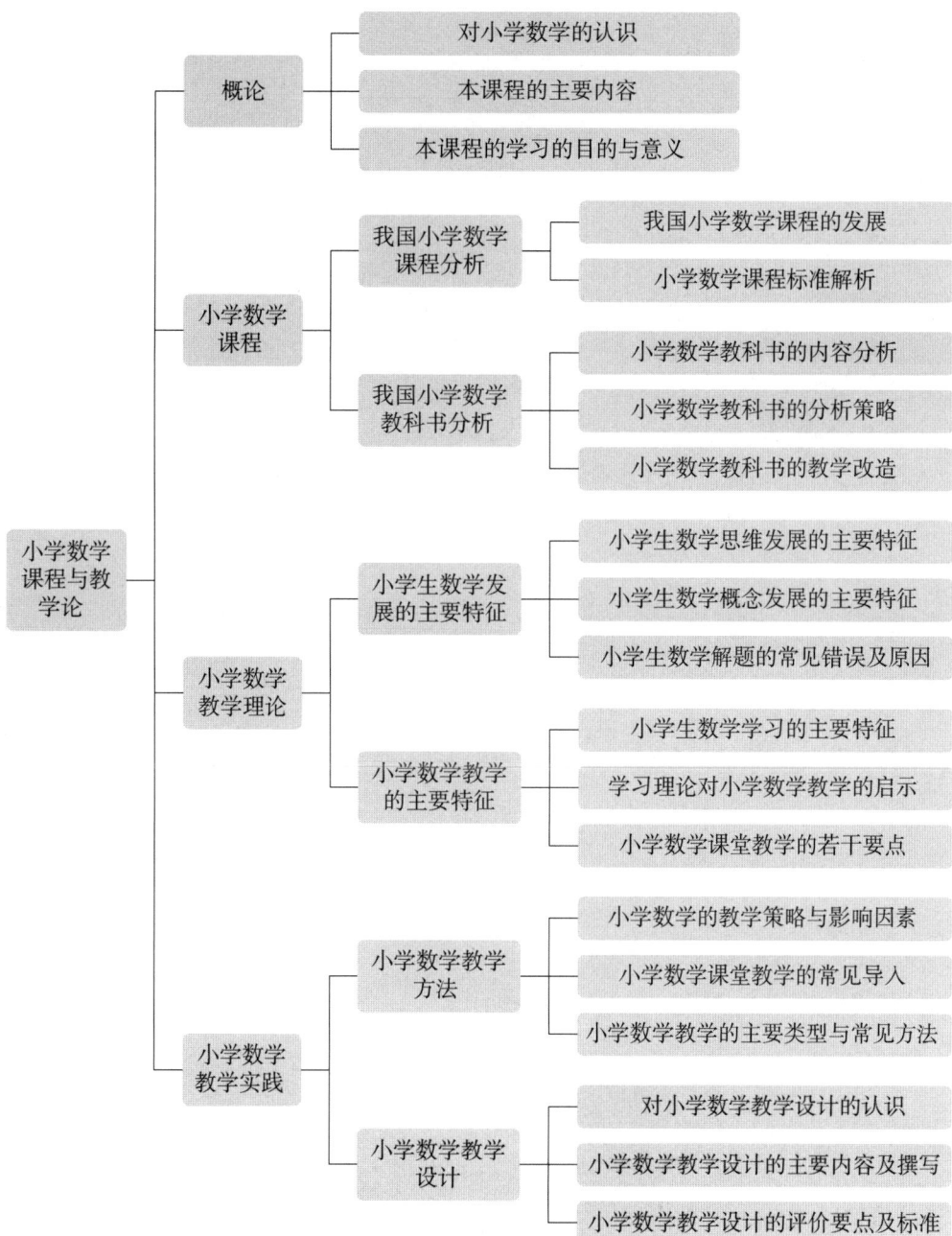

课程导图

```
                          ┌─── 对小学数学的认识
                   概论 ───┼─── 本课程的主要内容
                          └─── 本课程的学习的目的与意义

                                                  ┌─── 我国小学数学课程的发展
                          ┌─── 我国小学数学课程分析 ─┤
                          │                        └─── 小学数学课程标准解析
                小学数学   │
                课程 ──────┤                        ┌─── 小学数学教科书的内容分析
                          └─── 我国小学数学教科书分析 ─┼─── 小学数学教科书的分析策略
                                                  └─── 小学数学教科书的教学改造

                                                  ┌─── 小学生数学思维发展的主要特征
                          ┌─── 小学生数学发展的主要特征 ┼─── 小学生数学概念发展的主要特征
                          │                        └─── 小学生数学解题的常见错误及原因
小学数学         小学数学   │
课程与教 ────────  教学理论 ──┤                        ┌─── 小学生数学学习的主要特征
学论                      └─── 小学数学教学的主要特征 ─┼─── 学习理论对小学数学教学的启示
                                                  └─── 小学数学课堂教学的若干要点

                                                  ┌─── 小学数学的教学策略与影响因素
                          ┌─── 小学数学教学方法 ─────┼─── 小学数学课堂教学的常见导入
                          │                        └─── 小学数学教学的主要类型与常见方法
                小学数学   │
                教学实践 ──┤                        ┌─── 对小学数学教学设计的认识
                          └─── 小学数学教学设计 ─────┼─── 小学数学教学设计的主要内容及撰写
                                                  └─── 小学数学教学设计的评价要点及标准
```

目　　录

第一章 概 论

🔍 知识点导图

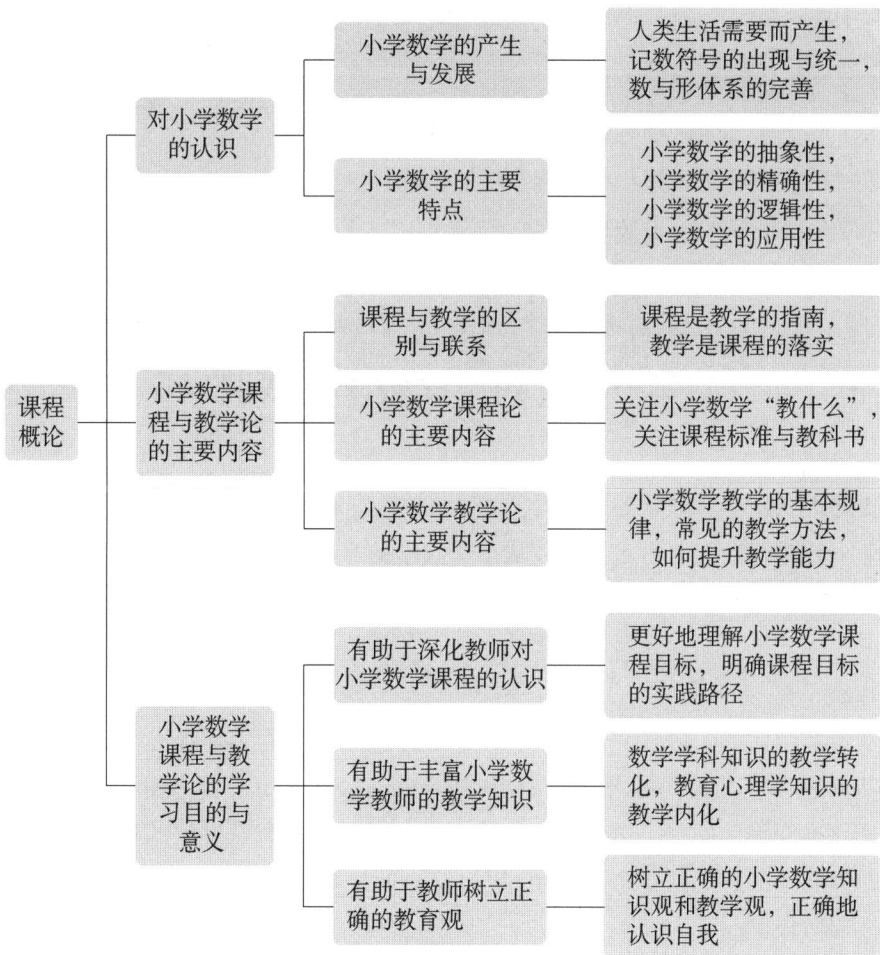

⚙ 本章导言

　　数学是基础性学科,数学知识是认识世界的基础,也是学习其他学科知识的基础,在学习数学的过程中,学生的各项能力和人格品质也会得到有效发展。小学是学校教育的初始阶段,小学生处在认知发展的启蒙期,知识基础较为薄弱,生活经验也较为缺乏,这些都给小学数学的教学带来了困难。只有遵循了数学学科逻辑和小学生的认知发展规律,小学数学的教育价值才能得到有效彰显。因此,小学数学教师或教育研究者需要对小学数学的课程与教学有较为深入的认识。本章为概论,主要论述小学数学的发展历程与基本特征,简要介绍小学数学课程与教学论研究的主要内容,并阐述学习小学数学课程与教学论的目的与意义。

📖 学习目标

　　(1)了解小学数学的发展历程。
　　(2)了解小学数学课程与教学论的学习内容。
　　(3)理解小学数学课程与教学论的学习目的。
　　(4)掌握小学数学的主要特点。

第一节　对小学数学的认识

　　要更好地实施小学数学的教学,需要对小学数学有较为全面而深入的了解,教师可选择专业书籍进行阅读与学习。本节从小学数学的产生与发展,以及小学数学的主要特点两个方面进行简要说明,以帮助教师对小学数学的由来和特点形成初步认识。

一、小学数学的产生与发展

　　数学源自生活,尤其是小学阶段所学习的数学知识与生活有着密切的联系,它们是人类在活动过程中逐渐形成,不断抽象出本质特征后,再采用符号化表示,并以符号为主进行形式化推演得到的。小学阶段的数学知识主要形成于数学发展的早期阶段,大致经历了从对数与形的感觉到概念的产生、记数符号的出现与统一,以及数与形体系的发展这三个发展阶段。

(一)从对数与形的感觉到概念的产生

　　小学数学主要集中在数和形两个方面,它们的产生都与人们的生活有关。早在原始社会的时候,为了更好地打猎和生产,人们需要具备认识"大"和"小",以及"多"和"少"的能力,于是开始有了对数和形的初步感觉。但是这些并非人类所特有,一些动物也有对"多与少"和"大与小"的感觉。只不过,这些动物最多只有数的感觉,或者只能进行简单的加减运算,一旦遇到超过一定量的物品,就会将其归入"多"的行列。曾有研究表明,一些鸟类,只能记住 4 个及以下数量的事物,超过 4 个对它们来说就是一样的,都认为数量是"多"。更具体的如下:一个鸟窝里如果有 4 个及以下的鸟蛋,被人拿走一个,它们就会发现;如果有 8 个鸡蛋,被人拿走 1~2 个,它们也不会察觉。而人类自从有了数的感觉后,对其认识不断深入,同时伴随着生活经验的积累和大脑的不断发达,从事物中抽象出了数,形成了数学的概念。例如,人们发现一只羊、一头牛、一只鸡和一棵树,存在着共同属性,就是"1";三只羊、三头牛、三只鸡和三棵树,也存在着共同的属性,就是"3"。两个共同属性虽然是同一类的,但在"多与少"方面是不一样的,3 比 1 多,这表示数的概念在人们的大脑中初步形成了。此后,随着生活中对数的概念运用的逐渐广泛和逐步深入,人们的认知体系中对数的概念认识也越来越清晰。

随着生产工具的发展,人们有了剩余的食物,物物交换更趋频繁,为此人们越来越需要具备数的概念。例如,一个人有好多只羊,但没有鸡;而另一个人有好多只鸡,却没有羊。两个人想交换一下食物,怎么交换合适呢? 如果一只鸡换一只羊,拥有羊的人肯定不愿意,因为一只羊可以食用更久一些。那么一只羊该换多少只鸡比较合适呢? 于是人们就要思考羊的大小是多少,大概可以作为几天或几顿食物;而鸡的大小是多少,大概可以作为几天或几顿食物;可能还会考虑哪种动物的肉更好吃;等等。这时候,人们不仅需要有数的概念,还要有判断数大小的意识,这种数意识的形成离不开数的比较。早期人们对数的理解,往往是将数与量相联系,在思考过程中将数转化为相应量的物品,然后对物品的多少进行比较。其中,最直接也最让人信服的比较方法就是一一对应,也就是你一个我也一个,最后看谁还有剩下的,谁就"多",对应的数就"大"。例如,羊的数和鸡的数要进行大小比较的时候,也可以采用一一对应的方法,一直比到一方的鸡或者羊没有了,另一方还有剩下的,那么有剩下的这一方的数就是大一些的数。人们也用这种方法来记录自己拥有物品的数量到底是多少,在比较过程中逐步感知了数的大小。例如,人们捕捉了很多只羊,想要知道到底有多少只,一只只地数不停走动着的羊,不仅容易数错,而且早期的人们也还不具备直接数大数的能力。于是,他们采用了如下方法:放一只羊进到羊圈里的时候,从地上捡起一颗小石头,再放一只羊进去就再捡起一颗小石头……最后只要数出捡起来的石头有多少,就知道羊的数量是多少。当要从羊圈里抓出羊时,抓出一只羊就扔掉一颗小石头,再抓出一只羊就再扔掉一颗小石头……等到捡起来的小石头都扔掉了,说明羊圈里的羊没有丢失过。这种方法将羊和石头的数量建立了一一对应的关系,知道了两者是相等的。在这个过程中,也逐渐认识了某个数对应的具体量是多少,量越多这个数就越大。这些都表明,数是从生活中产生的,并在生活中逐渐发展。儿童数概念的产生,以及数大小的比较,大多也是按照这种方式逐步发展的。

形概念的形成也一样,人类最初从对自然界物体的观察中逐步形成形的感觉。例如，从对太阳和月亮的观察中逐步形成了圆形的感觉，从对山峰和树木的观察中逐步形成了三角形的感觉，从对石块和土地的观察中逐步形成了正方形的感觉。有了这些形的感觉后，人们在建造房屋、制作器皿时除了考虑实用性，也会考虑美观性，这些图形便在他们的房子、器皿装饰中出现了。一旦这些形状脱离了实物而独立存在时，就表明人们有了形的概念。

数和形概念的形成，尤其是数的概念形成以后，人们在表达时更加准确，在思考问题时更加深入，相互之间的交流更加方便，也促进了人类思维的发展。这些数和形的概念不是某个人或者某一个部落发现的，而是人类在发展过程中逐步认识到的，在时间上大约可以追溯到 30 万年前，也就是人类刚开始会使用火的时候[①]。这些概念的产生，标志着人类文明取得了一大进步。

（二）记数符号的出现与统一

有了数的概念后，人们在记录和交流中就会用到它，这就需要采用某种方式来表示。最为常见的表示数的方法有三种：语言、手势和符号。采用语言方式来表示，在使用相同语言的人群中交流无障碍，但是无法记录；采用手势方式来表示，最为常见的是用手指个数表示数（量）的多少，很直观，使用相同语言或者不同语言的人都能看懂，但是也存在无法记录的不足。因此，如果需要记录保存或者书面交流，那么数的符号表示就显得十分必要，于是在数的概念出现后不久，数的符号也随之出现了。

历史考证发现，早期人们会在动物的骨头或者石头上刻记号，也有在木头或者竹子上做记号，当然骨头或石头上的记数符号保存得会相对持久，木头或竹子上的记号经历风吹雨打容易腐烂。有了绳子后，人们通过在绳子上打结来记录数字。以上被分别称为"刻痕记数"和"结绳记数"。这两种记数的方法都比较直观，记录也很方便。刻痕记数就是在动物骨头上一条一条地刻，最后刻了多少条就表示有多少数；结绳记数也差不多，在绳子上打了多少个结就表示有多少数。两种记数方式其实都体现了一一对应的思想，一个数量对应一条痕或者一个结。这些方法虽然很便捷，但是如果需要记录的数比较大就会很不方便，因为要刻很多条痕或者打很多个结，不仅记录很麻烦，而且也很容易数错。于是，人们就思考在数量积累到一定程度时采用一个新的符号，也就是创造新的符号来表示大于 1 的数。例如，一条痕表示 1，一个三角形表示 2，一个圆形表示 3，一个正方形表示 4，等等。这样的话，在表示较大的数的时候，需要用到的符号个数就可以减少。比如，在需要表示 4 的时候，不需要刻 4 条痕，只要刻 2 个三角形或 1 个正方形就可以了。这可以理解为，小学生在数物品的时候，本来是一个个地数，现在变成了两个两个地数，三个三个地数，等等，数的次数会减少很多。同样的，采用这种记数符号后，在记数时用到的符号个数也会减少很多。

这种记数方法是进制思想的开始。在一个量用一条痕或一个结来表示数之后，要改

---

① 李文林. 数学史概论(第三版)[M]. 北京:高等教育出版社,2011.

成几个量对应一个符号来表示数,面临着几个一的符号变为一个符号表示几的问题,这就是进制的思想。早期的人们都曾用单独的符号表示 2、3、4、5、6、7、8、9、10、12、20、60等,但可能是人类有十根手指的缘故,人们最后都统一为使用十进制。因为 10 以下的数在交流时可以用手指来表示,而超过 10 就需要借助其他工具,所以久而久之就习惯了十进制的思维。事实上,二进制、十二进制和六十进制现在仍影响着我们的生活。例如,计算机语言就是以二进制为基础,在时间的转换中我们大多采用十二进制和六十进制。但是,最初的十进制和我们现在的十进制是不一样的,我们现在的十进制还包括了位置值,也就是同一个数字出现在不同位置表示的数是不一样的。而在最初的时候,人们虽然有了表示 10 的符号,但是这个符号出现在哪个位置并不影响这个数的大小,而影响这个数大小的是有几个这种符号就表示几个 10。例如,如果用 A 表示 1,B 表示 10,那么 12 可以表示成 AAB,也可以表示成 BAA 或者 ABA,只要有一个表示 10 的符号,两个表示 1的符号就可以了;同样,21 可以表示成 ABB、BBA、BAB。因此,在小学数学教学中,用一个符号表示 10,小学生会比较容易理解,但是要用一个 1 和一个 0 这两个符号表示 10,小学生就未必能理解。从小学数学的历史发展中我们可以得到启示,在教学 0 和 10 的时候,要进行精心的设计。

有了数的符号后,人们对数的认识更加深刻了,这不仅在很大程度上促进了人们的交流,也更有效地促进了数学的发展。当然,不同地区表示数的符号是不一样的。例如,古埃及用的是象形数字,古巴比伦用的是楔形数字,我国古代用的是甲骨文数字和筹算数码等。这些记数符号在最初时大多是象形符号,此后逐渐演化,变成便于书写的字母符号,最后统一为阿拉伯数字符号。现在全世界广泛运用的阿拉伯数字,最初形成于印度,公元 8 世纪末传到了西亚的阿拉伯地区,并不断演化。阿拉伯著名数学家阿尔·花拉子米(Al-Khwarizmi)在《还原与对消计算概要》(也被称为《代数学》,约 820 年前后)一书中详细介绍了阿拉伯记数符号和方法,由于这种记数法需要用到的符号不多,书写也比较方便,该书传到欧洲后,便在欧洲逐渐传播开。因此,这种记数符号称为印度-阿拉伯数字更为准确。

我国古代曾采用在绳子或类似绳子的物体上打结的方法来记录数,或者在树木、竹子和动物骨头上刻下痕迹来记录数。有了文字以后,我国就用文字或者文字符号来表示数。在甲骨文和金文中,都有用来表示数的文字。到了春秋战国时期,出现了类似算筹的数字文字,也被称为筹算数码。无论是甲骨文和金文中的数字,还是筹算数码,都是以形为主的演化结果。我国很早就有了十进制的概念,而且也很早就通过位置的变化来表示更大的数。例如,在甲骨文中,不仅 1 到 9 有对应的数字符号,整十、整百和整千也都有对应的符号。甲骨文数字和筹算数码后来都经历过不断的演变,其中甲骨文数字逐渐变成了一、二、三、四、五、六、七、八、九、十等文字数字,一直使用到现在。印度-阿拉伯记数法是在 20 世纪初期,随着国外数学著作在我国被大量翻译,才逐渐在我国传播的。

值得一提的是,伴随着数的运用越来越广泛,记录数的媒介也越来越多。比如,古巴比伦将数记录在泥板上,被称为泥板书;古埃及将数记录在用纸莎草压成的薄片上,被称为纸草书。直到我国的造纸术在全世界的推广,真正意义上的书籍才产生,媒介的更迭大大促进了数学的发展。

(三) 数与形体系的发展

随着生产工具的改进,社会文明得到快速发展,对数和形有了更多的需求。在社会实践中,随着人们对数和形认识的不断深入,数和形的体系得到了不断的发展。例如,随着耕地种植的盛行,土地的分配不仅需要人们能掌握形状面积的规则特征,也需要能熟练掌握数的运算。由于河水泛滥后会将河底的淤泥冲到两岸,所以河流两岸的土地往往比较肥沃,也比较适合灌溉,于是早期的人类大多生活在河流两岸。这就不可避免会受到洪水的侵袭,于是每年在洪水退去后要重新分配土地,给人们分配一块与洪水前同样大小的土地。为此需要人们掌握三角形、四边形、梯形和圆形等图形面积的计算方法。在流传下来的记录中,有一部分计算方法是正确的,也有很多是不正确的,而且即使是正确的计算方法也不能说明当时的人们都已经掌握了这些图形面积的计算法则。在最初的时候,这些计算方法都是人们从实践经验中总结而来的,是为了实际的需要,以人们的实际经验感知为基础,在相互比较中将计算方法逐步优化,使结果逐渐接近了精确值。而要得到计算的准确值,则需要有明确的依据,需要专门的探究才能获得,这在早期的经验数学时代是很难做到的。只有从古希腊后数学的发展才进入论证数学的阶段[①],形式化的推导才逐步取代经验性判断,数学也进入飞速发展的时期。当然我们应该看到,实践经验的积累是十分必要的,只有经验数学发展到一定程度,才能导致论证数学的产生。因此在小学数学的教学中,要先让学生有一定的情境体验和操作经验积累,而不是直接进入抽象化程度较高的数学符号学习。

数的概念产生后,很快就在生活中得到运用,在此过程中形成了运算的思想。例如,如果已经有了 2 个数的物品,再拿来 3 个数的物品,那么现在就有 5 个数的物品,这种数量的变化过程称为"加法运算";如果已经有了 5 个数的物品,从中拿走 2 个数的物品,那么还剩 3 个数的物品,这种数量的变化过程称为"减法运算";如果有一堆物品,3 个 3 个地数,一共数了 4 次,那么总共有 12 个数的物品,这种数量的变化过程称为"乘法运算";如果 3 个人一起获得了 12 个数的物品,那么每个人就可以平均分到 4 个数的物品,这种数量的变化过程称为"除法运算"。当然,在最开始的时候,人们不是用这些符号,也不是采用这些名称和说法的,现在采用的这些符号、名称和读法都是在数学发展过程中逐步完善和统一的。

在除法运算中,随着分配运用越来越频繁,分配不尽的情况就会出现,于是人们发明了分数,用分数来表示整体的一部分。例如,3 个人分 4 个西瓜,首先每人拿 1 个西瓜,然后剩下 1 个西瓜,这时把剩下的西瓜切成 3 个部分,每人拿其中 1 个部分。所拿走的这个

---

① 克莱因 M. 古今数学思想(第一册)[M]. 上海:上海科学技术出版社,2002.

部分,只是 1 个西瓜的一部分,无法再用正整数来表示。于是人们需要创造出新的数来表示它,这个数就是我们现在所说的分数。分数的符号表示有很多,由于其主要在分配中出现,几个物品被几个人分,所以最后写成分子在上面、分母在下面的形式被大家广泛认可。当然,最初是没有分数线的。根据史料记载,大约三四世纪的时候,印度人也将分数写成了分子在上面、分母在下面的形式,中间并没有用横线隔开,而且他们用这种形式不仅仅表示分子是 1 的分数,也表示其他类型的分数①。到了公元 12 世纪,阿拉伯的文献中出现了带有分数线的分数,后来世界各地广泛采用了这种形式。

相较于分数,小数的出现要迟得多,因为在最初的时候小数所需要表示的量,分数也可以表示,所以在实际生活中或者在数学研究中对小数的需求并没有那么迫切。但是随着数学运用的日益频繁,分数的书写没有整数工整,相互运算也不如整数方便,尤其是在异分母分数的加减方面弊端愈发明显。在十进制逐渐深入人心后,人们也越来越习惯于用十进制来思考与表示数,于是在一些非整数的表示中,人们将分数表示成以 10、100、1 000 等数为分母的分数相加的形式。例如,我国数学家刘徽在处理开平方开不尽的数时,采用这种以 10、100 和 1 000 等为分母的分数相加的数来取近似,并指出后续要加的项越多,这种近似会越精确:“微数无名者以为分子,其一退以十为母,其再退以百为母。退之弥下,其分弥细。”②这就有了小数的思想,在这一过程中分数演化成了小数,被称为十进小数。当然,最初的小数还不是现在这种表示方式。大约公元 9 世纪左右,阿拉伯数学家阿尔·乌格利迪西(Al-Uqlidisi)在《印度算术》一书中用一撇将整数部分与小数部分分开,也就是现在的 1.23 写成 1'23 的形式③。此后,还出现了各种小数的表示方式,直到 17 世纪人们才普遍采用现在的用一点将整数部分与小数部分分开的小数表示形式。值得一提的是,在我国古代的数学著作《九章算术》中不仅记录了各种整数和分数的计算方法和书写方式,还给出了很多对应的数学名称,有的一直沿用至今,例如,减、余、差、乘、积、分数、分子、分母、通分、正数、负数、幂、弧、弦、半径、开方等。这表明,在公元 1 世纪时,我国学者就对数学有了系统性的认识。

在很早的时候人们对数的认识是从整数、分数和小数等有理数拓展到了无理数的。古希腊的毕达哥拉斯秉持“万物皆数”的理念,他认为人们所知道的事和物都可以用“数”来表示,此时的“数”是指我们现在的自然数和两个自然数的比例,也就是正的分数。此后,毕达哥拉斯发现了直角三角形中两条直角边的平方和等于斜边的平方这个规律,被称为毕达哥拉斯定理,在我国称之为勾股定理。这样一来,有些直角三角形的直角边或斜边的长度就没法用自然数或自然数的比值来表示。例如,如果一个直角三角形的两条直角边长度是 1,那么斜边的长度就是 $\sqrt{2}$,但当时是无法表示这个数的,因为 $\sqrt{2}$ 不能被表

---

① 卡约黎. 初等算学史(上,下)[M]. 曹丹文,译. 上海:商务印书馆,1936.
② 李迪. 十进小数发展简史[J]. 数学通报,1964(10):16,47 - 49.
③ KATZ V J. 数学史通论[M]. 李文林,邹建成,胥鸣伟,等译. 北京:高等教育出版社,2004.

示成两个数之比。在恐慌之后,人们意识到还有一类数是不能表示成分数形式的,这就是我们现在的无理数。从毕达哥拉斯发现它,到人们接受这类数过了一千多年。比如,无理数 π,虽然人们当时还不知道这个是无理数,但是很早就对它进行了研究。早期人们在实践过程中就逐渐意识到圆的周长和直径是成正比的,为了探索这个比值到底是多少,人们经过了不断的努力,主要的方法是采用近似。最早曾经用过 3,后来古希腊数学家阿基米德和我国数学家刘徽都将 π 精确到 3.14,祖冲之将其精确到 3.141 592 6,这些在当时都是非常先进的。

文艺复兴之后,西方的科技取得了快速的发展,圆周率的使用越来越广泛,于是寻找表示圆周率的专门符号显得越来越有必要。英国数学家奥特瑞德(W. Oughtred,1574—1660)在 1647 年出版的《数学入门》一书中,用 $\frac{\pi}{\delta}$ 表示圆周率,即圆周长和直径之比,其中 π 和 δ 分别是希腊文圆周长(περιφέρεια)和直径(διάμτρος)的第一个字母。虽然此后也有数学家采用 e、c 或者 $\frac{\pi}{\rho}$ 来表示圆周率,但是源自古希腊文的 $\frac{\pi}{\delta}$ 在一定程度上得到了人们的认可。由于在求圆周率时,人们常取圆的直径为 1,即 $\delta=1$,这样 $\frac{\pi}{\delta}$ 就变成了 π。英国数学家琼斯(W. Jones,1675—1749)在 1706 年出版的《最新数学导论》一书中,最先使用 π 来表示圆周率。但是琼斯这一开天辟地的符号"首演"并没有立即得到广泛流传和使用。直到 1748 年,欧拉(L. Euler,1707—1783)将 π 带进他的著作《无穷小分析引论》,此后 π 逐渐被大众所接受,成为圆周率的代名词,一直沿用至今。

几千年来人们都不能计算出圆周率的精确值,于是人们就从另一个角度思考:π 的精确值是否无法得到? 这个疑问目前已经得到了答案。1761 年,德国数学家约翰·海因里希·兰伯特(Johann Heinrich Lambert,1728—1777)向柏林科学院提交论文,初步证明了圆周率是无理数。该论文于 1768 年发表。不过,兰伯特的证明并不十分严格。于是在 1794 年,法国数学家勒让德在巴黎出版了《初等几何》一书,对兰伯特的不严格证明予以补证。此后,法国的埃尔米特(C. Hermite,1822—1901)等数学家分别给出过 π 是无理数的不同证明,至今没有发现异议①。这表明,在理论上已经证明了圆周率是不能被算尽的。

在形的认识方面,随着生产、生活的需要,人们要认识更多的几何图形以及它们的性质。例如,天文学的发展需要人们进行角度大小的刻画,进而促使了三角函数的产生;根据长度测量和规范的需要,人们逐渐形成了标准长度的意识,进而约定形成了米、厘米、千米等标准长度,以及相应的长度单位;随着生产和工具的优化,人们需要知道各种常见图形的大小,人们在逐渐意识到标准大小的重要性后探索出了面积的概念和计算方法,

① 陈仕达,陈雪. 探寻数学常数:说不尽的圆周率[M]. 北京:人民邮电出版社,2016.

并约定形成了各种面积单位。在生活实践中人们逐步掌握了直线平行、图形相似所需遵循的要点,也逐步了解了图形对称、旋转等变化的规律。通过对常见图形的特征进行研究,人们得到了很多图形的几何性质,也推导得出准确的图形面积和周长的计算方法。在几何的发展历史中,古希腊欧几里得所撰写的《几何原本》最值得一提。这本形成于公元前 3 世纪左右的数学著作,给出了很多几何学的定义、性质和定理,极大地推动了几何学的发展,并一度成为古代数学研究的主体。直到 17 世纪法国数学家笛卡尔(R. Descartes,1596—1650)和费马(P. de Fermat,1601—1665)提出了坐标系的思想后,代数才搭上了几何这班高速列车,推动数学进入了变量数学的发展时代,这部分内容主要出现在中学和大学的数学课程中。从数学的发展历程中可以看出,小学数学对于图形与几何的教学要体现出其必要性,尤其是在测量部分,要从问题的解决中引导学生树立单位长度(面积)的意识,进而介绍各种长度和面积,培养学生的数感和量感。

二、小学数学的主要特点

小学是学校教育的初始阶段,小学数学也是数学体系中最为基础的部分。数学学科所具有的抽象性、精确性、逻辑性和广泛应用性等特点在小学数学中均会呈现。但是小学数学的学习对象是小学生,小学生的认知特点决定了数学的学科特点需要有不同的表现形式。在抽象性方面,小学数学主要表现为对现实事物所蕴含的量与形特性的形式化表征;在精确性方面,小学数学主要表现为对现实事物的量与形特征的准确性刻画;在逻辑性方面,小学数学主要表现为其是基于规则的合理化推导;在应用性方面,主要表现为小学数学广泛应用于小学生的日常生活中。

(一) 小学数学的抽象性:对现实事物的量与形特性的形式化表征

数学所刻画的规律性特征虽然是客观存在的,但是采用这套符号体系来刻画却是人类主观创造的。例如,三座山、三棵树和三个人都有着共同的数量特征,这是客观存在的;你有了一支笔,别人再给你两支笔,你就有了三支笔,这种计量的规则也是客观存在的;但是要不要用符号"3"来表示这个共同的数量,要不要用"1+2=3"这种符号来表示运算规则,以及名称和读音,这些都是人为的。因此,数学可以被认为既是发明的,也是发现的;其中,数量关系和规律性特征是我们发现的,而用这套符号体系刻画则是我们发明的。在数学成为一门独立的学科后,采用专有名词和专门的符号体系来刻画数学概念、定理、性质,这导致了数学的抽象性。

小学数学虽然在学科知识上较为简单,但无论是数字 1 还是加法运算 1+2=3,都不是现实生活中可以看到的实物。对于小学生来说,这些符号都是抽象的。人类对科学知识的学习过程与该知识体系的发展历程大致相似,这也被称为历史相似性[①]。就如同数学的发展源于人们生活的需要,小学数学也大多具有现实背景。小学数学可视为是用形

---

① 皮亚杰,加西亚. 心理发生和科学史[M]. 姜志辉,译. 上海:华东师范大学出版社,2005.

式化的语言来表征现实生活中事物所具有的量与形的性质,绝大多数的小学数学概念、定理和性质都能采用现实生活中的事物来举例说明。即使对于人为总结得出的加法交换律,我们也可以认为是对往袋子里装的物品的重量变化的表征:从袋中物品重量的角度来看,往里面先装入 A 后装入 B 和先装入 B 后装入 A 的结果是一样的。这也表明,在数学教学中采用具体的事例,可以帮助学生较好理解小学数学的符号体系。通过形式化表征可以较好发展小学生的抽象思维能力、符号表示能力和概括能力等,这些能力也是智力发展的重要体现。

(二) 小学数学的精确性:对现实事物的量与形特征的准确性刻画

数学是一种语言,这种语言可以说出来,也可以用文字和符号写下来,如此方便了自己的思考和信息的存储,也方便了与他人之间的交流。其实,任何语言都具有抽象性,对于每个人来说,在建立这个语言的物理镜像以前,它是空洞的,是现实生活中看不见摸不着的。而数学语言除了具有抽象性以外,还具有准确性,它往往会用具体的数来刻画事物的数量特征。例如,1 个苹果、2.3 米高、3.45 米长、6.789 千克重等,都是十分准确的刻画。对于小学生来说,他们在学习数学以前,对现实世界的数量感知主要表现为多和少、大和小,是难以准确刻画的。在掌握了数学以后,小学生对现实世界的认识变得更加具体,既有大小和多少程度上的认识,也对现实事物之间联系的数学特征的理解更加准确,并能用更加简明的形式化语言进行刻画。

小学数学的核心内容是正整数、小数和分数的运算,以及简单图形的性质和长度、面积、周长的运算,小学生对它们的理解都是以现实事物为依托的。无论是计数、度量,还是人为归纳形成的最小公倍数、最大公约数、加法交换律等数学知识,也都是对现实事物数量特征,或者现实事物之间联系所存在的数学特征的准确刻画。当然,由于小学生年龄还小,思维发展程度稍低,一些数学定义、性质和定理的描述可能不是特别严谨,这种不严谨性只要满足以下两个条件都是可以接受的:一是可以帮助小学生更好地理解,二是这种描述与后续要学习的严谨性陈述是不矛盾的。或许对于小学生来说,这种不是特别严谨的描述已经是对数学特征比较准确的刻画了。因此,从这个意义上讲,小学数学是对现实事物的量与形特征的准确性刻画。

(三) 小学数学的逻辑性:基于规则的合理化推导

数学的严谨不仅体现在准确性,还表现为具有很强的逻辑性。数学的结果都是依据相关定理、性质严格推论而得出的,而定理和性质是依据少数的原始概念和原始命题(也称为公理)而推理论证得出的。例如,如果有了"凡是平角都相等"和"等量同时加(减)等量还是等量"这两个公理,我们就可以在如图 1-1 所示的两条交叉线段 AE 和 CD 上,通过两个相等大小的平角∠ABE 和∠CBD 分别减去一个共同的角∠ABD

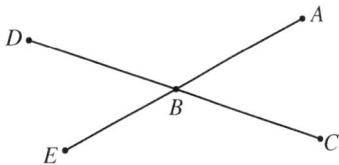

图 1-1

的大小,得到∠ABC＝∠DBE,从而得到"对顶角相等"的性质。这种逻辑体系是从古希腊开始形成的,古希腊的《几何原本》中通过119个定义、5条公理(适用于科学)和5条公设(只适用于几何),推导出了465个命题。

在古希腊以前的数学属于经验数学,即根据生活经验进行数的演算、下结论。小学生也一样,在学习数学以前他们的很多结论并非基于逻辑,也不一定能说出理由,而是基于碎片化的生活经验,或者是对他人和他事的简单模仿。但是在学习了数学以后,小学生就开始逐渐形成逻辑推理的思维,因为他们最常接触的四则运算就是根据规则进行逻辑推理的过程。在数学体系中,每一步推理或演算的步骤都有着明确的依据;对数学现象做出判断后,需要通过严格的数学证明来检验其正确与否,而不是只用再验证一次的方式来检验。例如,对于哥德巴赫猜想"任何一个大于2的偶数都可以分成两个素数之和",我们可以验证无数次,$10＝3+7$,$100＝47+53$,$1\,000＝89+911$……都是正确的,但是这并不能表示我们已经证明了哥德巴赫猜想。小学数学有着较强的逻辑性,但是它的严谨程度会根据小学生的认知特点做相应的弱化处理。例如,小学数学中的一些定理和性质的得出大多是通过对多个事例的观察归纳总结后直接给出的,并没有对此进行严格的证明,而是通过实践操作或举例来检验其合理性和正确性。当然,小学生在运用这些定理和性质解决问题时,需要严格依照规则进行推导,逐步培养唯理求真的品质。因此,可以认为小学数学的逻辑性是基于规则的合理化推导。

(四) 小学数学的应用性:广泛应用于小学生的日常生活中

数学虽然是抽象的,具体的数和式在现实中是看不见摸不着的,但是它源于人类的生产和生活,并广泛应用于人们的生活、学习和工作中。正如我国数学家华罗庚所指出的,宇宙之大,粒子之微,火箭之速,化工之巧,地球之变,生物之谜,日用之繁,数学无处不在,凡是出现"量"的地方,就需要用到数学[1]。如果缺少了数学,我们在生活中就不能准确地表达,不能顺畅地与他人沟通,不能深入地思考,不能精准判断时间,不能有效规划出行;没有了数学,其他学科刻画的准确性和可靠性都将大大降低,对我们的学习和工作也都会产生重要影响,科技的发展更无从谈起。

数学除了能直接应用于现实生活和其他学科,对人的思维发展也会产生重要影响。以数学知识为载体,以数学问题解决为目标,学生在学习数学的过程中,需要根据条件、遵循规则,在不断尝试下解决问题。在此过程中,学生不仅学习了新的知识,相应的数学能力也得到了有效提升,尤其是在思维能力方面。日本学者米山国藏认为,尽管学生学了多年的数学,但是毕业进入社会后没有机会用到的数学,他们很快就会忘掉,而数学的精神、思想和方法则会深深地铭刻在他们的脑海里,并应用于生活、学习和工作中[2]。对于小学生来说,在学习数学的过程中,思维能力将得到有效提升,具备初步的数学思想方

① 张顺燕. 数学的源与流(第二版)[M]. 北京:高等教育出版社,2003.
② 米山国藏. 数学的精神、思想和方法[M]. 毛正中,吴素华,译. 成都:四川教育出版社,1986.

法意识,在日常生活中意识到数学的影响,并能运用数学思考问题、解决问题,这也是学习数学的价值所在。因此,可以认为小学数学的应用广泛性,主要体现在小学生的日常生活中数学是无处不在的。

第二节　小学数学课程与教学论的主要内容

课程与教学论是"课程论"与"教学论"的合称,两者相对独立又有着密切的联系。小学数学课程与教学论主要聚焦小学数学课程与小学数学教学这两个部分的内容,本节就这两个内容进行简要论述。

一、课程与教学的区别与联系

对教学的研究由来已久。自从有了教育,人们就对"怎么教"进行探讨,最初主要聚焦"教什么"和"怎么教",也就是教学内容和教学方式两个方面。课程的思想也在很早就出现了。随着对教育的重视,教学内容的增加,人们需要思考如下问题:这些内容要分成几个部分来教授、这几个部分的先后顺序以及相互联结是怎样的、怎么设置更符合学生的发展等,这就是课程的思想。由于教学与学生的发展密切相关,在很长一段时间,人们主要对教学进行研究,还没有课程的概念。在我国殷商时期的甲骨文中就出现了"教"与"学"二字,而在《书·商书·兑命》(约成书于春秋战国时期)中,则将两个字合为一体成为"教学"①。尽管此后出现了很多教育家和教育研究者,也取得了很多教育和教学方面的成果。但是直到 1632 年,捷克教育家夸美纽斯(J. A. Comenius,1592—1670)出版了《大教学论》一书,才被认为是理论化、系统化的教学论确立的标志。1806 年,德国教育家赫尔巴特(J. F. Herbart,1776—1841)出版的《普通教学论》更是被认为是教育学和教学论学科发展成熟的基本标志②。此后,教学论的研究方法逐渐科学化,研究内容也逐渐深入,并出现了分化。除了对教学的微观剖析更加细致,各种教学流派也相继出现,从不同角度提出了各自的教学理论,教学论的研究呈现了百花齐放、欣欣向荣的局面。

在很长一段时间里,课程问题是作为教学论的一个研究分支而存在的。随着受教育年限和教学内容的增加,需要对这些教学内容分门别类,并根据学科知识的逻辑和儿童成长的规律,将其合理地分布于不同的年级。在这个过程中,需要探索哪些知识是学生最需要掌握的,可以分成哪几个科目,什么年纪的儿童适合学习哪些课程,哪些课程之间有着先后的逻辑联系等等。在教育发展过程中,这些问题变得愈发重要,于是对于课程的研究也逐渐深入,研究群体逐步庞大。1918 年,美国学者博比特(J. F. Bobiit,1876—

---

① 张华. 课程与教学论[M]. 上海:上海教育出版社,2000.

② 王本陆. 课程与教学论(第 3 版)[M]. 北京:高等教育出版社,2017.

1956)出版了《课程》一书,被认为是课程论作为独立学科诞生的标志。1949 年,美国教育家泰勒(R. W. Tyler,1902—1994)出版了《课程与教学的基本原理》一书,标志着课程论的发展进入了科学化、现代化发展的时代。

由此可见,在 20 世纪以前,还没有课程论的概念,对课程的研究包括在教学论中。20 世纪前期,课程论从教学论中独立出来,课程论与教学论成为了两个相互独立又有着密切联系的学科。二者之间的联系,主要可概括为以下两个方面:

第一,课程是教学的指南。

每个国家的教育方针、人才培养目标都是通过建构与之相契合的课程体系来确立的,例如,教育体系分为哪几个学段,每个学段安排学习哪些课程等。然后以国家的教育目的为指导确立各学科课程的目标,进而选择与学段相符合的课程内容和课程评价。一旦确定了课程的目标、内容和评价,它就成为了教师实施具体教学的纲领性文件。教师通过对课程目标的解读和课程内容的理解,选择符合教学对象实际的教学方式,通过实施课堂内外的教育教学,落实课程目标。如果没有明确的课程,那么教师的教学内容就缺乏了约束,教师的教学目标也缺乏了方向,教学就会陷入盲目的境地。因此,课程是教学的指南,中小学各学科课程的教学应该以相应的课程标准为指导,而不是基于教师的经验,只有深入解读课程标准的各项要点,才能准确地把握课程的目标、内容和要求,才能在教学中有效落实。

第二,教学是课程的落实。

如果说课程规定了"教什么",那么教学就是讨论"怎么教",课程给教学指明了方向和目标,而教学则是在此指导下,根据课程内容和教学对象,选择合适的方式实施教学。倘若缺乏了教学的探索,课程将成为空中楼阁,难以有效落实。在中小学校教育中,教科书是联结课程与教学的重要纽带,课程标准的内涵落实到教科书的内容中,教师以教科书为本实施课堂教学。但是,教育教学的对象是人,具有较强的复杂性、内蕴性和个体性,各学科课程难以将教学内容细致化,更不可能规定具体的教学方式,这给教师的教学留下了较大的施展空间。因此,教师的教学要以课程标准为指导,不应受制于教科书,而应对其进行改造和超越,通过准确研读课程标准和深入了解学情,充分发挥积极性和主动性,在教学中对教科书的内容进行相应的拓展或重构,让课程目标得以更有效落实。

二、小学数学课程论的主要内容

课程是学校教育的育人蓝图,人类社会所积累的历史经验,按照内在逻辑被整理成各个学科,再按照不同年级学生的认知能力和思维特征被分解成相应的学科课程,学校教育就是以培养目标和办学理念为指导,构建有着相互联系的课程体系。教育部对其中绝大部分课程的内容和课时都做了规定,例如在《义务教育课程方案(2022 版)》中,规定一到九年级的数学课程总课时的占比要达到 $13\% \sim 15\%$;但是也有少部分课时,留给各地方或者各学校开发地方课程或校本课程。因此,对于小学数学教师来说,要根据课程的内容和课时的明确规定,熟悉数学课程的目标、理念、内容、教学要求和教学评价,然后掌握一定的校本课程开发能力。

在本书中,小学数学课程论主要关注小学数学要"教什么"的问题,是小学数学教学内容和进程的安排,具体内容和要求通常以课程标准形式进行阐述,小学数学教师只有理解了小学数学课程标准的内涵才能更好地实施教学。但是,在教育教学现实中,小学数学教师对小学数学课程标准的关注还不多,主要原因在于两个方面:一方面,小学数学课程标准的主要思想和内容要求已通过专家解读并以教科书的形式呈现,相对于课程标准的宏观和抽象,教科书更为具体,可操作性更强;而且教科书往往与教师教学指导用书相配套,能满足教师实施课堂教学的基本要求。另一方面,小学数学教师的日常工作较为繁忙,备课、教学、批改作业、学生的个别辅导、与家长沟通等,还要完成学校布置的一些学习和管理工作,为此很难安排专门的时间对课程标准进行钻研和学习,只能通过一些专家的解读,或者从网络上获取若干要点集合的"懒人包"来了解课程标准的内涵和要求。这就使得职前学习阶段的数学课程学习愈发必要,小学数学教师需要充分利用在大学学习期间的时间,对数学课程标准进行解读,准确把握其内涵。

本书首先就我国的小学数学课程改革进行论述,其中以课程标准的演进为主线。我国从清末至今共颁布了 24 个与小学数学有关的课程标准,这些课程标准的内容和要求有着较大的区别,从演进中可了解小学数学课程标准的制订与哪些因素密切相关。然后,对现行的小学数学课程标准进行解析,为教师的小学数学课程理解和教学实施做好准备。最后,以课程标准为指导,对小学数学教科书进行分析,给教师实施小学数学课堂教学必要启示。

三、小学数学教学论的主要内容

教学是教师教、学生学的活动,是学生在教师指导下,掌握科学文化知识和技能,进而发展能力、增强体质、形成思想品德的教育活动[1]。它是学校教育的基本形式,与教师的日常工作密切相关,教师理解课程的目的就是为了更好地教学,教学能力是教师专业水平的重要体现,也是很多职前教师能否入职的重要依据。因此,职前教师对于教学能力的发展普遍都比较重视,但是也容易急于求成,希望有灵丹妙药,可以在学习之后教学能力获得明显的提升。这实则是对教师专业发展的误解,包括教学能力在内的教师专业发展都具有长期性和阶段性,它不是一蹴而就的,而是一个长期积累的过程,只有达到某一阶段的水平后才能上升到更高的水平。在这个过程中,学习是一个重要的路径,如果没有理论知识的学习而只进行自我摸索,那就会有较大的盲目性,对教学的理解也容易产生偏差。

在本书中,小学数学教学论主要探讨小学数学教学的基本规律、常见的教学方法,以

---

[1] 王本陆. 课程与教学论(第 3 版)[M]. 北京:高等教育出版社,2017.

及小学数学教师该如何提升教学能力。课堂教学虽然具有较强的个性化特征,会随着教师和学生的差异有所区别,但是它也存在一些共性的规律。现代社会是一个强调理性原则、理性精神和理性力量的社会,人类的各种活动都要诉诸理性的指导,课堂教学也一样。在长期的研究中,学者们对小学数学课堂教学所存在的普遍性规律进行了探索,形成了一些教学基本理论,这些理论是实践经验的总结和提升,可以帮助新手教师更好认识小学数学课堂教学的本质。因此,本书将对小学数学教学的理论性知识进行阐述,主要包括小学生数学学习的基本特征、小学数学常见的教学方法、小学数学教学设计等内容。

小学数学教师教学能力主要体现在各种教学行为中,对小学数学课程知识的理解和教学理论知识的学习,其主要目的是能在课堂教学中合理有效地实施各种教学行为。为此,本书就小学数学教师教学实践能力的发展进行阐述,主要包括小学数学课堂教学常见导入技能,以及小学数学的概念、命题、练习等专题教学的基本原则等。在这部分知识的学习中,职前教师需要结合理论知识不断进行模拟教学训练,通过实践训练将教育教学理论知识内化为教师个人的实践能力。当然,小学数学的教学具有较强的复杂性,不同的教学内容、不同的教学对象和不同的授课教师,对于教学的理解、设计和组织都会有所差别。本书仅对一些基础性、普遍性的小学数学教学规律进行阐述,为职前教师后续的专业发展打下基础。

第三节 小学数学课程与教学论的学习目的与意义

通过对小学数学课程论和小学数学教学论的学习,教师可以更好地理解小学数学教学的主要目的,更准确地掌握小学数学课程的基本知识,熟悉小学生数学学习的基本特征,以及小学数学课堂教学的基本规律。这对于提升小学数学教师的专业水平,具有重要的意义。

一、有助于深化教师对小学数学课程的认识

数学产生于现实世界的抽象化、精确化刻画,通过对研究对象的符号运算、形式推理、模型建构等,形成数学的结论和方法,可以帮助人们认识、理解和表达现实世界的本质、关系和规律。数学是自然科学的基础,在社会科学中也发挥着重要作用。教师应该意识到小学数学课程不仅可以为学生的后续发展提供知识和能力基础,也可以有效发展学生的理性思维、科学精神和人格品质。学习小学数学课程与教学论,可以帮助教师更准确、更全面地认识小学数学课程的内容和价值。

(一)有助于教师更好理解小学数学课程目标

小学数学课程的目标,是学生通过数学的学习,可以形成和发展面向未来社会和个

人发展所需要的核心素养。虽然说数学知识十分重要，它是实现课程目标的重要载体，但是这并不表示数学课程掌握情况应该以学生掌握数学知识的多少和深浅来衡量。《义务教育数学课程标准(2022版)》明确指出，义务教育的数学课程目标的确定，应立足学生核心素养发展，集中体现数学课程育人价值。具有较好数学核心素养的学生应该会用数学的眼光观察现实世界，会用数学的思维思考现实世界，会用数学的语言表达现实世界。

通过学习小学数学课程与教学论，教师可以更准确理解小学数学课程的目标，在今后的教学过程中也能以知识为载体，在小学数学知识的教学过程中促进学生核心素养的发展。应该看到，不同类型的小学数学内容，不同的教学方式对学生的影响也会存在区别。教师在教学内容的选择和组织方面，既要根据数学学科知识的内在逻辑，也要符合小学生的认知规律。例如，联结性知识的获得需要学生能把同时出现的若干对象激活联结起来，而运算性知识的获得需要学生经历复杂的心智活动，对两类知识教学的设计必是会存在差异的。

教师应该意识到，教学应该以课程标准为纲，而非教科书，而且教学内容也不等于教科书内容，应该是在教科书知识的基础上，根据课程标准的要求、学生的实际情况和具体的教学环境等因素融合而成的、能让学生有效吸收的信息。但是，在课堂教学中有不少教师都是严格按照教科书的教学内容、教学顺序，甚至例题、练习题都和教科书中的一模一样[①]。这种教学方式过于刻板，对于有预习习惯的学生来说，这种课堂教学方式缺乏新鲜感。在发展学生数学核心素养的教育背景下，需要的不是能"教书"的数学老师，而是能"教好书"的数学老师。教师要上好一堂课，应该充分领悟数学课程标准的理念，然后理解教科书所承载的内容，把它要表达的核心思想、数学知识，通过更适合的方式呈现给学生，让学生在小学数学课堂中有效生成，并能牢固地内化于自身的知识体系中。只有以课程目标为核心，以课程内容和要求为指导，才能根据数学知识的不同特点和不同的学习机制，灵活地建构教学方式，更好地促进小学生核心素养发展，有效落实课程目标。

(二) 有助于教师明确小学数学课程目标的实践路径

思维是人类认识世界、改造世界最重要的主观能源[②]。思维也是智力的核心部分，思维的发展程度是整个智力发展的缩影和标志，而数学学习的过程就是思维发展的过程。儿童对现实世界的观察，对观察对象的分类与比较，对事物属性的归纳与抽象，对性质和规律的运用，等等，都是思维的过程[③]。在数学学习过程中，小学生通过对现实事物数学特征的归纳和抽象，对数学形式化逻辑的思考和运用，数学核心素养获得了有效发展。在小学数学课程与教学论的学习中，应明确：培养学生数学思维是落实小学数学课程目标的基本路径。

---

① 黄友初. 数学素养的内涵、测评与发展研究[M]. 北京：科学出版社，2016.
② 朱智贤，林崇德. 思惟发展心理学[M]. 北京：北京师范大学出版社，1986.
③ 杨庆余. 小学数学课程与教学[M]. 北京：高等教育出版社，2004.

思维是理性的认识活动,它首先要以感性的表象作为过渡或桥梁,同时还要借助语词作为工具或物质外壳来对客观事物进行概括的、间接的反映,从而反映事物的本质和内在规律性关系。这种表象和语词在思维中的统一,都是在个体的实践活动中实现的。在数学学习中,这种数学符号就是表象,儿童将数学符号作为客观事物的替代品在头脑中思考。按照抽象的程度可以将思维发展分为三个阶段,分别为直观行动思维、具体形象思维和抽象逻辑思维。其中,抽象逻辑思维包括形式逻辑思维和辩证逻辑思维,前者具有确定性和抽象性,后者具有灵活性和具体性。对小学生来说,他们处于具体的形象思维为主并逐步向抽象的逻辑思维过渡的阶段。对中高年级学生而言,抽象逻辑思维的成分逐渐加大,但一般还不能完全依靠抽象的数学概念进行思考,而需要具体的形象思维作为支持。通过对小学数学课程与教学论的学习,对于儿童在小学数学学习中的主要特征有更为深入的了解,可以在小学数学教学中实施更为恰当的教学,促进小学生数学核心素养的发展。

二、有助于丰富小学数学教师的教学知识

教师所拥有的知识对教师教学所产生的影响,在很早以前就引起了人们的关注。20世纪初期,美国著名教育家杜威(J. Dewey, 1859—1952)就撰文探讨了教师教学知识的重要性。但是在很长的一段时间里,人们认为只要教师具备了学科的专业知识,就能够很好的教授该学科,即将教师的教学知识等价于教师的学科知识,而这种研究结论与教育现实有着较大的出入。随着研究的深入,人们逐渐意识到教师的有效教学不仅需要学科知识也需要教育知识。其中,学科知识并非越高深越好,关键是能在多大程度上转化为课堂教学所需要的数学知识;而教育学和心理学知识也不是越丰富也好,而是要能有效运用到面向特定对象的学科知识教学中。通过小学数学课程与教学论的学习,将丰富小学数学教师的教学知识。

(一) 有助于教师数学学科知识的教学转化

无论是师范生还是教育学方向的硕士生,在学习生涯中都掌握了较为丰富的数学学科知识。这些初等数学和高等数学知识为教师实施小学数学教学提供了坚实的学科知识基础,确保了他们能正确解读所要教学知识的学科本质,也在很大程度上降低了犯知识性错误的可能性。但是教师所掌握的数学学科知识与有效课堂教学所需要的学科知识是两个不同的概念,并非数学学科知识掌握得越深越广就越好,而是需要教师掌握在数学教学中能起到作用的学科知识。有学者研究也指出,教师所学习的知识与学生的学业成就并没有直接的联系,而是与教师在教学中所体现出来的知识直接相关[①]。这表明了,教师所掌握的数学学科知识需要进行教学转化,要为教师更好理解所要教学数学知

---

① BALL D L. The mathematical understandings that prospective teachers bring to teacher education [J]. Elementary School Journal, 1990, 90(4): 449 - 466.

识点的内涵和外延,为教师更有效建立所要教学知识点的知识图谱,为教师实施所要教学知识点的多元表征等提供理论支持。而小学数学课程与教学论的学习,有助于教师将已有的数学学科知识有效转化为教学所需要的学科知识。

在小学数学课程与教学论的学习中,职前教师将对小学生的数学学习特征有较为深入的了解,对小学数学课堂教学的目标和内在逻辑有更为明确的认识,这对其将学科知识转化为小学数学课堂教学实践所需要的知识具有重要的促进作用。虽然从学科的角度,小学数学知识较为简单,但是小学生的认知思维发展程度也还较低,要求他们准确理解、熟练掌握相关知识还是存在难度的。倘若未能认识到这点,就会导致教师在小学数学教学中的简单化,按照自己对学科知识的理解讲解知识,然后通过大量的练习题来巩固学生的知识学习。这种教学下,学生对小学数学知识的掌握是被动的,能否产生浓厚学习兴趣暂且不说,对知识的掌握也未必牢固,未必能灵活运用,也必然难以有效提升核心素养。

(二) 有助于教师教育心理知识的教学内化

教师职业对专业有着较高的要求,1986 年国家统计局和国家标准局发布的《中华人民共和国国家标准职业分类与代码》中,将教师列为专业技术人员。1993 年,中华人民共和国第八届全国人民代表大会常务委员会第四次会议通过的《中华人民共和国教师法》中,明确规定了教师是履行教育教学职责的专业人员。1995 年 12 月 12 日,国务院令第188 号发布了《教师资格条例》,明确要求中国公民在各级各类学校和其他教育机构中专门从事教育教学工作的,应当依法取得教师资格,从教育教学能力和学历两个方面对教师资格的条件作出了规定,并对教师资格的考试和认定也作出了相应的规定,这是我国教师从职业化走向专业化的重要标志[①]。这种专业化的一个重要表现就是教师能否有效运用教育学和心理学知识,实施符合儿童认知规律的教学。

教师在成长过程中要接受多年的教育理论知识,这些教育学知识和心理学知识源自教育实践,是实践经验的总结。但是这些实践经验在上升为实践理论的过程中逐渐抽象,因为过多地执着于普遍性而远离了实践,在一定程度上丧失了生命的气息,与实践成了远亲,也逐步失去了指导实践的能力。倘若教师缺乏相关的参与性经验或教学实践的系统性探讨,理论知识的学习就只能停留在重复记忆和简单表征的客观层面,难以感同身受,对教育学和心理学知识的理解将难以到位,教育理论也就失去了生命力。在小学数学课程与教学的学习中,本书将会以具体知识点的教学为例,与职前教师一起探讨该如何教,分析为什么可以这么教,比较不同教学方法的差异。这种学习经历有助于职前教师将教育学和心理学的理论知识转化成为潜在意义下的观念信息,并实现对其内化与理解,使其成为个人的品质和行动准则,从而形成对教学实践产生直接影响的教学知识。

---

① 黄友初. 数学教师专业素养的测评与发展研究[M]. 北京:科学出版社,2021.

三、有助于小学数学教师树立正确的教育观

教育观属于教师信念的范畴,是教师对教育教学的认识和秉持的看法。小学数学教师的教育观主要可包括对数学知识的认识、对数学教学的认识和对数学教师自我的认识等三个方面。其中,对数学知识的认识主要指小学数学教师对数学知识的性质和来源的认识,对数学教学的认识主要指教师对于数学的教与学所持的基本观点,这些认识会在很大程度上影响小学数学教师的教学行为;对数学教师自我的认识主要指小学数学教师对自己职业的认同、对自己职业的自信程度、自我效能感和归因类型等内容,是教师专业发展内驱力的重要来源。通过小学数学课程与教学的学习,将有助于教师树立正确的小学数学教育观。

(一) 有助于教师树立正确的小学数学知识观和教学观

知识是一个复杂的概念,基于不同的认识论和哲学基础,就会有不同的知识观。例如,理性主义者认为知识是客观存在的,是理性推演的结果;经验主义者认为知识与个体有关,是个体经验的结果;实用主义者认为知识是有机体适应环境刺激而做出探究的结果,是一种行动的工具;激进建构主义者则认为知识在本质上是被创造的,而不是被发现的,是人脑内部主观创造的结果,不是对客观事物的反映;而语境论知识观则认为知识是对实在的建构,这种建构不是抽象个体或某一群体对客观实在的机械反映,它会受制于主体对实在语境的理解,是具有社会性和价值性的。对于小学数学教师来说,主要是对小学数学知识的认识,包括对小学数学知识本质的认识、来源的认识、真理性的判断、知识价值的判断,以及联系性和孤立性的认识、显性和隐性的认识等。教师秉持不同的知识观,就会产生不同的教学理念,进而影响教学行为。

小学数学的教学观主要包括行为主义教学观、认知主义教学观、人本主义教学观、建构主义教学观和情境认知教学观[1]。持有不同教学观的教师会对其教学设计和采取的教学方式产生直接的影响。如果缺乏小学数学课程与教学的理论学习,教师对小学数学知识和数学教学的认识更多基于自身的经验,会存在较大的盲目性和不确定性,或许有的认识与数学课程标准的理念和目标是背道而驰的。在小学数学课程与教学论的学习中,会对小学数学课程的教育价值、学科知识和课堂教学有更为深入的认识,能帮助教师树立正确的小学数学知识观和小学数学教育教学观,让教师意识到怎样的教学理念和教学方式是符合数学课程理念的、是可以更有效发展学生核心素养的。

(二) 有助于小学数学教师正确地认识自我

教师对自己职业的认识,对自己在教育教学中作用的认识是教师实施职业活动、发展专业水平的动力源泉。积极的认识会让教师对工作充满热情,对职业充满信心,恰当

---

[1] 喻平.教学认识信念研究[M].北京:科学出版社,2016.

地处理好自己在教学和工作中的角色和位置;相反,消极的认识将阻碍教师的专业发展,更不利于学生的发展。教师职业的主要工作是育人,这对教师的职业情怀提出了较高要求,因为这不仅会影响教师对待职业的热情和投入程度,也会影响学生的学业成就和品性养成。教师有什么样的教育情怀,就会上出什么样的课。只有对职业充满了热情,教师才能全身心地投入到教育教学工作中,才有更强烈的内在动力去追求自身专业素养的提高。这种认识是教师在学习经历中逐步形成的,包括入职前在师范院校的学习阶段,而小学数学课程与教学论的学习将从以下两个方面帮助小学数学教师正确认识自我。

一方面,小学数学课程与教学论的学习,可以让教师对"小学数学课程是什么""该怎么教"有更为全面的认识。了解得越多、认识得越全面,教师对自身的定位也更准确,会越来越明确自己在小学数学教育教学中所承担的责任。另一方面,小学数学课程与教学论的学习,可以让教师的专业水平得到发展,包括教学知识的丰富、教学能力的提升、正确教育观的树立。这些都可以在很大程度上提升小学数学教师的职业自信心,使得他们在入职后,能较为熟练地设计教学、较为有效地实施教学、较为准确地对学生进行个性化辅导。一旦教师在职业活动中获得了满足感和成就感,就会产生更大的职业动力,产生更为强烈的专业发展愿望和更为高涨的职业活动热情,从而形成良性循环,这对于小学数学教学质量的提升具有重要的意义。

本 章 小 结

本章主要论述了四个问题:①小学数学的产生与发展的历程是怎样的? ②小学数学有着怎样的特征? ③小学数学课程与教学论主要包括哪些内容? ④学习小学数学课程与教学论有怎样的目的和意义? 本章的核心观点是:小学数学课程与教学论是小学数学课程论与小学数学教学论的合体,探讨小学数学课程的内容与要求、小学生的数学学习特征,以及小学数学教学的基本规律,学好小学数学课程与教学论,有助于小学数学教师的专业发展,并能更有效促进小学生数学学科核心素养的提升。

❓ 思考与练习

1. 简述小学数学的主要特点。
2. 结合具体事例,简述学习小学数学课程与教学论的意义。

第二章 我国小学数学课程分析

🔍 **知识点导图**

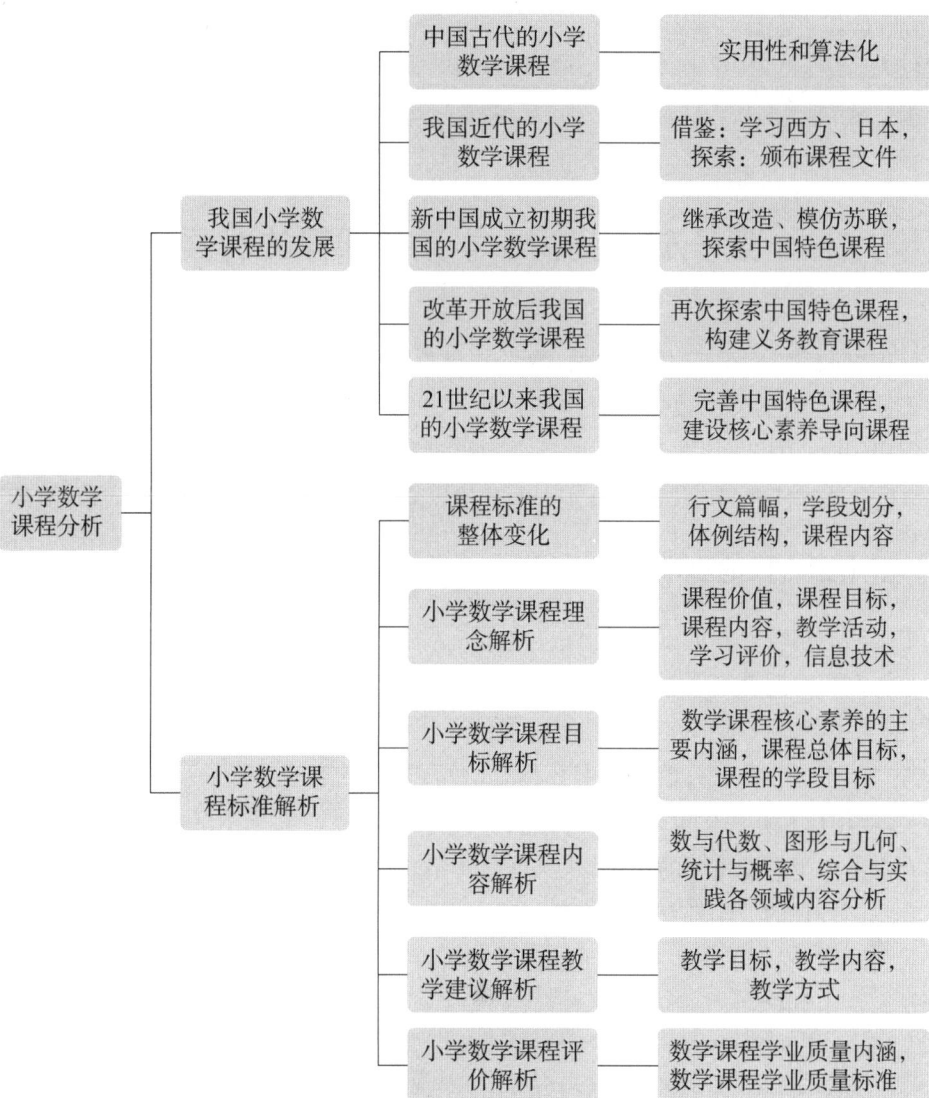

小学数学课程分析

- 我国小学数学课程的发展
  - 中国古代的小学数学课程 — 实用性和算法化
  - 我国近代的小学数学课程 — 借鉴：学习西方、日本，探索：颁布课程文件
  - 新中国成立初期我国的小学数学课程 — 继承改造、模仿苏联，探索中国特色课程
  - 改革开放后我国的小学数学课程 — 再次探索中国特色课程，构建义务教育课程
  - 21世纪以来我国的小学数学课程 — 完善中国特色课程，建设核心素养导向课程

- 小学数学课程标准解析
  - 课程标准的整体变化 — 行文篇幅，学段划分，体例结构，课程内容
  - 小学数学课程理念解析 — 课程价值，课程目标，课程内容，教学活动，学习评价，信息技术
  - 小学数学课程目标解析 — 数学课程核心素养的主要内涵，课程总体目标，课程的学段目标
  - 小学数学课程内容解析 — 数与代数、图形与几何、统计与概率、综合与实践各领域内容分析
  - 小学数学课程教学建议解析 — 教学目标，教学内容，教学方式
  - 小学数学课程评价解析 — 数学课程学业质量内涵，数学课程学业质量标准

⚙ 本章导言

数学课程是中小学数学教育的指引,也是国家数学教育政策的体现,国家在每个时期的数学改革都会在数学课程中得到体现,并以数学课程标准的形式指导数学教科书的编写、数学教师的课堂教学和学生的数学学业评价。对于小学数学教师来说,需要对我国的小学数学课程发展有大致的了解,对数学课程的课程理念、课程目标、课程内容和课程要求如何随着时代变迁有基本的认识,更重要的是要对数学课程标准有较为细致的解读和分析。本章从我国小学数学课程发展和小学数学课程标准解析两个方面进行论述。

📖 学习目标

(1) 了解我国小学数学课程的发展历程。
(2) 理解小学数学课程理念。
(3) 理解数学核心素养的内涵。

第一节　我国小学数学课程的发展

伴随着政治、经济、文化的发展,教育被日益重视。我国古代虽然以儒家教育为主,但由于社会发展的需要,数学教育也孕育而生。随着新式学堂的设立,数学成为小学的主要课程,并在中华人民共和国成立后得到快速发展。各个时期对数学课程的相关规定,主要以数学课程标准的形式得以落实。本节就我国的小学数学课程发展进行简单介绍。

一、中国古代的小学数学课程

中国的数学教育源远流长,不仅有效促进了社会发展,也培养了一批杰出的数学家。我国早在夏商时期就有了数学教育的记录,到了西周时期基本形成了体系化的教育系统,周王国和各诸侯国都在都城中设立国学,分为大学和小学两个阶段,主要学习"六艺",即"礼、乐、射、御、书、数",其中数指"九数",具体内容说法不一,但是都与实用和计算有关,实用性和算法化也是我国古代数学教育的核心[①]。除了生活中计算的需要,古代数学在占卜中也有着重要的运用,八卦就是一条长横和两条短横排列组合的结果。这些特点在我国古代的数学教育中一直延续着。

汉朝时期,确立了官学制度,虽然主要以讲授伦理道德为主,但这一时期的私学有较多的学术自由,讲学的经师对数学教育作出了一定的贡献。尤其是公元前 1 世纪左右问

----

① 马忠林. 数学教育史[M]. 南宁:广西教育出版社,2001.

世的《九章算术》，其包含了算术、代数、几何等多方面的知识，是我国古典数学最重要的著作，为后期的数学教育提供了重要素材。7世纪初，隋朝开始在国子监中设立"算学"，并"置博士、助教、学生等员"，这也是我国封建教育中数学专科教育的肇端①。唐代不仅沿袭了这个制度，还在科举考试中设立了数学科目，称为"明算科"，用于选拔算学方面的专门人才。为了规范数学教育，唐高宗下令让李淳风负责的团队对以前的十部数学著作进行注释整理。公元656年编成以后，成为了国学的标准数学教科书，也被称为"算经十书"，分别为：《周髀算经》《九章算术》《海岛算经》《五曹算经》《孙子算经》《夏侯阳算经》《张丘建算经》《五经算术》《缉古算经》和《缀术》。隋唐时期的数学教育制度和教科书，对日本和朝鲜产生了极大的影响。

宋元时期是中国古代数学的黄金时期，这一时期涌现出了一大批数学家、数学教育家，如被称为"宋元数学四大家"的秦九韶、李冶、杨辉、朱世杰。在数学教育中，南宋末期的数学家、数学教育家杨辉的《乘除通变本末》中的"习算纲目"，是中国第一个数学"教学计划"，也是世界上至今已被发现的最早的"教学计划"。朱世杰所著的《算学启蒙》，从简单的四则运算入手，逐步加深直至高次开方、天元术等内容，形成了比较完整的体系，是一部通俗名著，也是当时很好的一部数学启蒙教材。明朝以后我国的数学教育和研究的方向转移到商用数学方面，珠算的普及和笔算的引入，彻底打破了"算筹"作为主要运算工具在我国古代数学中长达2000多年的统治地位，成为小学数学教学的主要内容。珠算也被誉为中国的第五大发明。此外，明朝的私学很有特色，徐光启等学者随西方传教士学习西洋算术，徐光启还与意大利传教士利玛窦共同翻译了古希腊数学家欧几里得的名著《几何原本》的前六卷。到了明末清初，西方数学逐渐传入我国，我国传统的数学教育逐渐被取代。

二、我国近代的小学数学课程

鸦片战争后，一些具有爱国思想的知识分子和开明官吏认为，要抵御帝国主义的入侵，首要任务是改革旧教育制度，建立新教育体系，向西方学习先进的科技知识，师夷长技以制夷。在这些改革尝试中，数学更是首当其冲，西方数学成为学校的主修科目。

1866年在京师同文馆中增设天文算学馆，并于1868年聘请当时的著名数学家李善兰担任第一任算学教习。天文算学馆的成立，使得数学等自然科学成为教育的必修课，不仅改变了以文为主的传统教育内容，同时也使得清代教育出现了科学教育渗入科举的构思与行动。同文馆的数学教学内容主要包括整数、分数四则，代数、几何、三角的基本知识及在日常生产、生活和天文、历算等方面的实际应用问题。其中，关于整数和分数的四则计算的要求明确为"凡算学，以加减乘除为入门"。可见，在1840—1875年这一历史

---

① 李文林.数学史概论(第三版)[M].北京:高等教育出版社,2011.

时期,入学初期的数学学习内容与当今小学阶段的教学内容基本相同①。算学馆的教学内容出现了小学数学课程设置的端倪,为后来小学数学课程的确立做了必要的准备。

1875 年,清政府首开近代算学科举,为普通教育引入数学课程创造了条件。1898 年戊戌变法之后,中国的部分地区开始产生新学的普通学堂,并将数学列为必修课程之一②。大量赴日的留学生回国后从事日文书籍翻译,王国维翻译了藤泽利喜太郎的《算术条目及教授法》,弥补了中小学数学教育空白③。1875—1901 年这一时期小学数学所用的教材,除了继续沿用前清时期留传下来的《算经十书》和《数理精蕴》之外,还翻译了西方的一些初等数学教材,如《笔算数学》,这也是当时流传很广的小学算术教科书,书中不仅收录了西方初等数学的主要内容,还加入了一些中国古代数学的问题。但是,由于《笔算数学》等外译教材难以适应近代班级授课制教学的要求,当时已有部分学堂开始自编小学数学教材。

1901—1911 年间,清政府开始实行所谓的"新政",其中的"改革教育"便是一项重要内容。1902 年,清政府颁布了第一个学校课程文件——《钦定学堂章程》,又称"壬寅学制"。其中,包括《钦定蒙学堂章程》《钦定小学堂章程》和《钦定中学堂章程》三个部分,每个部分都明确提到了"算学"。该章程中规定了学堂办学宗旨、学制、课程及各项管理制度,并列出了各年级的教学时间、教学内容及要求。例如小学主要学习修身、读经、作文、习字、史学、舆地、算学和体操这八门课,算学课程在小学第一年主要学习加减乘除的内容等。不过,这一章程并未真正实施。

1904 年,清政府颁布了《奏定学堂章程》,又称"癸卯学制",具体包括《奏定初等学堂章程》《奏定高等学堂章程》,这是我国近代教育史上第一个由中央政府以法的形式正式颁布并推行的学校教育制度。该章程规定初等小学堂学制 5 年,入学年龄为 7 岁,高等小学堂学制 4 年,入学年龄为 12 岁;初等小学主要设置修身、读经讲经、中国文字、算术、历史、地理、格致和体操这八门课;高等小学主要设置修身、读经讲经、中国文字、算术、历史、地理、格致、图画和体操这九门课。这些都为我国的小学教育学制和课程设置奠定了基础。在该章程中,将数学课程命名为"算术",此后一直被沿用。在《奏定初等小学堂章程》的科目教育要义中写道:"算术,其要义在使知日用之计算,与以自谋生计必需之知识,兼使精细其心思。当先就十以内之数示以加减乘除之方,使之纯熟无误,然后渐加其数至万位而止,兼及小数,并宜授以珠算,以便将来寻常实业之用"。在《奏定高等学堂章程》的科目教育要义中写道:"算术,其要义在使习四民皆所必需之算法,为将来自谋生计之基本。教授之时,宜稍加以复杂之算术,兼使习熟运算之法"。这表明,当时的数学课程内容与学生的实际生活相结合,强调的是实用性。此外,这一时期的小学算术教科书

---

① 王权. 中国小学数学教学史[M]. 济南:山东教育出版社,1996:99.

② 同①103.

③ 张奠宙,宋乃庆. 数学教育概论(第二版)[M]. 北京:高等教育出版社,2009.

多为翻译和自编版本。例如,上海的"中国图书公司"翻译的日本算术教科书,上海商务印书馆邀请张元济、高梦旦等人编纂的一套小学《最新教科书》,其中包括《最新算术教科书》。《最新算术教科书》是我国第一部自编出版的小学正式算术课本,其出版标志着我国具有近代意义的第一本小学算术课本问世。

辛亥革命后,教育部门于 1912 年颁布了《学校系统令》和相应的细则《小学校教则及课程表》,规定初等小学为 4 年学制,入学年龄为 6 岁;高等小学 3 年学制,入学年龄为 11 岁。初等小学阶段的算术课程内容主要包括"十数以内之数法、书法及加减乘除,渐及于百数以内,更进至通常之加减乘除,并授小数之读法、书法及简易之加减乘除,兼授本国度量衡币制之要略";高等小学阶段的算术课程内容主要将之前的内容逐渐扩充到整数、小数、诸等数、分数、百分数、比例,并学会笔算、心算、珠算和记账。这期间许多欧美教学方式的引入,进一步丰富了教材的编写结构,加速了教材新旧更新的过程。各地教材编写种类逐渐增多,编写水平逐步提高,从单纯借鉴转为引进改编。

20 世纪 20 年代初,民国初年的学制已暴露出越来越多的弊端,而实用主义教育思潮在中国的传播与影响达到了高潮。1922 年,教育部通过并公布了《学校系统改革令》,即"壬戌学制"。随着"壬戌学制"的颁布,我国教育学制改为了"六三三",小学、中学均为 6 年。其中,初级小学四年,高级小学两年。1923 年,新的学科课程标准纲要——《小学算术课程纲要》随之产生,这一纲要包括主旨、限度(最低标准)、程序、方法等部分,集中反映了杜威实用主义教育思潮对中国小学数学教学的影响。该纲要在 1929 年、1932 年和 1936 年做了 3 次修正。其中,1932 年修订颁布的《小学算术课程标准》,被称为正式的小学算术课程标准,其内容包括教学目标、教材纲要、教学要点等部分。这一课程标准与1923 年颁布的《小学算术课程纲要》相比,程度有所加深,删去了一些不切实际的应用题,增加了一些平面图形的认识和应用。例如,四年级增加了票据、账折的认识和计算,以满足学生以后的就业之需;六年级增加了简易统计图表的认识、制作和计算;教学内容中还提出"算术游戏的练习"和"物价涨落的调查和计算"的课外作业,以增强数学课程的趣味性以及数学课程和实际的联系。1936 年颁布的《小学算术课程标准(修正)》是基于各地反映学生负担繁重出台的,这一标准在保留教学目标的同时,教学时数有所减少,教学内容有所变化、适当后移,珠算与笔算结合教学。

为满足抗战时期的教育需要,教育部门对 1936 年颁布的《小学算术课程标准(修订)》进行了再次修订,并于 1941 年颁布了《小学算术科课程标准》,该标准分为教学目标、教学内容要项、教法要点三大内容。为适应抗战胜利后社会的需要,对原课程标准进行了二次修订,并于 1948 年颁布了《算术课程标准》,这一标准中规定,算术从第三学年开始正式教学,第一、二学年只在各学科教学中随机教学。从四年级起,每周安排珠算教学的时间为 60 分钟。

总的来说,清末民国直至中华人民共和国成立前这一时期的数学课程在借鉴与探索中得到了一定程度的发展,主要处于探索阶段,从其间颁布的与小学数学课程有关的十多份文件就可看出。在小学数学课程目标方面,确立的以儿童本位到生活本位与儿童本位并存的课程价值观,体现了小学数学课程目标制定的实用性、生活性和可行性。在小学数学课程内容选择方面,逐步形成了数与计算、量与计算、几何图形、数学的应用、统计与账簿这 5 条主线构成的综合数学知识体系,这一时期的小学数学课程内容存在繁难偏旧的现象,且在内容选择上更多地依赖于社会所需。在小学数学课程实施方面,开始注重多种教学方法的灵活应用,但在课堂教学活动中,仍然较多地强调教师的主导作用,忽视学生在学习过程中的主体地位,且课堂教学过程依然主要以基础知识为教学重点[①]。

三、中华人民共和国成立初期我国的小学数学课程

小学数学课程作为基础教育阶段的基础课程,自新中国成立至改革开放之前这一段时期,在教学大纲(课程标准)的制定、教科书的编写等方面都发生了较大的变化。新中国成立初期,百废待兴,教育领域也是如此,小学数学课程尚未有统一的课程文件,也没有统一编写的小学数学教科书,建立统一的小学数学课程标准和编制统一的小学数学教科书成为当时的迫切需要[②]。研制并实施过渡性的小学数学课程也是当时探索和实践小学数学教育的重要内容。1950 年 7 月,教育部颁布了《小学算术课程暂行标准(草案)》,这是新中国成立以后的第一套小学数学课程标准,教学内容分为笔算和珠算,且以四则计算为中心。此外,该标准在思想品德方面也提出了新的要求,既体现出小学数学在新中国成立初期的学科育人作用,也体现出社会主义教育与以往教育的不同。使用"暂行标准""草案"等表述在一定程度上说明该标准还不够完善,旨在统一新中国成立以前分散的小学数学课程。

这一期间全国没有统一的教科书制度,当时小学数学教科书的出版和使用情况存在南北方地区上的差异,但基本上都是初级小学和高级小学"四二"学制的教科书,且主要是选用和修改来自老解放区的教材、比较流行的民国时期的教材和苏联教材的编译本。这符合教育部提出的"以老解放区新教育经验为基础,吸收旧教育某些有用经验""借助苏联教育建设的先进经验""编辑与改编小学教科书,是目前亟待解决的中心问题之一"等要求。1950 年 12 月,中央人民政府组建了人民教育出版社,统一课程教材,自此开始,我国的小学数学课程进入了有计划有步骤的改造和探索。

1949 年 12 月,教育部召开的第一次全国教育工作会议上明确把"借助苏联教育建设的先进经验"作为我国教育建设指导方针的重要组成部分。在此方针的指导下,这一期间教育领域进入了全面"学苏"的模式[③]。在数学教育领域,主要包括研制并实施苏联模式的小学算术课程。1951 年,教育部翻译了苏联十年制学校中的小学算术教学大纲,并

---

① 陈婷,孙彬博.清末民国时期小学数学课程的嬗变及其评析[J].数学教育学报,2016,25(1):21-24.
② 孙彦婷,李星云.我国小学数学课程建设 70 年的历程与发展趋势[J].课程·教材·教法,2019,39(11):53-58.
③ 方晓东,李玉菲,毕诚,等.中华人民共和国教育史纲[M].海口:海南出版社,2002:71.

且制定了新中国第一份小学珠算教学大纲。1952 年 3 月，教育部颁布《小学暂行规程（草案）》，小学为五年一贯制，一至五年级开设算术（包括珠算）课程，珠算在第四、五学年教学。

1952 年 12 月，教育部颁布了《小学算术教学大纲（草案）》和《小学珠算教学大纲（草案）》。其中，《小学算术教学大纲（草案）》仅是将苏联初等学校四年的小学数学教学内容拉长为我国五年的小学数学教学内容；《小学珠算教学大纲（草案）》则是基于珠算在我国实际生活中的广泛应用单独颁布的。1952 年秋，人民教育出版社以苏联教科书为蓝本，开始编写《初、高级小学算术课本》，整套算术课本直到 1955 年编完。这套教材是新中国成立以来第一套全国通用教材，对统一全国小学算术教材、推动小学教育事业发展和探索自编教材体系等起到了重要作用。但是这一套小学数学教材的内容是完全照搬苏联课本的。

1952 年，教育部决定从秋季学期开始从小学一年级实施五年一贯制教学。1953 年 9 月，教育部颁布《试行小学（四二制）教学计划（草案）》。1953 年 11 月，政务院又作出关于停止推行小学五年一贯制，仍沿用小学四二制的决定。这一决定使得苏联初等学校四年制的算术教学内容拉长为我国六年的小学数学教学内容。1955 年，教育部颁布了《小学教学计划》，该计划为六年制。1956 年，教育部颁布了《小学算术教学大纲（修订草案）》，这套大纲是教育部又一次公布的统一的算术教学大纲，其总结了"学苏"的经验。1957 年，教育部颁布了新的《小学教学计划》。

1958 年 9 月，教育部颁布《关于小学算术课临时措施问题的通知》和《小学算术各年级算术教材精简补充纲要》，决定从 1958 年秋季起将初中算术的部分内容下放到小学，对教学内容和教学要求进行调整。总的来说，1958—1961 年这一时期的教材方面，主要是把初中算术下放到小学，提高小学算术教学的程度，这是我国小学数学教学的一个转折点，要求在小学阶段学完全部算术。其间，北京、江苏、浙江等地分别自主编写了（地方）小学数学教材。尽管各地的教材富有特色，但由于受到"大跃进"思想的影响，教材编写缺乏专家的引领和指导，教材内容缺乏科学性和合理性，过高估计了小学生的接受能力，把过多的初中数学内容下放到小学，致使学生难以理解，影响教学质量。

1960 年 10 月，人民教育出版社在总结经验的基础上初步拟定了《十年制学校数学教材的编辑方案（草稿）》，并基于此编制了《十年制学校小学算术课本（试用本）》（十册）、《珠算》（一册）。由华罗庚、关肇直、丁尔陞等知名数学家担任数学教材编写的顾问。从实验教材的试用情况看，这套教材的教学效果较好，不仅为缩短学制创造了有利条件，而且为以后的算术教学改革提供了有益的经验。

1963 年，教育部根据《中央关于讨论试行全日制中小学工作条例草案和对当前中小学教育工作几个问题的指示》的精神，重新制定并发布了《实行全日制中小学新教学计划（草案）》。新的六年制小学教学计划中，算术课程的周课时数分别是 6、6、7、8、9、9，总课时数为 1649，这比 1954 年修订的"四二学制"中计划的 1520 课时增加了 129 课时。不过,到 1964 年 7 月,教育部下发了《关于调整和精简中小学课程的通知》,将小学数学课程三至六年级算术的每周课时各减少 1 课时[①]。1963 年 8 月,在新教学计划的基础上,由人民教育出版社拟定并由教育部颁布的六年制新的《全日制小学算术教学大纲(草案)》中正式提出"使学生牢固地掌握算术和珠算的基础知识,培养学生正确地、迅速地进行四则计算的能力,正确地解答应用题的能力,以及具有初步的逻辑推理的能力和空间观念,以适应他们毕业后参加生产劳动和进一步学习的需要。"[②]该大纲明确提出对"运算能力、逻辑推理能力、空间观念"三大能力的培养,以及加强"基础知识、基本技能"的双基教学,这是对新中国成立以来我国数学课程改革经验和教训的总结,在此基础上教学内容、教材编写等方面初步形成了适合我国国情的小学数学课程教材。其间,教育部倡导各地进行课程教材的改革,上海、北京等地都出现了一些自编教材。此后,受社会形势的影响,数学课程在难度和深度方面出现了较大退化,但实用性内容仍有一定程度的增加。

四、改革开放后我国的小学数学课程

改革开放后,我国社会经济获得了快速发展,小学数学课程在课程目标、课程内容、课程实施和课程评价等方面也发生了较大变化。1978—2000 年间我国共颁布了 5 个与小学数学有关的数学课程文件。

1978 年 2 月,教育部颁布了《全日制十年制学校小学数学教学大纲(试行草案)》,这是人民教育出版社按照"借鉴国外的先进经验,结合我国的实际,按照中小学生所接受的数学教学内容,既重视基础知识的教学,又培养学生的能力"的指导思想进行编写的,这部小学数学教学大纲在我国历史上第一次把"小学算术"更名为"小学数学",这不只是简单的更名,而是使教学大纲、课程教材都发生了变化,小学数学课程教材得以重建。在这套大纲中提出了全新的关于课程教材内容改革的原则——"精选传统的算术内容;适当增加代数、几何的部分内容和渗透一些代数学的思想"。

在课程目标方面,这一时期较为重视知识与技能层面的目标,情感态度价值观维度的目标并未受到足够的重视。在课程内容方面,这一时期的小学数学课程内容主要为数与代数、图形与几何、统计与概率以及综合与实践等领域,具体细分为了数与计算、量与计算、简易方程、比和比例,几何初步知识,简单的统计表和统计图以及应用题等主题。在课程实施方面,这一时期较为关注基础知识的教学,学生计算能力、逻辑思维能力的培养,也较为注重教学方法的改革和创新。在课程评价方面,这一时期主要关注作业的检查、题目的难易以及成绩的评价等方面。[③]

1985 年颁布的《中共中央关于教育体制改革的决定》中提出了要在我国实施九年义

---

① 曹一鸣,梁贯成.21 世纪的中国数学教育[M].北京:人民教育出版社,2018:93.

② 课程教材研究所.20 世纪中国中小学课程标准·教学大纲汇编(数学卷)[G].北京:人民教育出版社,2001:82.

③ 章全武.改革开放 40 年小学数学课程的嬗变——基于 7 份课程文件内容的分析[J].上海教育科研,2018(9):18 -22.

务教育的宏伟目标。1986 年颁布了《中华人民共和国义务教育法》。为了适应基础教育发展的现实需要,有计划、分步骤地实施义务教育,在此期间国家教委先后颁布了 4 套小学数学教学大纲,分别是:1986 年颁布的《全日制小学数学教学大纲》,1988 年颁布的《九年义务教育全日制小学数学教学大纲(初审稿)》,1992 年颁布的《九年义务教育全日制小学数学教学大纲(试用)》,2000 年颁布的《九年义务教育全日制小学数学教学大纲(试用修订版)》。

其中,1986 年颁布的《全日制小学数学教学大纲》是新中国成立以来颁布的第一份不带"草案"字样的正式的数学课程文件,也是第一个同时适用于五年制、六年制的小学数学教学大纲。这与 1978 年颁布的《全日制十年制学校小学数学教学大纲(试行草案)》相比,在课程目标、课程内容、课程实施与课程评价等方面并未作出重大调整,具有一定的一致性。小学数学课程文件稳定性的保持对恢复与提高小学数学教学质量具有重要价值。

1988 年颁布的《九年义务教育全日制小学数学教学大纲(初审稿)》包含了教学目的和要求、教学内容的确定和安排、教学中应注意的几个问题以及各年级的教学内容和教学要求等内容。1992 年颁布的《九年义务教育全日制小学数学教学大纲(试用)》是在全国征求修订意见和建议的基础上颁发的,其与之前的教学大纲相比,进一步加强了思想品德教育,适当降低了要求,删除了部分内容,适当增加了大纲的弹性和灵活性等。修订于 2000 年的《九年义务教育全日制小学数学教学大纲(试用修订版)》内含有下一阶段课程改革的先期成果,如要求培养学生的创新意识和实践能力。

总的来说,这 4 份小学数学教学大纲在体例和内容上基本保持一致,体现出这一期间的小学数学课程建设处于一个相对稳定的阶段。具体而言,在课程目标方面,这一时期在重视知识与技能层面目标的同时,也逐渐意识到数学学习兴趣、信心等情感价值观维度的因素的重要性。在课程内容方面,这一时期的数学课程内容与改革开放初期的在数与代数、图形与几何、统计与概率以及综合与实践等方面的差异不大。在课程实施方面,这一时期仍然重视基础知识的教学以及教学方法的改革,但是已开始更为重视学生智力的发展、创新意识和实践能力的培养。在课程评价方面,这一时期开始注重口试、实际操作与笔试相结合的方式。此外,这一时期的小学数学教材由原来的"一纲一本"变为"一纲多本",全国组织编写了"八套半"小学数学教材,即六套"六三制"教材,两套"五四学制"教材和被称为半套的"复式教材",以供全国不同地区、不同条件的学校使用,开启了国家层面的教材多样化探索之路。

五、21 世纪以来我国的小学数学课程

21 世纪以来,我国社会发展进入了新的阶段,国际交流日益加强,我国的小学数学课程在课程目标、课程内容、课程实施和课程评价等方面发生了较大的变化,其间虽然只颁发了 3 份与小学数学课程有关的数学课程文件,但是每一份都对小学数学课程改革产生

了较大影响。

为应对 21 世纪的挑战和激烈的国际竞争，1999 年 6 月，在《中共中央国务院关于深化教育改革全面推进素质教育的决定》中要求"调整和改革课程体系、结构、内容，建立新的基础教育课程体系"。2001 年 6 月，国务院通过了教育部提交的《基础教育课程改革纲要（试行）》，正式拉开了 21 世纪国家层面课程改革的序幕。2001 年 7 月，《全日制义务教育数学课程标准（实验稿）》正式颁布，标志着义务教育阶段新一轮基础教育数学课程改革的启动，也标志着我国基础教育课程改革开始由教学大纲时代迈入课程标准时代，实现由学科教学大纲到学科内容标准的逐渐过渡。这一时期，多家出版社围绕着《全日制义务教育数学课程标准（实验稿）》进行了义务教育阶段数学实验教材的研制。

值得一提的是，为了探索我国发达城市的教育发展路径，经过国家教委同意，上海市于 1988 年成立了中小学课程教材改革委员会，实施中小学课程教材改革，被称为上海的"一期"课改，数学是改革的重点课程之一，其中一个重要变化就是将培养学生的数学素养放在核心位置，并推行了"五四"学制。1999 年后，进入"二期"课改阶段，其间于 2004 年上海市教育委员会颁布了《上海市中小学数学课程标准（试行）》，不仅给出了数学素养的内涵，还将"提高学生的数学素养，培育终身学习的基础"写入了课程理念中。

2005 年 5 月，《全日制义务教育数学课程标准（实验稿）》的修订工作正式启动，结合对义务教育数学课程改革实践经验与教训的总结，教育部于 2011 年 12 月下发了《关于印发义务教育语文等学科课程标准（2011 年版）的通知》，并颁布了《义务教育数学课程标准（2011 年版）》，该课程标准的颁布意味着小学数学课程建设进入了变革深化期，促使各个出版社对原有的小学数学实验教科书进行修订。

总的来说，这一时期是新课程改革背景下中国特色小学数学课程建设的完善时期，实现了从数学学科教学大纲到数学内容标准的逐渐过渡。在课程目标方面，内容逐渐丰富和完善，不仅继续强调知识、技能、情感态度价值观等层面的目标，还进一步强调培养适应未来社会需求的具有创新意识和科学态度的公民。在课程内容方面，虽然在数与代数方面与之前相比内容结构上没有较大的变化，但在图形与几何、统计与概率以及综合与实践等方面与之前相比变化较大，新增加了一些内容。这说明 21 世纪的小学数学课程内容在坚守传统的数与代数内容的同时，在图形与几何、统计与概率以及综合与实践方面进行了与时俱进的调整，以让学生获得适应现代社会生活的基本数学素养。在课程实施方面，强调发挥学生在数学学习中的主体地位的重要性，在重视基础知识与基本技能落实的同时，重视数学思想方法和数学活动经验，即"四基"得到了重视。在课程评价方面，注重学生知识技能、数学思考、问题解决、情感态度等方面的评价，并且在评价主体、评价方式以及呈现方式等方面表现出多样化的追求。此外，2000 年以来的小学数学课程资源延续了教科书、教学参考书、实物直观教具、教学研究期刊的传统。教科书"一标多本"，各地可以根据实际情况选用教科书，出版社出版配套的教学参考书以及实物直观模型。

随着社会的发展，教育要全面育人的理念逐渐深入，党的十八大、十九大、二十大报告中都提出教育要"落实立德树人根本任务"，而小学数学课程是发展学生核心素养、落实立德树人根本任务的重要载体。2014 年，教育部颁布的《关于全面深化课程改革落实立德树人根本任务的意见》中明确指出"研究制定学生发展核心素养体系和学业质量标准两个核心内容"，并要求"依据学生发展核心素养体系，进一步明确各学段、各学科具体的育人目标和任务，完善高校和中小学课程教学有关标准"。

2019 年，教育部组建新一轮的义务教育课程标准修订组，以核心素养为导向，开始修订完善《义务教育课程方案和课程标准(2011 年版)》，并于 2022 年 4 月颁布了《义务教育课程方案和课程标准(2022 年版)》。《义务教育数学课程标准(2022 年版)》既保留了《义务教育数学课程标准(2011 年版)》的合理内核，也延续了《普通高中数学课程标准(2017 年版 2020 年修订)》的核心素养，是数学教材编写、数学教学、数学评价和考试命题的主要依据。例如，其保留了《义务教育数学课程标准(2011 年版)》的四大学习领域划分，对《普通高中数学课程标准(2017 年版 2020 年修订)》中的 6 个核心素养也进行了学段的分解。数学课程标准是教师实施数学教学的标准，也是数学评价标准与考试标准，以及数学教材编写的标准[①]。它的颁布，标志着核心素养成为了引领小学数学教材编写、教学实施、教学评价与考试命题等方面变革的重要引擎，同时也实现了从学科内容标准到核心素养统领的"内容标准＋学业质量标准"的初步发展。这意味着我国的小学数学课程建设走向了核心素养导向的时代。

第二节　小学数学课程标准解析

数学课程标准对数学课程的理念、目标、内容、评价和实施等方面都提出了较为具体的要求，是教师实施数学教学的指南，本节将以《义务教育数学课程标准(2022 年版)》为基础，对小学数学课程标准进行解析。

一、义务教育数学课程标准的整体变化

自 2001 年新课程实施以来，国家层面颁布的涉猎小学数学的课程标准有 3 个，分别是 2001 年颁布的《义务教育数学课程标准(实验稿)》、2012 年颁布的《义务教育数学课程标准(2011 年版)》(简称《标准(2011 年版)》)、2022 年颁布的《义务教育数学课程标准(2022 年版)》(简称《标准(2022 年版)》)。此外，上海市在 2004 年颁布了《上海市中小学数学课程标准(试行)》。

---

① 孙晓天，邢佳立.中国义务教育：基于核心素养的数学课程目标体系——孙晓天教授访谈录(三)[J].教学月刊·小学版，2022(3)：9 - 12.

　　与《标准(2011年版)》相比,新修订颁布的《标准(2022年版)》在行文篇幅、学段划分、体例结构和课程内容呈现等方面都有所调整。

　　在行文篇幅上,从《标准(2011年版)》的6万多字增加到了《标准(2022年版)》的10万字左右。

　　在学段划分上,《标准(2011年版)》中将"六三学制"下小学阶段划分为"1～3年级,4～6年级"两个学段,《标准(2022年版)》中则将"六三学制"下的小学阶段划分调整为3个学段,即"1～2年级,3～4年级,5～6年级"三个学段。学段的调整,既是基于学生学习的心理特征和认知规律的需求,也在一定程度上反映了对幼小衔接和小初衔接的关注。1～2年级作为单独的学段,能更加充分地考虑到幼小衔接教学的开展,利于学生平稳而又健康地成长。

　　在体例结构上,《标准(2022年版)》也做出了调整和优化,主要包括课程性质、课程理念、课程目标、课程内容、学业质量、课程实施、附录等内容。例如,"课程目标"部分,确立了核心素养导向的课程目标;"课程内容"部分,在描述"内容要求"的同时,还新增了"学业要求"和"教学提示",这在明确"教什么"的同时,还强化了"教到什么程度"以及"怎么教"的问题;新增了"学业质量"章节,提出每一个学段要达到的学业质量标准,细化了学业质量评价与考试命题的建议,实现了"教—学—评"的一致性。

　　在课程内容呈现上,与《标准(2011年版)》中的"学段＋领域"的设计思路不同,《标准(2022年版)》按照"部分＋领域＋学段"的思路设计,即义务教育阶段的课程内容分成小学、初中两个部分呈现,每个部分再按照四个内容领域分学段依次呈现。其中,数与代数、图形与几何、统计与概率等内容领域下,每个学段都有明确的主题,数与运算、图形的认识与测量、数据的收集、整理与表达等主题贯穿不同的学段,这一设计加强了主题之间的联系,体现了内容统整的理念。

　　整体来说,《标准(2022年版)》将发展学生核心素养作为数学课程的出发点和立足点,以核心素养为统领,融入学业质量标准,使得"内容为纲＋质量驱动"的课程标准发展取向逐渐趋于成熟[1]。核心素养统领并贯穿了《标准(2022年版)》的课程性质、课程理念、课程目标、课程内容、学业质量、课程实施等所有模块,这也体现了核心素养的纲领性和轴线式作用[2]。

二、小学数学课程理念解析

　　课程理念是数学课程设计的基本遵循,《标准(2022年版)》在阐述数学课程基本价值追求的同时,分别从课程目标、课程内容、教学活动、教学评价和信息技术融入等方面对

---

[1] 王光明,刘静.加强核心素养导向,完善课程标准体系——《义务教育数学课程标准(2011年版)》与《义务教育数学课程标准(2022年版)》(小学部分)比较研究[J].课程·教材·教法,2022,42(7):4-11.

[2] 吴立宝,刘颖超,郭衎.2022年版和2011年版义务教育数学课程标准比较研究[J].教育研究与评论,2022(5):28-34.

课程理念进行了阐述。

（一）课程价值层面：落实立德树人根本任务

《标准（2022 年版）》中明确要求小学数学要"以习近平新时代中国特色社会主义思想为指导，落实立德树人根本任务，致力于实现义务教育阶段的培养目标，使得人人都能获得良好的数学教育，不同的人在数学上得到不同的发展，逐步形成适应终身发展需要的核心素养。"这是一条贯穿整个数学教育始终的总纲，体现了义务教育数学课程的基本价值追求，表明了小学数学课程的设计与实施是以习近平新时代中国特色社会主义思想为指导的，小学数学教育应落实立德树人根本任务，在具体实施中要尊重学生的个性。教师一方面要意识到具备不同数学基础和学习能力的人的学习进度是会存在差异的，不能简单化地教学和管理；另一方面也要意识到具备不同数学基础和数学特长的学生，他们的数学需求是不一样的，尽管从整体上看他们的发展程度可能不一，但是从每个人自己的角度出发，教师的教学应该都能帮助他们在数学学习中获得有效的发展，尤其是数学核心素养的发展。

课程理念对个体差异性的尊重沿用了《标准（2011 年版）》中"人人都能获得良好的数学教育，不同的人在数学上得到不同的发展"的表达。这些都表明，数学课程落实立德树人根本任务的要求，实现义务教育阶段的培养目标，已成为义务教育阶段数学教育改革的一个基本共识。

（二）课程目标层面：确立核心素养导向的课程目标

在课程目标层面，小学数学课程理念主要体现为以学生的核心素养发展为目标，小学数学课程应使学生通过数学的学习，形成和发展面向未来社会和个人发展所需要的核心素养。这种核心素养是小学生在数学学习过程中逐渐形成和发展的，既包括数学知识层面、数学能力层面，也包括数学学科品德层面。《标准（2022 年版）》在强调课程目标要"以学生发展为本，以核心素养为导向"的同时，继续保留"四基"（数学基础知识、基本技能、基本思想和基本活动经验），"四能"（发现、提出、分析和解决问题）和"情感、态度和价值观"等核心要素。简而言之，《标准（2022 年版）》构建了一个以"三会"为核心，层层递进的三层课程目标结构体系，这是一个与数学教学协调一致的数学课程目标体系，具体如图 2 - 1 所示。

其中，位于图 2 - 1 中心的"三会"是这一目标体系的顶层目标或终极目标；位于第二层的是为"三会"提供支撑的中间目标或过渡目标，即核心素养在小学阶段的 11 个主要表现；位于第三层的是"四基""四能"目标，是达成核心素养在小学阶段主要表现的过渡性目标或支撑目标。

（三）课程内容层面：设计体现结构化特征的课程内容

课程内容是实现课程目标的载体，要以更好地促进学生核心素养为本。为此，在选择课程内容时既要体现小学数学知识的学科性，又要体现数学文化和数学学科发展前

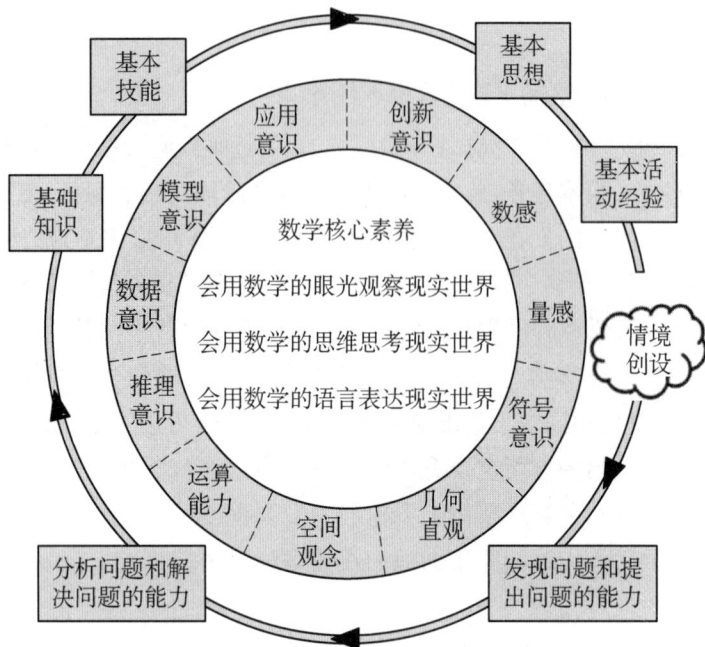

图 2-1　基于核心素养的小学数学课程目标体系①

沿。在组织课程内容时要注重结构化整合,例如以大概念为核心的内容整合、主题式内容整合、跨学科内容整合等。课程内容应有助于学生对小学数学课程内容的整体理解和把握,能较好掌握课程内容之间的关联,同时也能重视数学结果的形成过程,处理好过程与结果的关系;重视数学内容的直观表述,处理好直观与抽象的关系;重视学生直接经验的形成,处理好直接经验和间接经验的关系。在课程内容呈现时,充分考虑学生的年龄特征和对学生的学习起促进作用的因素,适当考虑真实的生活情境、学生感兴趣的故事和游戏、富有逻辑的数学关系等多样的呈现方式②。《标准(2022 年版)》突出强调"跨学科主题学习",这就意味着在小学数学课程与教学实践中,对一些课程内容的呈现可以考虑跨学科的形式,例如,在百分数的教学中,为学生提供跨学科学习的现实情境。特别地,综合与实践主要以主题活动和项目学习的形式呈现,大部分内容都具有跨学科的性质。

(四) 教学活动层面:实施促进学生发展的教学活动

课程改革的实际效果取决于课堂教学,教学活动的设计与实施是实现课程目标的基本途径。《义务教育课程方案(2022 年版)》中明确指出要"准确把握课程要培养的学生核心素养,明确教学内容和教学活动的素养要求,培养学生正确价值观、必备品格和关键能力,设定教学目标,改革教学过程和教学方法,把立德树人根本任务落实到具体教育教学

---

① 孙晓天,邢佳立. 中国义务教育:基于核心素养的数学课程目标体系——孙晓天教授访谈录(三)[J]. 教学月刊·小学版,2022(3):9 - 12.
② 马云鹏. 小学数学课程标准与教材研究[M]. 北京:高等教育出版社,2016:23.

活动中"①。小学数学教师应意识到学生是学习的主体,教师是学习的组织者、引导者与合作者,教学的成效是以小学生的数学发展程度为衡量标准的。学生的学习应是一个主动的过程,认真听讲、独立思考、动手实践、自主探索、合作交流等都是学习数学的重要方式。教与学是数学教学活动的两个重要方面,是实现数学课程理念的关键,将其作为一个整体,有利于对教学活动有深入的认识。教师在小学数学教学中要树立核心素养发展的理念,以育人为本,要引导学生积极思考,鼓励学生质疑问难,引导学生在真实情境中发现问题和提出问题,利用观察、猜测、实验、计算、推理、验证、数据分析、直观想象等方法分析问题和解决问题,在学习数学知识的过程中,发展必备品格和关键能力,树立正确的价值观。

(五) 学习评价层面:探索激励学习和改进教学的评价

评价是检验课程实施效果的一个重要环节,也是考查学习目标达成及学生成长状况的重要手段②。评价不仅要关注学生数学学习的结果,还要关注学生数学学习的过程,激励学生学习,改进教师教学,要充分发挥评价的激励和改进功能。《标准(2022年版)》中明确指出"通过学业质量标准的构建,融合'四基''四能'和核心素养的主要表现,形成阶段性评价的主要依据。"在核心素养课程理念下,要优化小学数学课程评价,采用多元的评价主体和多样的评价方式。在评价目标上既要有针对学生学习表现的评价,也要有用于改进教学的评价;在评价方式的运用上包括书面测验、口头测验、课堂观察、课后访谈、课堂作业、课后作业、活动报告、成长记录袋等。教师在教学过程中可以对小学生的学业评价进行探索,既要能较好评价学生的学业成就,又要能较好激励小学生的数学学习。

(六) 信息技术层面:促进信息技术与数学课程融合

信息技术的快速发展,互联网技术的普及,大数据的广泛应用,人工智能的不断升级,对小学数学课程与教学也产生了重要影响。《标准(2022年版)》中明确指出要重视信息技术与数学课程的融合,教师要合理利用现代信息技术,提供丰富的学习资源,设计生动的教学活动,促进数学教学方式方法的变革。例如,在实际问题的解决中,教师要创设合理的信息化学习环境,提升学生的探究热情、开阔学生的视野、激发学生的想象力、提高学生的信息素养。《标准(2022年版)》从丰富学习资源、变革教学形式、创优信息化学习环境等方面阐述了如何促进信息技术与数学课程的融合。这表明,数学课程与教学的改革应当探索利用信息技术创造更有效的学习环境,使信息技术与数学学科更好地融合,发挥信息技术对数学课程教学质量提升的作用,同时,通过数学学习提高学生的信息素养,这也是数学课程时代性的一个重要表现。

---

① 中华人民共和国教育部. 义务教育课程方案(2022年版)[M].北京:北京师范大学出版社,2022:14.
② 义务教育数学课程标准修订组. 义务教育数学课程标准解读(2022年版)[M].北京:北京师范大学出版社,2022:40.

三、小学数学课程目标解析

《标准(2022 年版)》在课程理念部分明确指出,数学课程目标是培养学生的核心素养,而这种核心素养在不同学段有不同的表现形式。

(一)数学课程核心素养的主要内涵

1. "三会"统领核心素养在小学阶段的主要表现

《标准(2022 年版)》对核心素养进行了深入的探讨,明确给出了义务教育阶段数学课程要发展的核心素养的三个方面(即"三会"):会用数学的眼光观察现实世界,会用数学的思维思考现实世界,会用数学的语言表达现实世界。在此基础上进一步阐述了核心素养在小学阶段的主要表现:数感、量感、符号意识、运算能力、几何直观、空间观念、推理意识、数据意识、模型意识、应用意识和创新意识,并且分别给出了这 11 个主要表现的具体内涵。

"三会"以更为综合、联系的视角统领核心素养,同时涵盖了《标准(2011 年版)》中的 10 个核心概念:数感、符号意识、空间观念、几何直观、数据分析观念、运算能力、推理能力、模型意识、应用意识和创新意识。其中,小学阶段的数学眼光主要表现为:数感、量感、符号意识、几何直观、空间观念和创新意识;数学思维主要表现为:运算能力、推理意识;数学语言主要表现为:数据意识、模型意识、应用意识。初中阶段的数学眼光主要表现为:抽象能力、几何直观、空间观念、创新意识;数学思维主要表现为:运算能力、推理能力;数学语言主要表现为:数据观念、模型观念、应用意识。高中阶段的数学眼光主要表现为:数学抽象、直观想象;数学思维主要表现为:数学运算、逻辑推理;数学语言主要表现为:数据分析、数学建模。具体如表 2-1 所示。

表 2-1　核心素养在中小学数学课程中的主要表现

"三会"	阶　段		
	小学阶段	初中阶段	高中阶段
数学眼光	数感	抽象能力	数学抽象
	量感		
	符号意识		
	几何直观		直观想象
	空间观念		
	创新意识		
数学思维	运算能力		数学运算
	推理意识	推理能力	逻辑推理
数学语言	数据意识	数据观念	数据分析
	模型意识	模型观念	数学建模
	应用意识		

总的来说,《标准(2022年版)》中所提出的核心素养的主要表现,一方面是对《标准(2011年版)》中的10个"核心概念"的继承和发展,另一方面是对《普通高中数学课程标准(2017年版2020年修订)》所倡导的核心素养的延续。小学、初中、高中三个阶段的核心素养及其主要表现的提出,保证了核心素养在基础教育阶段的整体性与一致性。

2. 核心素养发展的阶段性

《标准(2022年版)》中关于核心素养的阐述充分体现了核心素养的发展性。鉴于不同阶段学生的认知发展存在一定的差异,核心素养在不同阶段的侧重也不同。小学阶段核心素养的表现侧重于经验的感悟,而初中阶段侧重于对概念的理解,高中阶段则更加一般化。例如,小学阶段的"数感、量感、符号意识"逐渐发展为初中阶段的"抽象能力",高中阶段的"数学抽象";小学阶段的"推理意识、数据意识、模型意识"逐渐发展为初中阶段的"推理能力、数据观念、模型观念",高中阶段的"逻辑推理、数据分析、数学建模"。这些都体现出核心素养发展的进阶性。

此外,《标准(2022年版)》中将"量感"单独作为核心素养在小学阶段的主要表现之一,体现出对量感的重视。量感是形成抽象能力的基础,突出强调量感可为发展学生抽象能力提供重要的载体和基石。

(二) 课程总体目标

《标准(2022年版)》中明确指出"课程目标的确定,立足学生核心素养发展,集中体现数学课程育人价值",并构建了"三会"核心素养统领的"四基＋四能＋情感、态度和价值观"的课程目标体系。这与以往数学课程标准中的目标表述相比,既包含"四基",也涵盖"四能",并在原来"三维目标"的基础上凝练了以"三会"核心素养为导向的课程目标,使得核心素养与"四基""四能"综合联系成为一个有机的整体,更好地体现了数学的学科育人价值。

第一,通过义务教育阶段的数学学习,学生能"获得适应未来生活和进一步发展所必需的数学基础知识、基本技能、基本思想、基本活动经验"。"四基"是对义务教育阶段学生数学学习的基本要求,从"双基"到"四基",既是育人目标的转变,又是数学学科对学生进行整体且全面的教育的要求,也能为核心素养的形成和发展提供支撑,而且更加关注为未来生活和进一步学习做准备。

第二,通过义务教育阶段的数学学习,学生能"体会数学知识之间、数学与其他学科之间、数学与生活之间的联系,在探索真实情境所蕴含的关系中,发现问题和提出问题,运用数学和其他许可的知识与方法分析问题和解决问题。"对于"四能"的培养,更加强调在真实情境中的探索,更加注重运用数学和其他学科的知识与方法解决问题。特别是在综合与实践领域,以跨学科主题学习为主,强化了不同内容领域之间以及不同学科之间的联系。

第三,通过义务教育阶段的数学学习,学生能"对数学具有好奇心和求知欲,了解数学的价值,欣赏数学美,提高学习数学的兴趣,建立学好数学的信心,养成良好的学习习惯,形成质疑问难、自我反思和勇于探索的科学精神。"在继承并沿用以往"情感、态度和价值观"维度的目标部分表述的同时,进行了适当的调整,如增加了"欣赏数学美",突出数学的美育功能。

(三) 课程的学段目标

学段目标是根据不同学段学生数学学习的心理特征和认知规律,将总目标分解,描述其在各个学段的表现和要求,并将核心素养的表现体现在每个学段的具体目标之中。

第一,学段目标是总目标的阶段性水平描述。学段目标的描述从知识与技能、问题解决、情感态度价值观三个方面展开,并将核心素养的相关表现融入其中,与总目标的"四基"+"四能"+"情感、态度和价值观"三个方面的目标内容相对应。

第二,学段目标体现各学段内容主题的要求。小学3个学段的目标表述均与"数与代数""图形与几何""统计与概率"三个内容领域的内容要求相对应。而"综合与实践"领域不是以学科内容为主线安排的,该领域没有与学段目标相对应的内容要求和学业要求,这一方面的目标在问题解决中有所体现。

第三,核心素养的具体表现融入在各学段目标之中。核心素养在各个学段的具体表现,既有一致性,也是一个发展的过程。例如,第二学段(3~4 年级)目标与"数与代数"内容领域相关的目标为:认识自然数,经历小数和分数的形成过程,初步认识小数和分数;能进行较复杂的整数四则运算和简单的小数、分数的加减运算,理解运算律;形成数感、运算能力和初步的推理意识。这一学段目标中明确了与这些内容学习相关联的"形成数感、运算能力和初步的推理意识"等核心素养的表现。

无论是课程总目标还是学段目标,都与核心素养在小学阶段的具体表现紧密关联,这便于在数学学科中真正落实核心素养。

四、小学数学课程内容解析

《标准(2022 年版)》中仍将课程内容划分为"数与代数、图形与几何、统计与概率、综合与实践"四个学习领域,但对四个领域下的学习主题相较之前的数学课程标准有了适当的整合或调整。在"数与代数、图形与几何、统计与概率"领域,小学各学段的主题有较大的变化,在"综合与实践"领域,虽然没有设置内容主题,但是变化较大的是强调跨学科主题学习,并将部分知识内容融入其中。

(一) 小学各学段各内容领域的主题

小学的数与代数、图形与几何、统计与概率领域,以数学核心内容和基本思想为主线循序渐进,各学段的主题有所不同。小学的综合与实践领域,以培养学生综合运用所学知识和方法解决实际问题的能力为目标,根据不同学段学生特点,以跨学科主题学习为主,适当采用主题式学习和项目式学习的方式,设计情境真实、较为复杂的问题,引导学生综合运用数学学科和跨学科的知识与方法解决问题。四个学习领域不同学段的主题或内容分别在《标准(2022 年版)》与《标准(2011 年版)》中的具体安排如表 2-2 所示。

表 2-2 《标准(2022年版)》与《标准(2011年版)》中的小学数学各学段各内容领域主题

内容领域	《标准(2022年版)》的各学段主题			《标准(2011年版)》的各学段主题	
	第一学段(1～2年级)	第二学段(3～4年级)	第三学段(5～6年级)	第一学段(1～3年级)	第二学段(4～6年级)
数与代数	1. 数与运算 2. 数量关系	1. 数与运算 2. 数量关系	1. 数与运算 2. 数量关系	1. 数的认识 2. 数的运算 3. 常见的量 4. 探索规律	1. 数的认识 2. 数的运算 3. 式与方程 4. 正比例、反比例 5. 探索规律
图形与几何	图形的认识与测量	1. 图形的认识与测量 2. 图形的位置与运动	1. 图形的认识与测量 2. 图形的位置与运动	1. 图形的认识 2. 测量 3. 图形与位置	1. 图形的认识 2. 测量 3. 图形的运动 4. 图形与位置
统计与概率	数据分类	数据的收集、整理与表达	1. 数据的收集、整理与表达 2. 随机现象发生的可能性	(无明确主题,主要内容为) 1. 分类 2. 数据的收集、整理、表达	1. 简单数据统计过程 2. 随机现象发生的可能性
综合与实践	重在解决实际问题,以跨学科主题学习为主,主要包括主题活动和项目学习等。主要采用主题式学习,将知识内容融入主题活动中。			重在感受数学在日常生活中的作用,体验解决简单问题的过程,获得数学活动经验。	

具体来说,对于"数与代数"领域,小学三个学段的主题由《标准(2011年版)》中的"数的认识,数的运算,常见的量,探索规律,式与方程,正比例、反比例"六个调整并整合为"数与运算、数量关系"两个,不只是形式上的变化,更是从学科本质和学生学习视角对相关内容的统整[①]。对于"图形与几何"领域,小学三个学段的主题由《标准(2011年版)》中的"图形的认识,测量、图形与位置、图形的运动"整合为"图形的认识与测量、图形的位置与运动"两个;对于"统计与概率"领域,小学三个学段的主题由《标准(2011年版)》中的"分类、简单数据统计过程、随机现象发生的可能性"等调整为"数据分类,数据的收集、整理与表达,随机现象发生的可能性"三个,其中"数据分类"与"数据的收集、整理与表达",二者构成一个整体,都是以数据为研究对象,前者是后者的必要准备;对于"综合与实践"领域,强调解决实际问题和跨学科主题学习,以主题学习和项目学习的方式进行设计和组织。

(二) 小学"数与代数"领域内容分析

1. 数与代数领域内容结构分析

数与代数是小学阶段学生数学学习的重要领域,包括"数与运算"和"数量关系"两个

---

① 马云鹏. 聚焦核心概念 落实核心素养——《义务教育数学课程标准(2022年版)》内容结构化分析[J]. 课程·教材·教法,2022,42(6):35-44.

主题。将数的认识与数的运算作为一个整体进行组织,体现了二者之间的密切关联。小学阶段的数与运算,主要包括整数、小数、分数的认识及其四则运算。数与运算密不可分,数的认识是数的运算的基础,数的运算有助于学生更好地认识数。数的认识包括数的抽象表达、数的大小比较等,自然数从小到大就是一个累加的过程,这一过程蕴含着加的运算,数的大小比较也与运算密切相关。数的运算的重点在于理解算理、掌握算法,算理的理解最终要追溯到数的意义。例如,整数、小数、分数的加法计算都可以理解为相同计数单位的个数相加。将数与运算整合为一个主题,有助于从整体上理解数和运算,为学生更好地把握和理解数学知识与方法,形成数感、符号意识、运算能力、推理意识等核心素养提供基础。

　　小学阶段的"数量关系"主题突出了问题解决的内容载体和问题解决能力的培养。这一主题由原来的式与方程、正反比例和探索规律等主题内容,以及分散在数的运算中的常见的数量关系、估算、运用数和数的运算解决问题等内容整合而成,这些内容的本质都是运用数量关系解决问题[①]。将这些内容进行整合,并从数量关系的视角理解和把握,有助于从整体上认识它们的核心概念。其中,方程与反比例等内容调整到了第四学段(7—9年级)。常见的数量关系主要包括加法模型和乘法模型。数量关系的重点在于用数与符号对现实情境中数量之间的关系和规律进行表达,凸显出用数学模型解决现实情境中的问题。在数量关系主题下包含了用四则运算的意义解决实际问题,理解和运用常见的数量关系解决问题,从数量关系的角度理解用字母表示关系和规律、比和比例等内容。

2. 数与代数领域内容要求分析

　　与《标准(2011年版)》相比,《标准(2022年版)》中不仅有"内容要求",还增加了相应的"学业要求"和"教学提示"。本部分主要对小学"数与运算""数量关系"两个主题的内容要求进行分析。

　　"数与运算"这一主题内容设置在第一、第二、第三学段,贯穿于小学数与代数领域学习的整个过程。鉴于不同学段学生的认知、经验等方面的差异,同一主题在不同学段的学习内容及要求不同。这一主题的具体内容要求及对应的核心素养表现如表2-3所示。

表2-3　小学"数与运算"主题的内容要求及对应的核心素养表现

学段	内 容 要 求	核心素养
第一学段	在实际情境中感悟并理解万以内数的意义,理解数位的含义,知道用算盘可以表示多位数。	数感
	了解符号<,=,>的含义,会比较万以内数的大小;通过数的大小比较,感悟相等和不等关系。	符号意识、数感

① 马云鹏.怎样理解"数量关系"学习主题[J].小学数学教育,2022(6):11-13.

（续表）

学段	内 容 要 求	核心素养
	在具体情境中，了解四则运算的意义，感悟运算之间的关系。	运算能力
	探索加法和减法的算理和算法，会整数加减法。	运算能力
	探索乘法和除法的算理和算法，会简单的整数乘除法。	运算能力
	在解决生活情境问题的过程中，体会数和运算的意义。	符号意识、数感、运算能力、推理意识
第二学段	在具体情境中，认识万以上的数，了解十进制计数法；探索并掌握多位数的乘除法，感悟从未知到已知的转化。	数感、运算能力
	结合具体情境，初步认识小数和分数，感悟分数单位；会同分母分数的加减法和一位小数的加减法。	数感、符号意识、运算能力
	在解决简单实际问题的过程中，理解四则运算的意义，能进行整数四则混合运算。	运算能力
	探索并理解运算律（加法交换律和结合律、乘法交换律和结合律、乘法对加法的分配律），能用字母表示运算律。	符号意识、推理意识
	会运用数描述生活情境中事物的特征。	数感、运算能力、推理意识
第三学段	知道2,3,5的倍数的特征，了解公倍数和最小公倍数，了解公因数和最大公因数，了解奇数、偶数、质数（或素数）和合数。	数感、推理意识
	结合具体情境探索并理解小数和分数的意义，感悟计数单位；会进行小数、分数的转化。	数感、符号意识
	结合具体情境理解整数除法与分数的关系。	数感、推理意识
	能进行简单的小数、分数四则运算和混合运算，感悟运算的一致性。	运算能力、推理意识

　　"数量关系"这一主题内容设置在第一、第二、第三学段，贯穿于小学数与代数领域学习的整个过程。鉴于不同学段学生的认知、经验等方面的差异，同一主题在不同学段的学习内容及要求不同。这一主题的具体内容要求及对应的核心素养表现如表2-4所示。

表2-4　小学"数量关系"主题的内容要求及对应的核心素养表现

学段	内 容 要 求	核心素养
第一学段	在简单的生活情境中，运用数和数的运算解决问题，能解释结果的实际意义。	应用意识
	探索用数或符号表达简单情境中的变化规律。	模型意识、几何直观、应用意识

（续表）

学段	内　容　要　求	核心素养
第二学段	在实际情境中,运用数和数的运算解决问题;在解决实际问题的过程中,能结合具体情境,选择合适的单位进行简单估算,体会估算在生活中的作用。	应用意识
	能借助计算器进行计算,解决简单的实际问题,探索简单的规律。	模型意识、几何直观、应用意识
	在具体情境中,认识常见数量关系:总量＝分量＋分量、总价＝单价×数量、路程＝速度×时间;能利用这些关系解决简单的实际问题。	模型意识、推理意识、应用意识
	能在具体情境中了解等量的等量相等。	推理意识
	能解决生活中的简单问题,并能对结果的实际意义作出解释,经历探索简单规律的过程。	模型意识、应用意识
第三学段	根据具体情境理解等式的基本性质。	符号意识、推理意识
	在解决实际问题的过程中,会选择合适的方法进行估算。	应用意识
	在具体情境中,探索用字母表示事物的关系、性质和规律的方法,感悟用字母表示的一般性。	符号意识、推理意识
	在实际情境中理解比和比例以及按比例分配的含义,能解决简单的问题。	符号意识、应用意识
	通过具体情境,认识成正比例的量(如 $\frac{y}{x}=5$);能探索规律或变化趋势。	推理意识、几何直观
	能运用常见的数量关系解决实际问题,能合理解释结果的实际意义。	模型意识、几何直观

（三）小学"图形与几何"领域内容分析

1. 图形与几何领域内容结构分析

图形与几何是小学阶段学生数学学习的又一重要领域,包括"图形的认识与测量"和"图形的位置与运动"两个主题。这与《标准(2011年版)》的图形与几何领域主题内容相比,整体变化不是很大,但是更加重视"整合"。

图形的认识的重点在于对图形的特征的探索与描述,图形的测量主要是对图形大小的度量。图形的认识与图形的测量需要从整体上把握。图形的认识是用对物体形状的抽象图形进行表示,重点是认识图形的特征。图形特征的认识与图形的测量关系密切。例如,长方形的对边相等这一特征,需要通过测量确认其正确性。图形的测量离不开对图形的认识,图形测量的过程与结果都与具体图形的特征密切相关。探索图形的周长、面积、体积等问题,一定要与具体的图形建立联系,对图形特征的把握直接影响图形测量的学习。

小学阶段,图形的位置的重点是用一对有序数对描述一个点的位置(距离和方向可以看作一对数),图形的运动主要是图形的平移、旋转和轴对称。要认识到图形运动本质上是图形上点的位置的变化,这种变化主要是平移与旋转。确定图形运动前的位置与运动后的位置的关系,了解其中的变化和不变,也就是图形上点的位置的变化与不变,可见图形的运动与图形的位置有着密切的关系。

总的来说,《标准(2022 年版)》中图形与几何领域的主题表述,将图形的认识与测量、图形的位置与运动分别进行整合,凸显了图形的认识与测量之间以及图形的位置与运动之间的密切关联,从结构上更加突出主题的整体性。

2. 图形与几何领域内容要求分析

本部分主要对小学"图形的认识与测量""图形的位置与运动"两个主题的内容要求进行分析。

"图形的认识与测量"这一主题内容设置在第一、第二、第三学段,贯穿于小学图形与几何领域学习的整个过程。鉴于不同学段学生的认知、经验等方面的差异,同一主题在不同学段的学习内容及要求不同。这一主题的具体内容要求及对应的核心素养表现如表 2-5 所示。

表 2-5 小学"图形的认识与测量"主题的内容要求及对应的核心素养表现

学段	内 容 要 求	核心素养
第一学段	通过实物和模型辨认简单的立体图形和平面图形,能对图形分类,会用简单图形拼图。	空间观念、几何直观
	结合生活实际,体会建立统一度量单位的重要性,认识长度单位米、厘米。能估测一些物体的长度,并进行测量。	量感
第二学段	结合实例认识线段、射线和直线;体会两点间所有连线中线段最短,知道两点间距离;会用直尺和圆规作一条线段等于已知线段;了解同一平面内两条直线的位置关系。	空间观念、几何直观
	结合生活情境认识角,知道角的大小关系;会用量角器量角,会用量角器或三角板画角。	空间观念、几何直观、量感
	认识长度单位千米,知道分米、毫米;认识面积单位厘米²、分米²、米²;能进行简单的单位换算;能恰当地选择单位估测一些物体的长度和面积,会进行测量。	量感
	认识三角形和四边形,会根据图形特征对三角形和四边形进行分类。	空间观念、几何直观
	结合实例认识周长和面积;探索并掌握长方形、正方形的周长和面积的计算公式。	量感、空间观念、推理意识
	能根据具体事物、照片或直观图辨认从不同角度观察到的简单物体。	空间观念

（续表）

学段	内 容 要 求	核心素养
第三学段	知道三角形任意两边之和大于第三边；知道三角形内角和是 $180°$。	几何直观、推理意识
	认识圆和扇形，会用圆规画圆；认识圆周率；探索圆的周长和面积计算公式，能解决简单的实际问题。	空间观念、量感、推理意识
	知道面积单位千米^2、公顷；探索并掌握平行四边形、三角形和梯形的面积计算公式；会估计不规则图形的面积。	量感、推理意识
	通过实例了解体积（或容积）的意义，知道体积（或容积）的度量单位，能进行单位之间的换算；体验不规则物体体积的测量方法。	量感、推理意识
	认识长方体、正方体和圆柱，了解这些图形的展开图，探索并掌握这些图形的体积和表面积的计算公式，认识圆锥并探索其体积的计算公式，能用这些公式解决简单的实际问题。	空间观念、量感、推理意识
	对于简单物体，能辨认不同方向（前面、侧面、上面）的形状图。	空间观念

其中，第二学段中的"会用直尺和圆规作一条线段等于已知线段""用直尺和圆规将三角形的三条边依次画到一条直线上"等尺规作图内容，让学生借助直尺和圆规把相应的图形画出来，在动手"做数学"的过程中增强操作体验，直观感知图形的存在，建立起对图形的直观感觉，有利于学生几何直观的培养。这一内容的设置，是对幼儿阶段"做中学"的延续，同时能为初中阶段学习更为抽象、复杂的尺规作图内容打下基础。

此外，《标准（2022 年版）》中还增加了两个基本事实，"两点之间线段最短"就是其中之一。在图形的认识与测量主题的教学中，要明确数学基本事实，加强学生推理意识的培养，要让学生知道可以从一些事实和命题出发，依据规则推出其他的命题或结论。例如，基于"两点之间线段最短"这一基本事实，可以推出"三角形任意两边之和大于第三边"的结论。小学阶段重视学生推理意识的培养，将有助于学生养成讲道理、有条理的思维习惯，也是后期形成推理能力的基础。

"图形的位置与运动"这一主题内容设置在第二、第三学段。同一主题在不同学段的学习内容及要求不同。这一主题的具体内容要求及对应的核心素养表现如表 2-6 所示。

表 2-6　小学"图形的位置与运动"主题的内容要求及对应的核心素养表现

学段	内 容 要 求	核心素养
第二学段	结合实例，感受平移、旋转和轴对称现象。	空间观念
第三学段	能根据参照点的方向和距离确定物体的位置；会在实际情境中，描述简单的路线图。	几何直观

（续表）

学段	内 容 要 求	核心素养
	能用有序数对(限于自然数)表示点的位置,理解有序数对与方格纸上点的对应关系。	几何直观
	了解比例尺,能利用方格纸按比例将简单图形放大或缩小。	几何直观
	能在方格纸上进行简单图形的平移和旋转;认识轴对称图形和对称轴,能在方格纸上补全简单的轴对称图形。	空间观念
	能从平移、旋转和轴对称的角度欣赏生活中的图案,能借助方格纸设计简单图案,感受数学美。	空间观念

(四) 小学"统计与概率"领域内容分析

1. 统计与概率领域内容结构分析

统计与概率是小学阶段学生数学学习的重要领域之一,包括"数据分类""数据的收集、整理与表达""随机现象发生的可能性"三个主题。这与《标准(2011 年版)》的统计与概率领域主题内容相比,变化不是很大,但是更加关注"数据"。

数据分类是信息分析的基础,《标准(2022 年版)》中明确"数据分类"的本质是根据信息对事物进行分类。学生在学前阶段已经积累了对事物进行分类的活动经验,在第一学段学习"数据分类"这一主题内容,便于学生顺利进入统计与概率这一内容领域的学习,经历从事物分类到数据分类的过程。此外,数据分类也是数据整理的基础。例如,在学习统计图表时,制作条形统计图、折线统计图、扇形统计图、频数直方图等时,学生需要认识数据的分类,从中感悟对事物共性的抽象过程。

数据的收集、整理与表达是数据统计的具体过程,也是数据分析的关键步骤。"数据的收集、整理与表达"这一主题内容贯穿于第二、第三学段,明确地体现出小学统计学习的核心内容,且内容由浅入深。第二学段涉及的收集、整理与表达的数据相对简单一些,用条形统计图、平均数等基本上可以描述出数据特征,第三学段涉及的收集、整理与表达的数据相对复杂一些,增加了用折线统计图、扇形统计图、百分数等刻画数据的特征。其中,对于百分数这一内容,《标准(2011 年版)》中将其设置在"数与代数"内容领域,体现出其可以表达两个变量数量关系的本质内涵,《标准(2022 年版)》则将其作为表达统计量的形式设置在"统计与概率"内容领域,更多地体现出其可以用于表达随机数据,让学生感受数据的随机性,百分数的统计意义,并为决策提供依据。

"随机现象发生的可能性"这一主题设置在小学的第三学段,主要是从定性与定量两个层次刻画随机现象。这与《标准(2011 年版)》中的相关表达相比变化不大。

总的来说,《标准(2022 年版)》中"统计与概率"领域的主题表述,都是以数据为研究对象,学生可以从整体上理解统计离不开数据,且重点强调数据的处理。数据的收集、整理与表达是数据处理的主要方式,更有利于学生数据意识的形成。

2. 统计与概率领域内容要求分析

本部分主要对小学"数据分类""数据的收集、整理与表达""随机现象发生的可能性"三个主题的内容要求进行分析。

"数据分类"这一主题内容虽然设置在第一学段,但是其贯穿于小学统计与概率领域学习的整个过程。数据分类主要包括两个层面:一是对事物分类。例如,生活中物体的分类、图形的分类、数的分类,这种分类可看作是在一组事物中把具有相同属性的事物归为一类。二是对通过调查等获得的"数据"分类。解决问题时经常需要进行调查研究或实验探究以收集数据,通过具体调查或实验取得数据是统计分析的前提,数据整理的第一步就是分类。

《标准(2022 年版)》中第一学段的内容要求为:"会对物体、图形或数据进行分类,初步了解分类与分类标准的关系,形成初步的数据意识",这一内容设置的目的是要学生经历从事物分类到数据分类的过程,培养学生的几何直观和数据意识等核心素养。在第一学段教学数据分类时,要重视对接学生前阶段已有的生活经验,注重过程,鼓励学生在亲身参与的动手活动中感悟分类的价值、学会分类的方法。第二、第三学段都要求会利用统计图整理与表达数据,而制作统计图的第一步就是要对收集到的数据进行分类或分组。其中,数据分组在大数据分析中非常重要,其本质就是数据分类。

"数据的收集、整理与表达"这一主题内容既设置在第二学段,也设置在第三学段,主要围绕数据分析的过程展开,包括收集数据,整理数据,利用统计图表、平均数和百分数等表达数据。鉴于不同学段学生的认知发展、生活经验等方面的差异,同一主题在不同学段所针对的数据的复杂程度不相同。第二学段要求能收集、整理具体实例中的数据,能用合适的方式描述数据,分析与表达数据中蕴含的信息,其重点是让学生在具体实例中经历简单数据分析的过程,感受数据中蕴含着丰富的信息,并采用简单的方法整理和表达数据及其特征。第三学段则要求能根据实际问题的需要,经历数据收集、整理和分析的整个过程,重点是让学生在实际情境中收集数据,并采用合适的方法整理和表达数据,解决简单的实际问题。其中,这一主题在第二、第三学段的具体内容要求及对应的核心素养表现如表 2-7 所示。

表 2-7　小学"数据的收集、整理与表达"主题的内容要求及对应的核心素养表现

学段	内 容 要 求	核心素养
第二学段	经历简单的数据收集和整理、描述和分析的过程,了解简单的收集数据的方法,会呈现数据整理的结果。	数据意识
	通过对数据的简单分析,感受数据蕴含着信息,体会运用数据进行表达和交流的作用。	数据意识
	认识条形统计图,会用条形统计图合理表示和分析数据。	数据意识
	能读懂报纸、电视、互联网等媒体中的简单统计图表。	数据意识、应用意识

（续表）

学段	内 容 要 求	核心素养
	探索平均数的意义,能解决有关的简单实际问题。	数据意识、应用意识
	能在简单的实际情境中,合理应用统计图表和平均数。	数据意识、应用意识
第三学段	根据实际问题需要,经历数据收集、整理和分析的过程,能合理述说数据分析的结论。	数据意识、应用意识
	认识折线统计图、扇形统计图;会用条形统计图、折线统计图呈现相关数据,解释所表达的意义。	数据意识
	能从各种媒体中获得所需要的数据,读懂其中的简单统计图表。	数据意识、应用意识
	结合具体情境,探索百分数的意义,能解决与百分数有关的简单实际问题,感受百分数的统计意义。	数据意识、应用意识
	在简单的实际情境中,应用统计图表或百分数。	数据意识、应用意识

"随机现象发生的可能性"这一主题内容设置在第三学段,主要是对不确定现象的定性描述。《标准(2022年版)》中第三学段的内容要求为:"通过实例感受简单的随机现象及其结果发生的可能性;在实际情境中,对一些简单随机现象发生可能性的大小作出定性描述"。具体来说,有关这一主题的教学内容主要包括两个方面:一是通过实例认识到生活中有些事情的发生是不确定的,而不确定的事件中可能发生的不同结果的可能性是有大小的;二是初步学会根据所有可能发生的情况,正确判断某种结果发生的可能性大小。教学中可以引导学生在自然界和生活的情境中感受简单的随机现象,知道在现实世界中随机现象普遍存在,并渗透随机思想[①]。

（五）小学"综合与实践"领域内容分析

"综合与实践"也是小学阶段学生数学学习的重要领域,《标准(2022年版)》中虽然没有给出明确的具体内容主题,但是却对这一领域进行了整体设计,将该领域的内容和要求具体化,提出了"主题活动""主题式学习""项目学习""项目式学习"等表述,强调运用数学和其他学科的知识与方法解决实际问题。同时,基于学生认知特点,指出"综合与实践主要包括主题活动和项目学习等""第一、第二、第三学段主要采用主题式学习",并进一步给出综合与实践的主题活动建议,小学各学段可参考的具体的主题活动和项目学习的名称如表 2-8 所示。其中,只有第三学段的"营养午餐"和"水是生命之源"是项目学习,其他均为主题活动。

---

① 吕世虎,颜飞.新课标"统计与概率"内容分析:从结构到要求[J].教育研究与评论(中学教育教学),2022(8):26-32.

表 2-8　《标准(2022 年版)》中的小学综合与实践活动建议

	第一学段 (1～2 年级)	第二学段 (3～4 年级)	第三学段 (5～6 年级)
主题活动或 项目学习	1. 数学游戏分享	1. 年、月、日的秘密	1. 如何表达具有相反意义的量
	2. 欢乐购物街	2. 曹冲称象的故事	2. 校园平面图
	3. 时间在哪里	3. 寻找"宝藏"	3. 体育中的数学
	4. 我的教室	4. 度量衡的故事	4. 营养午餐(项目学习)
	5. 身体上的尺子		5. 水是生命之源(项目学习)
	6. 数学连环画		

主题活动分为两类。第一类是融入数学知识学习的主题活动,例如涉及"认识时间单位时、分、秒"等知识学习的"时间在哪里"的主题活动。在这类活动中,学生将学习和理解数学知识,感悟知识的意义,这类活动也可以理解为"学科内容主题活动"。第二类是运用数学知识及其他学科知识的主题活动,例如涉及科学、数学等多学科知识的"营养午餐"的项目学习。在这类活动中,学生将综合运用数学知识解决问题,体会数学知识的价值,以及数学与其他学科的关联,这类活动也可以理解为"跨学科主题活动"。

总的来说,综合与实践领域的内容具有阶段性和发展性等特征。关于综合与实践,无论是主题活动,还是项目学习,都要先强调实践性,再强调综合性①,才能将综合与实践领域内容的实施落到实处。

五、小学数学课程教学建议解析

数学课程实施是落实课程内容、达成课程目标的重要途径。《标准(2022 年版)》除了在"课程理念"部分明确指出"实施促进学生发展的教学活动"的教学方向外,还在"课程内容"部分给出了直接指向各具体数学课程内容的"教学提示",此外,在"课程实施"部分从教学目标、教学内容、教学方式、教学手段等方面对数学教学提出了建议。这为数学教师将数学课程理念和内容要求转化为学生的学习内容、学习活动等提供了方向和指导,为数学教学实践的开展明晰了总体要求和关键策略。

(一)教学目标:制订指向核心素养的教学目标

教学目标是课程目标的具体化,起着落实课程标准要求的作用②。教学目标是对教学活动预期结果的标准和要求的规定或设想,它不仅是教学活动的首要环节,而且是教

---

①　刘加霞,刘琳娜."综合与实践"领域的主旨、特征与实施建议——《义务教育数学课程标准(2022 年版)》内容解读[J].湖北教育,2022(6):8-10.

②　王光明,刘静.加强核心素养导向,完善课程标准体系——《义务教育数学课程标准(2011 年版)》与《义务教育数学课程标准(2022 年版)》(小学部分)比较研究[J].课程·教材·教法,2022,42(7):4-11.

学活动的出发点和最终归宿①。《标准(2022年版)》明确指出"制订指向核心素养的教学目标",并进一步指出"教学目标要体现核心素养的主要表现""处理好核心素养与'四基''四能'的关系",以及"教学目标的设定要体现整体性和阶段性"。因此,数学教学目标的确定,要坚持核心素养导向,要充分考虑核心素养在数学教学中的达成情况,将某个或某些核心素养的主要表现体现在教学目标中。例如,在小学图形与几何的教学中,要制订有利于学生发展量感、几何直观、空间观念等核心素养表现的教学目标。在制订教学目标前,需要确定与本单元或本课时相关的主要核心素养,确定各核心素养应达到的具体水平,解析与本单元或本课时相关的数学文化元素,梳理知识的来龙去脉,然后再具体拟定目标②。

(二)教学内容:整体把握教学内容

要较好地发展学生的数学核心素养,需要学生对知识能融会贯通、灵活运用,为此教师一方面要整体把握教学内容之间的联系,注重教学内容的结构化,包括小学数学知识的产生与来源、结构与关联、价值和意义,以及数学概念、原理和法则之间的联系,帮助学生学会用整体的、联系的、发展的眼光看问题,形成科学的思维习惯。另一方面,教师要把握教学内容主线与相应核心素养发展之间的关联,明确教学内容可以发展学生的哪些核心素养,以及可以发展到怎样的程度。

在综合与实践领域中,《标准(2022年版)》指出"综合与实践领域的教学活动,以解决实际问题为重点,以跨学科主题学习为主,以真实问题为载体,适当采取主题活动或项目学习的方式呈现,通过综合运用数学和其他学科的知识与方法解决真实问题。"在具体的实施过程中,仍然需要从明确核心素养导向的教学目标、设计核心素养导向的教学活动、关注以教学目标为依据的教学评价等方面着力。其中,关于综合与实践活动的教学评价,不仅要考查学生数学知识的掌握情况,还要考虑学生主题活动或者项目学习体验的获得以及情感、态度和价值观的发展情况③。

(三)教学方式:选择能引发学生思考的教学方式

《标准(2022年版)》明确指出"选择能引发学生思考的教学方式",具体包括"丰富教学方式""重视单元整体教学设计",以及"强化情境设计与问题提出",这些都为实施核心素养导向的数学教学设计与实施明确了方向。核心素养导向的数学教学倡导启发式、探究式、参与式、互动式等"以学生为本"的教学方式的灵活应用。教师在实施常规方法教学的同时,也要注重探索基于主题、大单元教学的整体设计与分步实施,积极开展基于跨学科的主题式学习、项目式学习等综合性教学活动,注重营造基于现实生活、历史文化、

---

① 王本陆.课程与教学论(第3版)[M].北京:高等教育出版社,2017:135-137.
② 喻平.核心素养指向的数学教学目标设计[J].数学通报,2021(11):1-6.
③ 孔凡哲.让核心素养在数学教学中落地生根——对《义务教育数学课程标准(2022年版)》中"教学标准"的理解[J].湖北教育,2022(7):30-32.

科学技术与数学科学的相应情境,营造课堂情境脉络,激活学生的数学学习需求。

在教学过程中,要注重信息技术与数学教学的融合,丰富教学场景,激发学生学习数学的兴趣和探究新知的欲望。利用数学专用软件开展数学实验,将抽象的数学知识直观化,促进学生的数学理解。教师也可以利用信息技术,建设在线课程资源,合理利用这些在线资源,既能充分发挥在线教学的多媒体化、直观化和时空跨越等优势,又能有效弥补常规教学的不足。同时,教师还可以利用大数据、人工智能和在线资源等信息技术,加强教学监控,增进教师与教师之间、教师与学生之间,以及教师与家长之间的交流,并利用丰富的网络资源开展自我学习,促进自身专业发展。

六、小学数学课程评价解析

学业质量是《标准(2022 年版)》中新增的内容。《标准(2022 年版)》从学业质量内涵、学业质量描述两个方面对学业质量展开阐述,并研制了数学课程学业质量标准,为数学学业水平考试命题提供了重要依据,也为义务教育评价改革指明了方向。

(一) 数学课程学业质量内涵

《标准(2022 年版)》中明确指出"学业质量是学生在完成课程阶段性学习后的学业成就表现,反映核心素养要求"。数学课程学业质量反映的是学生完成了相应学段数学课程学习后的学业成就,通过刻画学生的学业成就表现,反映学生学习结果性目标和过程性目标的达成情况。它是对学生数学学习表现的整体反映,反映的是学生在完成某一阶段的数学课程学习后核心素养实际达到的水平,反映的是学生实际的学习效果[①]。这意味着数学学业质量要求比课程内容部分中的"学业要求"更具综合性和整体性,应与课程总目标、学段目标等保持一致。

(二) 数学课程学业质量标准描述

学业质量标准是以核心素养为主要维度,结合课程内容,对学生学业成就具体表现特征的整体刻画。作为《标准(2022 年版)》的一个重要组成部分,数学课程学业质量标准与数学课程内容密切配合,为制订教学目标,开展教学评价提供了重要依据。《标准(2022 年版)》中对各学段的数学课程学业质量做出了具体描述,且主要是从"四基""四能"以及情感态度价值观三个方面进行展开,每个方面的要求都与核心素养的要求融为一体。具体来看小学阶段的数学课程学业质量标准,它依据小学阶段的学生核心素养表现,小学各学段的课程目标以及学业要求,主要从"四基""四能"以及情感、态度和价值观的形成与发展三个方面来评估学生核心素养的达成及发展情况。

第一,以结构化数学知识主题为载体,在形成与发展"四基"的过程中所形成的数感、量感、符号意识、推理意识、运算能力、几何直观和空间观念等。

---

① 曹一鸣,王立东,何雅涵. 义务教育数学考试评价与教学实施——基于《义务教育数学课程标准(2022 年版)》的学业质量解读[J]. 教师教育学报,2022,9(3):97-103.

第二,从学生熟悉的生活与社会情境,以及符合学生认知发展规律的数学与科技情境中,在经历"用数学的眼光发现和提出问题,用数学的思维与数学的语言分析和解决问题"的过程中所形成的模型意识、数据意识、应用意识和创新意识等。

第三,学生经历数学的学习运用、实践探索活动的经验积累,逐步产生对数学的好奇心、求知欲,以及对数学学习的兴趣和自信心,初步养成独立思考、探究质疑、合作交流等学习习惯,初步形成自我反思的意识。

总的来说,课程总目标以及学段目标是评价学生学业水平的依据,因此,数学课程学业质量的描述与课程总目标及学段目标保持一致。此外,小学阶段的数学课程学业质量,并未将核心素养表现划分为多个水平,而是基于这一阶段课程的基础性、普及性、发展性等教育属性,做了一个整体的描述,这样更利于突出小学数学学习的素养导向,也是数学课程确立以核心素养为目标的一个关键所在。

(三) 基于数学课程学业质量标准的考试评价

《标准(2022 年版)》中明确指出"数学课程学业质量标准是学业水平考试命题及评价的依据"。数学课程学业质量标准是小学数学考试命题和评价的重要指南。

基于数学课程学业质量标准的小学数学考试命题,既要以结构化的数学知识主题为载体,注重对学生的"四基"以及形成和发展"四基"过程中所形成的核心素养表现的评估,也要注重对学生的"四能"以及发展"四能"过程中所形成的核心素养表现的评估,还要注重基于数学课程学业质量标准,将学生在学习运用、实践探索活动中积累的经验等纳入评估范畴。从课程内容、核心素养、问题情境、作答水平等维度构建以核心素养为导向的考试评价体系,全面评估学生的核心素养发展水平。

本 章 小 结

本章主要是在对我国小学数学课程发展的演变进行概述的基础上,对《标准(2022 年版)》中的小学数学课程与教学的相关部分进行解析。具体包括以下三个方面:①我国小学数学课程的发展历程是怎样的? ②义务教育数学课程标准的整体结构与组成要素是怎样的? ③《标准(2022 年版)》中的小学阶段的内容表现出怎样的特点? 本章的核心观点是:小学数学课程在小学数学教育体系中占据重要地位,可为学生学习发展奠定坚实基础。小学数学课程标准是小学数学教材编写,小学数学教学设计、实施与评价的重要依据。了解小学数学课程发展的历程,解析《标准(2022 年版)》,特别是其中的数学课程理念、核心素养与课程目标、课程内容、教学建议以及课程评价等方面,有助于小学数学教师更加全面深入地认识小学数学课程,更好地把握"教什么""如何教""教到什么程度"以及"教得怎么样"等问题,在落实学生发展核心素养的实践中做到有的放矢。

思考与练习

1. 简述当前我国小学数学课程的基本理念。

2. 简述核心素养在小学数学课程学习中的主要表现,以及核心素养统领下的小学数学课程目标体系。

第三章 我国小学数学教科书分析

知识点导图

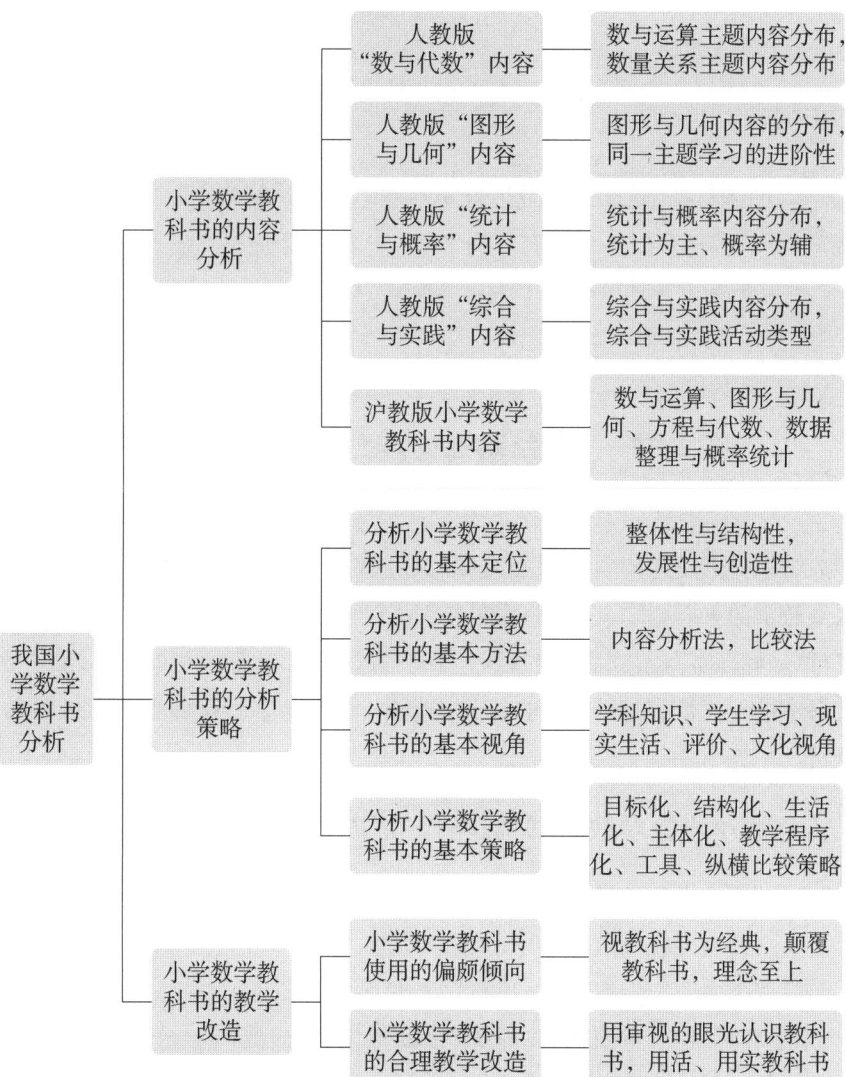

⚙ 本章导言

　　教科书是一个国家课程理念、课程内容的基本载体,在课程实施中起着重要作用,对教师的教与学生的学具有重要影响。一般来说,教科书特指以课程标准等文件为指导和依据、由特定出版社出版、用于中小学教与学的文本式的参考依据,即指中小学各门学科课程的学生用书、教师用书及与之相配套的必要的各类练习册。本章中所探讨的小学数学教科书一般指学生用书,即常说的小学数学"课本",不包括与之配套的教学参考书、教师手册、练习册等。小学数学教师不仅要读懂小学数学教科书,更要读通、读透、读活它。

　　那么,对小学数学教科书要如何分析解读以实现读懂、读通、读透和读活?把握好分析小学数学教科书的基本内容、基本定位、基本方法、基本视角、基本策略,以及对教科书进行合理的教学改造的基本路径,你就可以整体了解小学数学教科书,并且对小学数学教科书展开具体的分析了。

📖 学习目标

　　(1) 能整体把握小学数学教科书中各学习领域的内容结构。

　　(2) 掌握小学数学教科书的分析策略。

　　(3) 掌握小学数学教科书的教学改造策略。

第一节　小学数学教科书的内容分析

　　小学数学教科书是连接国家课程方案、义务教育数学课程标准与课堂教学的枢纽,是教师课堂教学的重要载体,在小学数学课程实施中扮演着重要角色。目前的小学数学教科书实行"一标多本",不同版本的教科书编写风格、特点各不相同。本节主要对小学数学教科书中数与代数、图形与几何、统计与概率、综合与实践这四个学习领域的内容进行阐述分析。

一、人教版小学数学教科书"数与代数"内容分析

　　"数与代数"是小学数学教科书中内容占比最多的内容领域,也是小学数学最重要的学习内容。这一领域内容分散在小学的各个学段、各个年级之中,主要包括"数与运算"和"数量关系"两个主题。掌握"数与运算""数量关系"这两个主题的基础知识与基本技能,形成一定的数感、符号意识、运算能力、推理意识、模型意识和初步的应用意识,是进一步学习其他数学知识的重要前提。

（一）"数与运算"主题内容分析

关于小学阶段"数与运算"这一主题内容，主要包括整数、小数和分数的认识及其四则运算。其中，人教版小学数学教科书中"数与运算"这一主题内容的分布情况如表3-1所示。

表3-1　人教版小学数学教科书中"数与运算"主题内容的分布情况

主题		单 元 标 题	分布年级
数与运算	整数的认识与运算	5以内数的认识和加减法，6～10的认识和加减法，11～20各数的认识，20以内的进位加法	一年级上册
		20以内的退位减法，100以内数的认识，100以内的加法和减法（一）	一年级下册
		100以内的加法和减法（二），表内乘法（一），表内乘法（二）	二年级上册
		表内除法（一），表内除法（二），混合运算，有余数的除法，万以内数的认识	二年级下册
		万以内的加法和减法（一），万以内的加法和减法（二），倍的认识，多位数乘一位数	三年级上册
		除数是一位数的除法，两位数乘两位数	三年级下册
		大数的认识，三位数乘两位数，除数是两位数的除法	四年级上册
		四则运算，运算定律	四年级下册
		因数与倍数	五年级下册
	小数的认识与运算	小数的初步认识	三年级下册
		小数的意义和性质，小数的加法和减法	四年级下册
		小数乘法，小数除法	五年级上册
	分数的认识与运算	分数的初步认识	三年级上册
		分数的意义和性质，分数的加法和减法	五年级下册
		分数乘法，分数除法，百分数（一）	六年级上册
		百分数（二）	六年级下册
		负数	六年级下册

通过表3-1中的单元标题及年级分布，可以清晰地看到第一学段的"数与运算"以整数的认识与四则运算为主，且在小学"数与运算"的学习中居于核心地位，整数的认识与运算也是第二、三学段扩大数的认识与运算范围，进行小数的认识与运算、分数的认识与运算的基础。还可以看到"数与运算"这一主题内容学习的进阶性。例如，通过"5以内数的认识和加减法"等单元标题，以及"100以内数的认识"与"100以内的加法和减法（一）"等单元的紧密分布，可以看出数的认识与数的运算之间的密切关联，数的认识是进行数的运算的基础，而数的运算又可以进一步加深对数的认识。这是《标准（2022年版）》中将

"数的认识"与"数的运算"这两个主题整合为"数与运算"的一个原因,充分地考虑了内容的关联性和整体性。

此外,表3-1中呈现的"负数""百分数(一)""百分数(二)"单元标题内容,在《标准(2022年版)》中对其的要求有一定的调整。其中,目前的教科书中关于"负数"的内容主要是对负数的认识,让学生了解负数的意义,会用负数表示日常生活中的一些量,但并没有安排有理数的运算的相应内容,这对于学生深入认识负数乃至有理数是不够的。《标准(2022年版)》指导下的教科书编写,可以将"负数"这一内容以主题活动的形式设计在"综合与实践"领域,而不是设计在"数与代数"领域,负数意义的理解以及有理数的运算将一起安排在中学阶段系统学习。目前的教科书中关于"百分数(一)""百分数(二)"的内容主要是对百分数的认识,理解百分数的意义,进行百分数与小数、分数之间的转化,以及解决百分数的简单实际问题,相对缺乏对百分数的统计意义的体现。《标准(2022年版)》指导下的教科书编写,需将百分数内容放到"统计与概率"领域,这是顺应信息时代需求,引导学生建立数据意识、数字素养的需要。

(二)"数量关系"主题内容分析

关于"数量关系"这一主题内容,主要是用符号(包括数)或含有符号的式子表达数量之间的关系或规律。这是一个新的主题,由原来的"常见的量""探索规律""式与方程""正、反比例"等主题内容整合而成。小学阶段的这一主题内容主要包括对与数量运算有关的单位(例如,货币单位、质量单位、时间单位)的认识、探索规律、用字母表示数、比与比例等内容。这些内容对于教师而言并不算陌生。其中,人教版小学数学教科书中"数量关系"这一主题的内容的分布情况如表3-2所示。

表3-2　人教版小学数学教科书中"数量关系"主题内容的分布情况

主题	单元标题	分布年级	分布学段
数量关系	认识钟表	一年级上册	第一学段
	认识人民币,找规律	一年级下册	
	认识时间	二年级上册	
	克与千克	二年级下册	
	时、分、秒	三年级上册	第二学段
	年、月、日	三年级下册	
	简易方程	五年级上册	第三学段
	比	六年级上册	
	比例	六年级下册	

通过表3-2中的单元标题及年级分布,可以清晰地看到第一、二学段的"数量关系"以货币单位、质量单位、时间单位等常见的量的认识为主;第三学段则开始初步认识代数

知识、渗透函数思想。其中,探索规律的内容分散在各个学段各个年级的教科书之中。目前的教科书中关于"探索规律"的内容,既有作为独立单元安排着重去探索一类现象的规律的内容,例如,一年级下册的"找规律";也有在其他一些单元中安排找规律的内容,例如,四年级"大数的认识"这一单元"计算器"这一节中安排了用计算器探索规律。关于正比例、反比例等内容,虽然小学阶段没有明确出现函数的概念,但正比例和反比例的关系在本质上是一种函数关系,这一内容则是函数思想在小学阶段的重要体现。

此外,表 3-2 中呈现的"简易方程""比例"等单元标题内容,《标准(2022 年版)》中对其要求有一定的调整。其中,目前的教科书中关于"简易方程"这一单元中的"方程"并没有涉及方程的本质,且用字母表示数的内容安排得很少。《标准(2022 年版)》指导下的教科书编写,将把"方程"这一内容放到初中,小学阶段则更强调用字母表示事物的关系、性质与规律等。目前教科书中"比例"这一单元中的"反比例"内容,将从小学阶段移到中学阶段。另外,还需要指出的是,由于"数量关系"这一主题内容是新的主题,《标准(2022 年版)》指导下的教科书编写还需将"认识人民币""认识时间""时、分、秒""年、月、日"等"常见的量"的相关内容以主题活动的形式设计在"综合与实践"领域,而不是或不只是设计在"数与代数"领域。例如,通过"欢乐购物节"主题活动认识元、角、分等货币单位,通过"时间在哪里"主题活动认识时、分、秒等时间单位。

二、人教版小学数学教科书"图形与几何"内容分析

"图形与几何"是小学数学教科书中内容占比仅次于"数与代数"的内容领域,也是小学数学学习的重要内容。这一内容领域分散在小学的各个学段各个年级之中,且在小学阶段主要涉及空间和平面图形的形状、大小、位置关系和变换等内容。小学数学教科书中"图形与几何"内容领域主要涉及的是"图形的认识与测量"这一主题的内容,"图形的位置与运动"主题下的内容相对较少。小学生通过对静态空间图形的认识(图形的认识与测量),对动态空间图形的认知(感知图形运动变化过程中的特征,从数量关系上理解图形的性质),可以逐步发展量感、空间观念和几何直观、推理意识等核心素养,为后续学习和发展奠定基础。人教版小学数学教科书中"图形与几何"内容的分布情况如表 3-3 所示。

表 3-3 人教版小学数学教科书中"图形与几何"内容的分布情况

主题		单元标题	分布年级
图形的认识与测量	图形的认识	认识图形(一)	一年级上册
		认识图形(二)	一年级下册
		角的初步认识,观察物体(一)	二年级上册
		长方形和正方形	三年级上册
		角的度量,平行四边形和梯形	四年级上册

主题		单元标题	分布年级
	图形的认识	观察物体（二），三角形	四年级下册
		观察物体（三），长方体与正方体	五年级下册
		圆	六年级上册
		圆柱与圆锥	六年级下册
	图形的测量	长度单位	二年级上册
		测量，长方形和正方形	三年级上册
		面积	三年级下册
		公顷和平方千米，角的度量	四年级上册
		多边形的面积	五年级上册
		长方体和正方体	五年级下册
		圆	六年级上册
		圆柱与圆锥	六年级下册
图形的位置与运动	图形的位置	位置	一年级上册
		位置与方向（一）	三年级下册
		位置	五年级上册
		位置与方向（二）	六年级上册
	图形的运动	图形的运动（一）	二年级下册
		图形的运动（二）	四年级下册
		图形的运动（三）	五年级下册

从表 3-3 中可以看出，"长方形和正方形""角的度量""长方体与正方体""圆""圆柱与圆锥"等单元分布在"图形的认识与测量"这一主题下，且在"图形的认识"以及"图形的测量"这两个具体主题中都有相关内容。例如，"圆"这一单元，关于圆的认识是属于图形的认识，圆的周长和面积则是属于图形的测量。不过，圆的认识是圆的周长、面积计算的基础，而圆的周长、面积的计算又能加深对圆的认识，可以说，圆的认识与测量是一体的。这也是《标准（2022 年版）》中将"图形的认识"与"图形的测量"这两个主题整合为"图形的认识与测量"的一个原因，充分地考虑了内容的关联性和整体性。

此外，通过单元标题，还可以清楚地看到同一主题内容分几次学习的阶段性和进阶性。例如，"图形的运动"这一主题，分别分散在二、四、五三个年级进行学习，每一册教科书的目录部分有清晰的呈现，二年级下册的"图形的运动（一）"、四年级下册的"图形的运动（二）"、五年级下册的"图形的运动（三）"，这在一定程度上呈现出学段之间内容的螺旋上升与不断递进，且同一单元的内容都是同一学习领域的内容。

当然,教科书中关于"图形与几何"这一部分内容的编排也较好地关注到了学习内容与学生认知发展状况的匹配性。例如,测量长度的主单位是米,其余都是派生出来的单位,但是考虑到学生的认识能力及生活经验,教科书对长度单位的编写是从认识厘米开始的,一般分两次来学习各种长度单位。关于长度单位的学习,教科书中强调让学生体会"测量单位统一"的必要性及意义,同时也注意联系生活情境,运用生活中的素材帮助学生建立1米和1厘米的表象。

三、人教版小学数学教科书"统计与概率"内容分析

"统计与概率"也是小学数学学习的重要内容领域之一,分散在小学的各个学段各个年级之中,主要涉及"数据分类""数据的收集、整理与表达"和"随机现象发生的可能性"等主题内容。其中,小学数学教科书中"统计与概率"内容涉及"数据的收集、整理与表达"主题的内容较多,占主要部分,涉及"数据分类""随机现象发生的可能性"主题的内容相对较少。学生可以通过这一领域内容的学习,了解统计与概率的基础知识,感悟数据分析的过程,逐步形成数据意识、应用意识等核心素养,为后续学习和发展做好奠基。人教版小学数学教科书中"统计与概率"内容的分布情况如表3-4所示。

表3-4　人教版小学数学教科书中"统计与概率"内容的分布情况

主题		单元标题	分布年级
统计	数据分类	认识图形(一)	一年级上册
		分类与整理,认识图形(二)	一年级下册
		数学广角——集合	三年级上册
	数据的收集、整理与表达	数据收集整理	二年级下册
		数学广角——集合	三年级上册
		统计(复式统计表)	三年级下册
		条形统计图	四年级上册
		统计(平均数与复式条形统计图),营养午餐	四年级下册
		统计(折线统计图)	五年级下册
		扇形统计图,百分数(一),节约用水	六年级上册
		百分数(二),生活与百分数	六年级下册
概率	随机现象发生的可能性	观察物体(一),数学广角——搭配	二年级上册
		分数的初步认识	三年级上册
		大数的认识	四年级上册
		可能性,掷一掷	五年级上册
		分数的意义和性质	五年级下册

其中,基于"统计与概率"领域内容的特点及其关联性,可以将这一部分内容分为显性内容和隐性的相关内容。表3-4中列出的"分类与整理""数据收集整理""统计(复式统计图)""条形统计图""统计(平均数与复式条形统计图)""统计(折线统计图)""扇形统计图""可能性""掷一掷"主题都是显性的统计与概率的内容。而隐性的相关内容则是指与显性内容的关联性较强,或含有比较浓厚的统计意义的内容,表3-4中列出的"认识图形(一)""认识图形(二)""数学广角——集合""营养午餐""百分数(一)""节约用水""百分数(二)""生活与百分数""观察物体(一)""数学广角——搭配""分数的初步认识""大数的认识""分数的意义和性质"主题都是隐性的相关内容。例如,明显属于"图形与几何"这一领域的一年级中的"认识图形(一)""认识图形(二)"单元,是初步对图形进行分类训练,这是学习统计的基础阶段;二年级上册的"观察物体(一)"单元首次出现了让学生用"可能"描述不确定的多种可能结果,二年级上册的"数学广角——搭配"进行了两个数的和为某一个数的搭配训练,这为"可能性"的学习做了铺垫;三年级上册的"数学广角——集合"在统计结果的基础上借助韦恩图进行分类整理和直观呈现;分数是后续学习概率的重要基础;"大数的认识"中的"大数"以及"百分数"含有较为浓厚经验的成分,是较为明显的经验推断的结果,且《标准(2022年版)》中将"百分数"的内容放到了"统计与概率"这一学习领域,并明确提出"结合具体情境,探索百分数的意义,能解决与百分数有关的简单实际问题,感受百分数的统计意义"。

总的来说,小学数学教科书中"统计与概率"这一领域在内容分布上,以统计为主,概率为辅,各年级贯穿且交替编排,具有层次性,且显性内容的隐性相关内容协同出现,一定程度上能增强这一领域内容的整体性与连续性,教科书对学生统计活动的训练编排较为连贯。在素材选择上,以学生学习生活环境中的素材为主,如学生的身高、体重、兴趣等,中高年级逐步增加了社会知识与常识的素材,以让学生了解社会或其他学科的知识,如奥运会参赛队获得的金牌数、空气的成分等,这也符合学生的认知发展规律。在编写呈现上,呈现方式较为丰富,编写模式按"问题情境—体验探索—解释应用"等展开,重视学生的活动经验,但还留有基于内容进行拓展的空间。在图表呈现上,主要分散呈现在各册教科书的新授知识和练习部分,用以提高学生从图表中获取信息的能力,形成数据直觉,发展数据意识[①]。

四、人教版小学数学教科书"综合与实践"内容分析

"综合与实践"是小学数学学习的重要内容领域之一,也是数学中极具特色的学习领域,分散在小学的各个学段各个年级之中,且不同的学段有不同的内容和学业要求。与"数与代数""图形与几何""统计与概率"等侧重于学科内容的学习领域不同,"综合与实践"这一领域强调学科内容之间的一致性与整体性、不同学科之间的关联性,强调运用数学或其他学科知识和方法解决实际问题。尽管这部分内容相对较少,但却是培养学生应

---

① 唐佳丽,李勇."统计与概率"在小学数学教材中的编排分析[J].数学教育学报,2022,31(1):59-63.

用意识和创新意识的重要载体。虽然小学数学教科书中的单元标题并没有明显的综合与实践的标志，但"数学广角"等活动型课程单元是开展综合与实践活动的主要内容载体。人教版小学数学教科书中"综合与实践"内容的分布情况如表 3-5 所示。

表 3-5 "综合与实践"内容在人教版小学数学教科书中的分布情况

领域	单元标题	分布年级
综合与实践	数学乐园	一年级上册
	摆一摆、想一想、找规律	一年级下册
	量一量、比一比，数学广角——搭配（一）	二年级上册
	小小设计师，数学广角——推理	二年级下册
	数字编码，数学广角——集合	三年级上册
	制作活动日历，数学广角——搭配，我们的校园	三年级下册
	1 亿有多大，数学广角——优化	四年级上册
	营养午餐，数学广角——鸡兔同笼	四年级下册
	掷一掷，数学广角——植树问题	五年级上册
	探索图形，打电话，数学广角——找次品	五年级下册
	确定起跑线，节约用水，数学广角——数与形	六年级上册
	生活与百分数，自行车里的数学，数学广角——鸽巢问题	六年级下册

从表 3-5 可知，小学数学教科书中"综合与实践"活动在年级分布上没有特定的规律，在素材选取上基本都贴近学生的实际，且课型整体上可以分为游戏、探究体验、应用活动和问题解决等几类。具体类别及学段分布情况如表 3-6 所示。

表 3-6 人教版小学数学教科书中"综合与实践"内容的类型及学段分布情况

领域	类型	单元标题	分布学段
综合与实践	游戏	数学乐园	第一学段（1~2 年级）
	操作体验	摆一摆、想一想，量一量、比一比，小小设计师	第一学段（1~2 年级）
		制作活动日历，1 亿有多大	第二学段（3~4 年级）
		掷一掷	第三学段（5~6 年级）
	应用活动	数字编码，我们的校园	第一学段（1~2 年级）
		营养午餐	第二学段（3~4 年级）
		确定起跑线，节约用水，生活与百分数，自行车里的数学	第三学段（5~6 年级）
	问题解决	数学广角——搭配（一），推理	第一学段（1~2 年级）
		数学广角——集合，搭配（二），优化，鸡兔同笼	第二学段（3~4 年级）
		探索图形，打电话，数学广角——植树问题，找次品，数与形，鸽巢问题	第三学段（5~6 年级）

其中,游戏类的综合与实践活动主要安排在小学一年级;操作体验类的综合与实践活动,强调学生的动手操作,或者是通过实践加深学生对数学的理解;应用活动类的综合与实践活动,强调让学生应用所学的数学知识解决生活中简单的数学问题或者生活中的数学问题;问题解决主要是要让学生掌握解决问题的不同策略,用恰当的方式解决数学问题,并在解决问题的过程中体会数学的基本思想①。

整体来说,小学数学教科书中"综合与实践"的内容,在低年级学段安排游戏活动一定程度上考虑到了幼小的学段衔接,且在低学段强调学生的操作体验,在中高学段注重应用活动和问题解决,总体是基于小学生的认知发展规律的考虑。注重学习情境的营造和学生问题意识的养成,大部分活动单元都以情境作为呈现问题的开始,并以各种延伸拓展性问题为结尾,同时注重给学生提供运用已学知识点的基本结构开展螺旋式学习的空间②。

五、沪教版小学数学教科书内容分析

上海市教育委员会 2004 年颁布的《中小学数学课程标准(试行稿)》,以"提高学生的数学素养,培育终身学习的基础"为理念,将小学数学内容分为数与运算、图形与几何、方程与代数,以及数据整理与概率统计等四个部分。通过对教科书设置的课时统计发现,总课时数为 596 课时,其中数与运算部分课时最多为 382 课时,占比为 64.09%,具体内容分布如表 3-7 所示。

表 3-7　沪教版小学数学教科书"数与运算"内容分布表

年级		课时	主　要　内　容
一年级	上册	48	10 以内的数,10 以内数的加减法,20 以内的数及其加减法
	下册	37	100 以内数的认识,时间的初步认识(一),100 以内数的加减法
二年级	上册	37	乘法、除法(一),乘法、除法(二)
	下册	39	千以内数的认识与表达,时间的初步认识(二),三位数的加减法,质量的初步认识
三年级	上册	37	用一位数乘,时间的初步认识(三),用一位数除
	下册	42	用两位数乘除,分数的初步认识(一),计算器
四年级	上册	50	数与量,分数的初步认识(二),整数的四则运算
	下册	54	小数的认识与加减法
五年级	上册	30	小数乘除法
	下册	8	正数与负数的初步认识
合计		382	

① 马云鹏. 小学数学课程标准与教材研究[M].北京:高等教育出版社,2016:232-237.
② 郭书菡. 小学数学教科书"综合与实践"的文本比较——以人教版和苏教版为例[D].南京:南京师范大学,2018.

图形与几何部分为 127 课时,占比为 21.31%,具体内容分布如表 3-8 所示。

表 3-8 沪教版小学数学教科书"图形与几何"内容分布表

年级		课时	主 要 内 容
一年级	上册	3	物体的形状,图形的分类
	下册	8	"左""中""右""上""下"位置,长度比较,度量,线段
二年级	上册	8	角与直角,正方体、长方体的初步认识
	下册	8	东西南北,角,三角形与四边形,三角形的分类(1)
三年级	上册	20	长度单位的认识,轴对称图形,三角形的分类(2),面积,长方形和正方形的面积,平方米,计算面积
	下册	8	面积的估测(1),平方分米,周长,长方形、正方形的周长,周长与面积
四年级	上册	19	平方千米,毫升与升的认识,圆的初步认识,线段、射线、直线,角,角的度量,角的计算
	下册	10	垂直与平行
五年级	上册	17	平行四边形、三角形、梯形等图形以及组合图形的面积
	下册	26	面积的估测(2),体积,体积单位,长方体与正方体的认识,长方体与正方体的体积,组合图形的体积,长方体与正方体的表面积,体积与容积
合计		127	

方程与代数为 60 课时,占比为 10.07%,具体内容分布如表 3-9 所示。

表 3-9 沪教版小学数学教科书"方程与代数"内容分布表

年级		课时	主 要 内 容
一年级	上册	2	比一比
二年级	上册	1	方框里填几
	下册	5	分拆成几个几加几个几,相差多少
四年级	上册	5	运算定律
	下册	4	整数的运算性质
五年级	上册	21	符号表示数,简易方程,列方程解决问题
	下册	22	方程,列方程解决问题
合计		60	

数据整理与概率统计为 27 课时,占比为 4.53%,具体内容分布如表 3-10 所示。

表 3-10　沪教版小学数学教科书"数据整理与概率统计"内容分布表

年级		课时	主　要　内　容
二年级	上册	5	条形统计图(一)
三年级	下册	2	条形统计图(二)
四年级	下册	7	折线统计图的认识与画法
五年级	上册	6	平均数,平均数的计算,平均数的应用
	下册	7	可能性,统计初步
合计		27	

以上这些教科书中的内容被分为"基本内容""拓展内容"和"专题研究与实践"等三个部分,分别对应课程标准中规定的基础型课程、拓展型课程和研究(探究)型课程。

第二节　小学数学教科书的分析策略

小学数学教科书是数学课程理念的直接体现和具体化,是教师教学的主要依据。对于小学数学教科书,教师不仅要读懂,更要读通、读透、读活。那么,拿到小学数学教科书后要分析什么? 一般可以采用哪些方法? 可以从哪些视角进行分析? 有哪些具体的分析策略? 下面主要探讨这几个问题。

一、分析小学数学教科书的基本定位

教师可以通过对小学数学教科书的整体性、结构性、发展性、创造性等方面的分析,掌握小学数学教科书的知识体系,理解其编写意图,在此基础上预设相应内容的教学过程,以提高小学数学课堂教学的有效性,进而全面提高小学数学课堂教学质量[1]。

(一) 小学数学教科书的整体性与结构性

小学数学教科书的整体性和结构性是基础教育课程教学改革的一大趋势。《标准(2022 年版)》强调要对课程内容进行结构化整合,整体把握教学内容,重视单元整体教学设计[2]。因此,在分析小学数学教科书时要从整体入手,首先要通读教科书,整体了解整套小学数学教科书的主要内容设置及编排意图,厘清整套数学教科书中"数与代数""图形与几何""统计与概率""综合与实践"四个学习领域各部分内容之间的前后联系,以加强教学中前后内容之间的衔接,避免前后脱节或者出现不必要的重复,并整体把握各部分知识的教学要求。其次要细读教科书,重点分析所教年级分册的内容,弄清楚这一册

---

[1] 张卫星. 小学数学教材研读啥[J]. 教学与管理,2014(29):35-36.
[2] 中华人民共和国教育部. 义务教育数学课程标准(2022 年版)[S].北京:北京师范大学出版社,2022:3,86.

教科书中涉及的内容知识点、所要培养的基本技能和能力、所能体现的核心素养表现；弄清楚各单元特定内容的学科本质，单元内容的整体结构，以及各单元各课时的教学目标、教学重难点、例题、习题、插图的设计等。

此外，小学数学教科书中通常会包含许多的知识点，这些知识点往往是根据学生的认知特点，由简单到复杂、有逻辑、有层次地编排的，以便学生能够逐步积累并掌握相应的知识内容。在分析教科书时，若能厘清教科书的内在结构，把握好知识发展的逻辑脉络，就能更好地调动学生已有的知识基础，更加有效地引导学生学习新内容，帮助学生梳理知识之间的联系，进而建立起良好的认知结构。例如，关于小学数学教科书中"用字母表示数"这一内容的分析，可以从教科书本身的逻辑结构出发，注意到用字母表示数的丰富内涵，既包括"用字母表示特定的数（即表示常量）"，例如，圆周率 π，自然常数 e 等，也包括"用字母表示变化的数（即表示变量）"，其中，在小学阶段用字母表示变化的数主要表现为用字母表示运算律和性质，用字母表示计算公式，用字母表示数量关系等。在分析教科书相应内容时可形成关于这一知识的结构图，并将其贯穿在相应内容的课堂教学中，让学生体验到数学知识的结构性特征，帮助学生建立起相应的数学知识结构，从而逐步转化成其认知结构。

（二）小学数学教科书的发展性与创造性

伴随着基础教育课程改革的纵深推进，关于教科书的使用已由"教教科书"转向了"用教科书教"。教师要实现用教科书教而不是单纯地教教科书，就需要准确而深入地理解教科书，充分挖掘教科书的功能，挖掘教科书的发展点以及教科书本身预留的创造空间，在此基础上创造性地分析和使用教材。一方面，教师要深刻领会教科书的变化。小学数学教科书并不是一成不变的，它既会随着我国基础教育数学课程改革理念以及数学教育发展取向的变化而变化，也会因为编写者的不同而在呈现方式、内容等方面不尽相同。例如，关于"图形与几何"这一部分内容，《标准（2011 年版）》中将"图形的认识"与"图形的测量"作为两个相对独立的主题，这使得以往都是相对独立地关注几何图形的认识以及几何图形的周长、面积和体积的计算。《标准（2022 年版）》对这一学习领域下的这两个主题进行了整合，整合为"图形的认识与测量"，在分析教科书时除了要认识几何图形，感受和分析相关的计算外，更为重要的是要能够看到"图形的认识"与"图形的测量"二者之间的密切关联性，并要注重发展学生的空间观念、量感和几何直观。这就意味着教师在设计教学活动时，要引导学生利用观察、猜测、实验、计算、操作、想象、模拟、分析、推理等方法，加强其对几何体形状、大小、方向、位置、变换、关系等的直观感知与体验，促进其形成正确的认知结构，在获得基础知识和基本技能的同时，发展其空间观念、量感和几何直观。另一方面，教师要挖掘教科书的空白。教科书是学生学习的感知材料，但由于篇幅限制，知识的全部、知识的形成过程以及编者的思考过程往往不太可能在教科书中得到充分的反映，这样就给教师和学生提供了思考和创造的空间。例如，人教版小学数学教科书中就有一些提示性话语为教师深入分析教科书内容留下了较为广阔的空间。五年级下册的第60页中关于"怎样求18和27的最大公因数",教科书中除了呈现两种解法外,还以问题的形式呈现出"你还有其他方法吗? 和同学讨论一下"等话语。将教科书中的这一句话分析理解到位,教师就可以给予学生自由而又充分地展示自己的思考和学习成果的机会,以及与其他同学合作交流的机会。

此外,教师要分析教科书的发展性和创造性,要用教科书教,就不应把教科书当作唯一的教学资源,也不应把教科书当作不可改动的教学资源,教师可以创造性地分析和使用教科书。根据教学目标、学生的需求,以及当地的现实条件与资源等,在分析教科书时教师可以做出适当的改造,使得调整和补充后的内容能更适合学生,帮助学生建立起更完整的知识结构和认知结构。例如,人教版数学教科书五年级上册"多边形的面积"这一单元中,在进行"平行四边形的面积"计算公式的推导时,为什么要沿着高线剪? 随后的"三角形的面积"计算公式以及"梯形的面积"计算公式是否还有其他的推导方法? 这些在教科书中的公式推导部分并没有得到及时的反映,不过好在"梯形的面积"这一小节内容的最后,通过"你知道吗"介绍了"出入相补"原理,并问"你能运用这一原理推导出三角形和梯形的面积公式吗",于是教师在分析教材时可以及时关注到相关素材,并考虑如何组织相应内容点化学生消除其思维盲点,为学生打开进一步探索的思维通道,而不是只教教材中呈现的推导方法。

二、分析小学数学教科书的基本方法

对小学数学教科书文本进行分析,并没有绝对统一的方法。不过,内容分析法、比较法是两种比较常用的方法。

(一) 内容分析法

运用内容分析法分析小学数学教科书,一般是指对小学数学教科书的某一内容进行客观系统的定量统计与定性分析,以探清文本中本质性的事实和趋势,揭示文本所含有的隐性信息内容,对事物发展进行预测。其中,使用内容分析法时,采用恰当的框架、模型、工具整理定量的数据,并进行分析、评判,常常至关重要[①]。例如,唐佳丽等采用文本分析的方法对人教版小学数学教科书中"统计与概率"这一领域的内容分布、素材选择、编写呈现、图表分布等维度进行了分析[②]。

(二) 比较法

运用比较的方法分析小学数学教科书,主要包括横向比较和纵向比较两种方法。其中,横向比较主要是指针对某一课程内容,将不同版本小学数学教科书中相应文本进行比较,借以揭示各个版本教科书中设计这一课程内容的各自特色与差异,或者阐述相关

① 马云鹏.小学数学课程标准与教材研究[M].北京:高等教育出版社,2016:95.
② 唐佳丽,李勇."统计与概率"在小学数学教材中的编排分析[J].数学教育学报,2022,31(1):59-63.

问题。例如,徐文彬等对人教版、苏教版、北师版小学数学教科书中"认识三角形和四边形"这一内容的编排进行了分析与比较[①]。横向比较也包括针对同一学段或同一年级的课程内容,抑或是同一课程内容,将不同国家或地区设计的教科书文本进行比较,以揭示各自的特点,便于各个国家取长补短。例如,俞蓉等对我国的人教版小学数学教科书和英国的 NPM 教科书中的"图形的运动"这一内容的难度进行了分析与比较[②]。纵向比较一般是指针对某一版本小学数学教科书中的某一内容,分析这一内容及其前后相关的内容,或者是分析某一内容在不同时期出版的教科书中呈现的变化情况。例如,张莉等对21 世纪以来的 3 套人教版小学数学教科书中的"分数"习题难度进行了比较分析[③]。此外,运用比较的方法分析小学数学教科书,还包括将某一版本的小学数学教科书文本与其相应的课程标准的要求进行比较,借以分析两者的一致性程度等。

三、分析小学数学教科书的基本视角

教师对教科书的多视角理解和分析,是正确理解"理想的课程"、深刻领悟"正式的课程",合理设计和实施"运作的课程"、优化学生"经验的课程"的关键环节。吴立宝等指出,教师可以从学科知识、学生学习、现实生活、评价和文化等多个视角来分析教科书[④]。对于小学数学教科书的分析,也可以从这几个视角入手。

从学科知识角度分析小学数学教科书,可以从区分数学教科书中的知识类型(如概念性知识、事实性知识、方法性知识、价值性知识等)、把握数学教科书的数学基本结构、跨学科视角认识数学学科知识等方面着力。鉴于教科书中的概念性知识和事实性知识往往是以一定的逻辑来表征的,方法性知识和价值性知识则往往暗含其中,教师区分小学数学教科书中的知识类型,需要厘清概念性知识和事实性知识,并找出方法性知识,挖掘出价值性知识。为了更好地引导学生理解并建立起数学学科结构体系,教师需要理解并掌握不同学段不同年级的数学教材结构、数学知识主线、数学思想方法主线,以及每一本数学教科书中所涉及的数学内容知识点。

从学生学习的视角分析小学数学教科书,可以从模拟学生的学习或基于学生的学情等方面着力。一方面,教师分析小学数学教科书时不仅需要关注数学知识结构,还要充分考虑学生的学习体验和需求,可以通过模仿学生的学习,仔细推敲教科书中的每一个字词和每一条语句,每一幅插图和每一个表格,特别是粗体字、彩色字、过渡语等,分析学生学习过程中可能遇到的困难。另一方面,教师还要基于学生的学情,依据教科书,多视

① 徐文彬,彭亮,任利平,等.小学数学教材中"认识三角形和四边形"的内容编排分析与比较——以"人教版""苏教版""北师版"为例[J].数学教育学报,2021,30(2):1-7.
② 俞蓉,赵世恩.中英小学数学教材中"图形的运动"难度比较研究[J].数学教育学报,2022,31(6):80-86.
③ 张莉,伊晓美.新世纪以来小学数学教科书中"分数"习题难度分析——以 3 套人教版为例[J].数学教育学报,2023,32(1):47-54.
④ 吴立宝,王光明,王富英.教材分析的几个视角[J].教育理论与实践,2016,36(23):39-42.

角设置可供选择的教学方案,并考虑一些备选替代方案,以促进教科书中所蕴含的知识逻辑与学生的认知逻辑能够更好地结合。例如,基于教科书的解读开发出更加适合学生的导学案或者任务单。

从现实生活的视角分析小学数学教科书,意味着教师应具有大教材观,要把现实世界当作教学素材,而不是把教科书看作唯一的教学资源。事实上,强调数学与现实世界的联系是 21 世纪以来基础教育课程改革的一个重要特征。由于数学学科知识本身的抽象性,以及小学阶段学生的年龄特点,小学生对一些数学内容的理解常常会遇到困难,往往需要结合现实生活中的一些情境案例来帮助理解,所以教科书在编写时更要考虑依托数学学科知识的现实原型来有效降低学生的接受难度。因此,从现实生活这一视角去分析教科书可以从数学学科知识的发生、发展过程以及数学知识的应用过程两个方面着力。

从评价的视角分析小学数学教科书,可以从核心素养在数学学科中的具体表现与落实以及数学学业质量监测两个方面着力。

从文化视角分析小学数学教科书,是贯彻落实立德树人根本任务的一个重要途径。2021 年,教育部印发的《中华优秀传统文化进中小学课程教材指南》中强调要在课程教材中落实传统文化教育;2022 年,教育部颁布的《标准(2022 年版)》中首次明确提到"中华优秀传统文化"。这些都对小学数学教科书中渗透文化提出了要求。每一套小学数学教科书中都包含着丰富的文化内容,例如与"年、月、日"这一内容相关的中国古代对四季的认识。教师分析小学数学教科书时,要善于从静态的文本知识内容中发掘出它所包含的文化价值,可以从找出数学教科书中所隐含的数学思想方法,寻找与挖掘数学教科书中的"文化元""文化丛"以及跨文化比较等方面着力。

四、分析小学数学教科书的基本策略

对教科书的分析是否到位,不仅关系到能否真正发挥教科书的作用,还会直接影响教师的课堂教学质量。为此,教师采取恰当的策略分析教科书很重要。本部分主要对分析小学数学教科书的目标化策略、结构化策略、生活化策略、主体化策略、教学程序化策略、工具策略、纵横比较策略等进行阐述①。

(一)目标化策略

教学目标是分析教科书的方向,是评价教师课堂教学效果的一个依据。分析小学数学教科书的首要任务是确定教学目标。教学目标既是教师进行数学课堂教学的出发点,也是数学课堂教学活动的归宿。对于同一个课程内容,目标不同,其设计也会不同。《标准(2022 年版)》构建了"三会"核心素养统领的"四基+四能+情感、态度和价值观"的课程目标体系,这也是制订学段目标、年级目标、单元教学目标和课时教学目标的依据和参

---

① 吴立宝,曹一鸣.中学数学教材的分析策略[J].中国教育学刊,2014(1):60-64.

照。教学目标的具体确定要明确"谁来做，怎么做，做什么，在什么条件下做，做到什么程度"等要素，且要遵循"下有保底，上不封顶"的原则，兼顾学生的差异。而分析教科书内容是确定教学目标的基础，在分析小学数学教科书以确定目标时，要区分清楚教科书中哪些是概念性知识，哪些是事实性知识，哪些是方法性知识，哪些是价值性知识，教学这些知识可以培养学生的哪些核心素养。

总的来说，教学目标是分析小学数学教科书的方向，而教学目标的制订也需要对教科书的内容进行分析，二者互相作为依据。

(二) 结构化策略

2012年，教育部印发的《小学教师专业标准(试行)》中明确指出教师要"适应小学综合性教学的要求，了解多学科知识；掌握所教学科知识体系、基本思想与方法"。一名合格的小学数学教师必须要掌握小学数学教科书中涉及的基础知识、基本思想；要弄清楚概念、法则等之间的内部规律；要在宏观上整体把握好小学数学课程结构，中观上把握好小学数学教科书的内容主线，微观上把握好小学数学教科书中的知识点。这也符合《标准(2022年版)》提出的注重课程内容结构化的基本理念。分析小学数学教科书，既要能够较好地把握从整体到局部的策略，按照"宏观—中观—微观"的线索分析教科书，对整个小学阶段的数学教科书进行整体研读分析，对某一册教科书中各单元内容之间的联系及各单元内容进行研读分析，对某一课时内容进行研读分析；也要能够较好地把握从局部到整体的策略，按照"微观—中观—宏观"的线索分析教科书，思考例题、习题在课时内容中的作用，以及课时内容在所在单元、所在年级、所在学段乃至整个数学学习中的地位和作用；同时还要能够适时地从历史文化角度分析钻研教科书，弄清楚相关数学概念、法则原理的来龙去脉和直观意义，挖掘隐藏在教科书背后的数学思想方法和科学精神。

总的来说，结构化策略是针对数学课程内容而言的，教师在使用这一策略分析小学数学教科书时，既要有整体观，又要有局部观，既要有学科观，又要有跨界意识。

(三) 生活化策略

数学既来源于生活，又应用于生活。现实世界是数学知识的原型，分析小学数学教科书时，要注重数学与现实生活的联系，既需考虑从特殊到一般的归纳思想的应用，可以在教科书中呈现的情境的基础上，继续从现实生活中寻找一些相关的典型案例，实现"举一反三"；同时也需关注数学知识的应用过程。随着信息技术的迅猛发展，大数据、人工智能等成为新时代的重要特征，数学的基础性作用愈加重要，数学的应用渗透到了现代社会的各个方面。数学的广泛"应用性"在数学教科书中体现的强化，例如教科书中设置的"数学广角"等内容，可以发展学生的应用意识和问题解决能力，一定程度上还可以适当削弱数学的高度"抽象性"给学生带来的学习数学的畏惧感，强化学生的数学理解，增强学生举一反三的能力。

总的来说，生活化策略是针对数学与生活之间的联系而言的，教师在使用这一策略分析小学数学教科书时,既可以采取生活数学化的策略,在生活中溯源,也可以采取数学生活化的策略,应用数学知识。

(四) 主体化策略

教师分析小学数学教科书时,不能忽视学生是教科书的主要使用者这一事实,需要从学生的学习这个视角进行考虑。教科书虽然比较经典,但它也不是万能的书,需要与时俱进地进行调整,而且即使调整好了也未必能总是符合地方或学生的实际需要。教师需要考虑学生的实际,从学生的认知逻辑出发挖掘教科书,使其更好地服务于学生的数学学习。因此,在分析教科书时,教师要尽可能地站在学生的角度,把教科书中将要学习的新内容与现实生活、学生头脑中原有的认知结构等联系起来,并思考:教科书中的内容的呈现是否切合学生的生活实际;是否符合学生的认知基础,包括数学基础和其他学科基础;学生能否顺利理解教科书中呈现的主题图、关键语句、例题、习题等;学生学习的过程中是否会有困难,如果有,可能是什么困难,它是如何产生的,怎样的点拨可以帮助学生攻克难点等。教师要从学生视角不断钻研教科书,根据地区、学校、班级学生的实际情况,适时地对教科书内容进行加工改造,使教科书成为学生学习的认知地图,把"学术形态""教学形态"的知识转化为"学习形态"的知识,使教科书成为学习材料,更加贴近班级学生的实际,真正成为学生学习的载体。此外,教师还需充分考虑不同学生的学习力差异,做好全面的规划,在关注资优生发展的同时,也不忽视学困生,在问题设置、作业布置等方面适当兼顾。

总的来说,主体化策略是针对教科书的主要使用者,也就是学生而言的,教师在使用这一策略分析小学数学教科书时,需要换位思考,从学生的角度出发,既考虑群体学生的实际需要,也考虑个别学生的差异需要。

(五) 教学程序化策略

小学数学教科书中的具体内容往往都隐藏着一条教学逻辑主线。教师在静态分析教科书时,应该预先设想数学课堂教学的动态流程。例如,教科书中关于某一知识点的主题插图或引例往往可以作为教师课堂引入的实际案例。我国小数数学教科书中的部分知识是从旧知识切入的,这本身对应着复习旧知环节或者由旧知引新知;也有部分知识是从情境切入的,这本身对应着情境导入新知。数学教科书中归纳概括出的新概念、新法则、新方法,是课堂学习的核心;呈现的例题,可以给予学生以示范和模仿;设计的巩固练习,可以巩固强化学生所学。从新课的引入到问题的提出、概念的获得,再到例题的示范、巩固练习,最后章节总结,自然地构成了一个教学逻辑主线。需要指出的是,实际的教学中每部分内容未必都按照这条主线来进行,可能或增或减。当然,课程内容不同,教科书的编写理念不同,教学逻辑主线可能也不一样。因此,教师一定要分析清楚教科书中隐含的教学逻辑线条,思考这种安排设计的原因,深刻领悟教科书的编写意图,对静态教科书做出动态的分析,为有效教学做好更充分的准备。

总的来说,教学程序化策略是针对教师课堂教学而言的,教师在使用这一策略分析小学数学教科书时,需要立足于教学,要从课堂教学的动态需要出发,对静态的教科书做出动态的分析。

(六) 工具策略

《标准(2011年版)》明确指出"数学课程的设计与实施应根据实际情况合理地运用现代信息技术,要注意信息技术与数学课程的整合,注重实效"①。《标准(2022年版)》进一步明确指出"促进信息技术与数学课程融合""注重信息技术与数学教学的融合"②。当前的小学数学教科书都不同程度地重视运用现代信息技术,不仅重视利用信息技术来呈现课程内容,更重视信息技术与课程内容的有机整合,这也是当今世界各地小学数学教科书的一个特色。例如,我国的人教版小学数学教科书四年级上册中就有关于"计算器"的内容,六年级上册中"圆的周长"的内容,教学时可以在教科书中所呈现的方法的基础上,借助数学专用软件开展数学实验。信息技术可以给学生提供丰富的学习环境和资源。教师在分析小学数学教科书时,要充分考虑学生已有的工具,对需要或可以使用信息技术开展教学的内容,要注意将"什么时候用,用什么工具,用它达到什么目的"这三个问题融入分析中,这样可以确保信息技术能恰到好处地服务于教师的教和学生的学。

总的来说,工具策略是针对信息技术而言的,教师在使用这一策略分析小学数学教科书时,需要注重信息技术与小学数学课程与教学的融合。

(七) 纵横比较策略

纵横比较策略包括对教科书的横向比较和纵向比较两种策略,其中横向比较指对多个版本教科书的比较,纵向比较指对同一出版社不同时期出版的教科书进行比较,分析教科书的发展变化,或者是分析某一内容及其前后相关的内容。

由于我国目前的小学数学教科书实行"一标多本",教师可以对多版本的教科书进行比较分析。不同版本的教科书往往都有自己的框架特色和处理方式,教师在备课时除了仔细推敲所选择使用的版本的教科书外,还应该关注一下其他出版社出版的教科书,以取长补短。例如,关于"小数除法"这一单元内容,北师大版和苏教版教科书对此就有不同的设计和呈现方式。其中,对于除数是整数的小数除法的引入情境,北师大版教科书中采用的是"5包牛奶11.5元,6包牛奶12.6元,买哪种牛奶更划算"的情境,这一情境既具有一定的现实意义,又具有合理性,是学生学习这一内容比较好的情境;苏教版教科书中采用的是"用表格展示妈妈购买水果的数量和总价,要求算出每种水果的单价",这一情境中包含了同一类型的多种背景信息,可以为学生提出问题留有一定的空间。此外,苏教版教科书的这一情境中也包含了常用的数量关系"总价=单价×数量",对于学生理解数量关系有一定的帮助,只是在情境的真实性方面稍有欠缺,因为通常情况下商

① 中华人民共和国教育部. 义务教育数学课程标准(2011年版)[S].北京:北京师范大学出版社,2012:3.
② 中华人民共和国教育部. 义务教育数学课程标准(2022年版)[S].北京:北京师范大学出版社,2022:4,88.

品一般都会标出单价,但这并不会影响学生理解问题。总的来说,两个版本教科书中关于小数除以整数的情境虽然不同,但在实际教学中都可以考虑使用。当然,如果条件允许,除了考虑关注国内不同出版社出版的小学数学教材,还可以考虑关注国外的小学数学教科书。

一般来说,同一出版社的小学数学教科书,在不同年代的内容也会有差异,因为社会的发展,数学教育的理念、目标都出现了变化。教师可以通过教科书的纵向比较,了解数学教育出现了哪些变化,并思考为什么会出现这些变化。除此之外,也可以对教科书不同章节的编排进行比较,厘清教科书中内容的前后联系与区别。例如,关于"小数除法"这一内容,从前后内容的关联上看,本单元前面的"小数的意义""除法的计算方法"等知识与方法是这一主题内容的准备,后面的学习内容则没有直接与之相关联的,涉及的计算方法主要是分数运算和混合运算等。但是,分数的表示方式与整数和小数不同,在具体计算方法上也有很大差别,从计算的角度看小数除法不是分数除法的直接准备。只有在小数除法的应用和混合运算时才可能会用到小数除法计算,所以,在这一部分内容学习完之后,教师最好对除法运算进行梳理,让学生了解整数除法和小数除法在算理与算法上的一致性。

总的来说,纵横比较策略是针对教科书本身而言的,教师在使用这一策略分析小学数学教科书时,要有分析比较的意识,在比较中揭示各自的特色以及相互之间的差异,以便参考与借鉴。

第三节　小学数学教科书的教学改造

教科书的使用是教师教学和学生学习的一个关键环节。任何一套教科书,不管设计和编排得多好,都不太可能完全契合每个教师、每个班级、每个学生的实际需要,在使用时往往存在需要进行教学改造的地方。伴随着课程改革的纵深推进,教师的素质不断提升,一些教师的教学不再拘泥于教教科书,而是尝试着创造性地使用教科书。自然地,深入解读教科书,充分把握数学学科的本质特征以及学生认知的发展规律,合理有效地微调或改编小学数学教科书是小学数学教师创造性地使用教科书的重要基础和前提。

一、小学数学教科书使用的偏颇倾向

教科书的使用取向决定了教师对教科书使用的不同认识,同时也会影响教师在课堂中的教科书使用行为[①]。从课程实施取向看,教师使用教科书存在着忠实取向、调适取向和创生取向等,但这三种取向的价值导向却存在一定的风险性。相应地,小学数学教科书的使用存在着视教科书为经典、颠覆教科书、理念至上等偏颇倾向[②]。

---

① 章全武.教师教科书使用取向及其影响因素个案研究[J].现代基础教育研究,2022,48(4):162-171.
② 曹培英.曹培英重新发现"教材"[J].当代教育家,2017(11):61-63.

(一) 视教科书为经典

尽管每一本教科书的编排顺序、内容结构、例题习题、插图等都是集合了领域内诸多编写者集体的智慧，但是由于教科书的服务地域广阔，再好的教科书也不可能完全契合区域内每个学校的实际。此外，教科书要求相对稳定，也不可能及时吸纳课程与教学的最新成果和实践经验①。因此，在使用教科书开展课堂教学前往往需要教师对其进行校本化、科学化等的处理。

但是仍有一些教师在使用教科书时，不加思考地将教科书视为经典，完全依照教科书内容进行教学，这是不值得提倡的。

例如，曾有教科书中关于三角形的描述性定义是"由3条线段围成的图形（每相邻两条线段的端点相连）叫做三角形"，有教师在上课时就直接照搬教科书中的这个内容进行教学。但是，此处关于三角形的描述中，"每相邻两条线段的端点相连"是值得商榷的，"端点相连"并不能够说明是"首尾相接"，这半句话显得多余且没有明确三角形定义的核心。这个定义不如用"三条线段首尾相接围成的图形叫做三角形"来得更直接明了。

(二) 颠覆教科书

与将教科书视为经典相反的做法是抛开教科书。一些教师为了突显自身在使用教科书时的创生性，不选择使用教科书中原本较为合理优良的内容，而是另起炉灶或者大幅度改编教科书中的内容，颠覆了原本教科书中的内容，出现本末倒置的现象。

例如，有教师在教学四年级"平行四边形的认识"时，并没有选择人教版教科书中"寻找生活中的平行四边形实例—抽象出平行四边形图形—探究平行四边形的特点—归纳出平行四边形的定义"这样的呈现方式，而是重新进行了设计，从让学生根据直观认识"像不像"来判断平行四边形入手，设计了一个练习：请判断图3-1中哪些图形是平行四边形。然后带领学生总结出平行四边形的定义，却没有再让学生根据总结的定义说明所给的图形为什么是平行四边形或不是平行四边形。

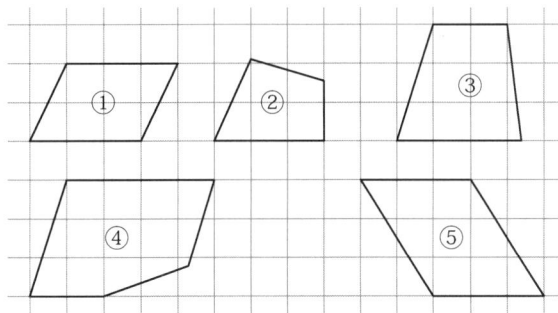

图 3-1　平行四边形的判断

---

① 孙国春.小学数学教材解读集体偏差现象探析[J].中国教育学刊,2016(3):78-83.

虽然在设计的这个练习中图形的选择较为恰当:两个正例,呈现出左右对边的倾斜方向不一致的状态;三个反例,分别是两组对边都不平行的四边形,只有一组对边平行的梯形,有两组对边平行的五边形。但是,这样的设计在一定程度上体现出教师未能充分领悟教材的整体编排:一年级主要是依据表象识别平行四边形,四年级则需要依据平行四边形的概念判断平行四边形[①]。

(三) 理念至上

在使用小学数学教科书时,除了将教科书视为经典不可或不用做出改变以及颠覆原本教科书中的内容另起炉灶等倾向外,还存在着一种理念至上的倾向。诠释新课程的理念成为了一些教师使用教科书时考虑的核心部分,有教师为了在教学中体现出自身所领悟的新课程理念,而罔顾了数学学科的特点以及学生的特点。

例如,关于"三角形三边关系"这一课时的教学内容,人教版教科书中为促进学生理解三角形的三边关系,先呈现了一个选择最短路径的情境,并在专门设计的"这是什么原因"的提示下,引出"两点间所有连线中线段最短"的结论。这一知识点可以为学生后续通过动手摆三角形的实验,以及在"你发现了什么"的提示下,探索发现能围成三角形的三边关系提供知识基础。因为三角形的三边关系是"两点间所有连线中线段最短"这一线段公理的直接推论,所以这样设计的一个好处是可以强化这两个知识点之间的联系。但是,有教师想在教学中充分体现课程改革的理念,给予学生更大的探索和挑战空间,却忽视了数学知识之间的内在联系。教师在教学这一内容时,当有部分学生认为所选择的三根小棒满足"两边之和等于第三边"的情况下也能摆出一个扁扁的三角形时,教师不是去引导学生从头脑中提取"两点间所有连线中线段最短"这一储备知识,而是煞费苦心地设计并准备了学具与课件,给每个学生一块画有16厘米长的线段的透明塑料片、一块铁板、三块磁铁(便于学生端着铁板放在投影仪上展示交流),让学生将塑料片上画的线段剪成整厘米的三条线段围成三角形。当学生剪出3厘米、5厘米、8厘米并围成三角形时,老师让学生用放大镜去看,并表示你会发现并没有围起来[②]。教师对教科书的这种处理,并没有充分关注到数学内容的本质,甚至也未能充分考虑到探究能力薄弱的学生的需求,显然并不是很恰当。

二、小学数学教科书的合理教学改造

使用教科书进行教学,意味着教师不应完全拘泥于教科书的限制,不应把教科书奉为"法典",而是要把它作为教学的依据,根据教科书中的教学内容,结合其他辅助材料和学生特点,以审视的眼光认识教科书,并且立足于用活、用实教科书,创造性地对其进行教学改造,创设一个有利于学生主动参与的问题情境和学习环境,让学生运用已有经验,

① 曹培英.曹培英重新发现"教材"[J].当代教育家,2017(11):61-63.
② 同①.

在经历体验的过程中获得成长。

（一）用审视的眼光认识教科书

对教科书进行合理的教学改造，需要教师首先立足于教科书本身，以客观、严谨的态度去审视教科书、认识教科书。认识教科书是对教科书进行合理教学改造的基础和前提。与新版课程标准相配套的新版教科书，是新课程改革理念的一些文本体现，也是作为理想课程载体的正式课程。认识教科书是一个逐步积累、不断升华的过程。每位教师都需要认真研读、感悟、领会教科书，了解教科书的基本精神和编写意图，把握教科书所提供的教学活动的基本线索脉络，分析教科书所渗透的数学思想方法，理解教科书所设置的学生活动的科学内涵，体会教科书中所蕴含的教学理念。例如，同样是关于平行四边形的认识，分散在一年级下册"认识图形（二）"中的对平行四边形的认识和在四年级中的"平行四边形的认识"的认知要求是不一样的，教学前对教科书内容的教学改造需要充分考虑学生的认知规律和年龄特点，以及教学内容的要求，审视教科书中的内容编排特点，以保证所教授的数学知识的整体性和发展性。

（二）用活、用实教科书

对教科书进行合理的教学改造，是要基于教科书但不要完全拘泥于教科书，也绝不是漫无目的地创新或者开发教科书，以致简单的问题复杂化[①]。例如，前面提到的有老师关于"三角形的三边关系"的教学处理就有将简单问题复杂化之嫌。对教科书进行合理的教学改造，是要能根据学生的实际，或者教学的需要，或针对教科书中的一些不足，进行改进或补充，要宽于教科书，要高于教科书，以更好地服务于教师的教和学生的学。

例如，关于"三角形面积公式的推导"，教科书中是让学生拼接两张相同的三角形纸片，并且给出拼成的平行四边形。课堂教学中，多数学生会出现 6 种不同的拼接方法，但是绝大多数教师却只会让学生在课堂上交流其中的 3 种拼成平行四边形的拼法，而不交流拼成筝形、燕尾形等图形的拼法。事实上，将两个三角形拼成筝形、燕尾形等也是转化，如果这些拼法作为反例展示出来进行对比，转化的思路反而会更加清晰：将面积公式未知的图形转化为面积公式已知的图形[②]。再如，教学"用数对确定位置"这部分内容时，教师要在清晰认识"用列和行来确定平面上的一个点的位置；用数对确定平面上的点的位置的合理性；用列和行来确定位置，并且规定列在前，行在后，是为了和初中数学教科书中的平面直角坐标系的相关知识对接起来"的基础上进行深度挖掘，将新旧知识之间建立密切联系，即一年级学习过在一个维度上确定位置（旧知）——在数轴上确定一个点的位置，现在要学的是在两个维度上确定位置（新知）——用数对确定位置，这是对旧知内容的拓展与延伸，在此基础上就可以启发学生"如果要在空间中确定一个点的位置，可

---

① 刘兆伟. 小学数学教材的合理改造[J]. 教学与管理，2020（2）：54 - 55.

② 曹培英. 曹培英 重新"发现"教材[J]. 当代教育家，2017（11）：61 - 63.

以怎样做"[①],将教学在教科书内容的基础上适当拓展和延伸,有利于学生的数学深度学习。再如,关于"20 以内退位减法",其算法一般有破十法、连减法、想加算减法。但是一套教科书中往往只呈现这三种算法中的一种或两种,教科书中的配套练习也只是针对其中的一两种方法安排的,这就需要教师针对性地补充一些辅助性练习。甚至,有经验的教师还能把握好每一种算法的思维难度及其适合的对象。简而言之,就是要用好、用活、用实教科书。

总的来说,教师对教科书进行教学改造,既要对教科书进行分析研究,充分认识教科书,找到教科书与学生当下经验的连接点,也要知道如何利用学生现有经验与教科书有关的因素,适当关注教科书中知识脱节处的衔接、学生经验断层处的弥补、认知易混处的厘清、需要欠缺处的激发、理性薄弱处的明理[②]。

本 章 小 结

本章主要对如何分析小学数学教科书进行了阐述。具体包括以下三个方面:①小学数学教科书要分析什么? ②如何分析小学数学教科书? ③怎样对小学数学教科书进行教学改造? 本章的核心观点是:小学数学教科书是小学数学教师教数学和小学生学数学的重要依托。解读小学数学教科书要分析什么、如何分析、如何进行教学改造等内容,有助于小学数学教师更好地理解和把握教科书,在具体内容的教学中尝试做出针对性的教学改造,进而帮助学生更好地发展核心素养。

❓ 思考与练习

1. 简述分析小学数学教科书的基本策略。
2. 简述小学数学教科书的教学改造策略,可结合教科书中的具体内容进行说明。

---

① 刘志彪. 小学数学教材解读的四重境界[J]. 教学与管理,2020(29):36 - 38.
② 刘兆伟. 小学数学教材的合理改造[J]. 教学与管理,2020(2):54 - 55.

第四章 小学生数学发展的主要特征

🔍 知识点导图

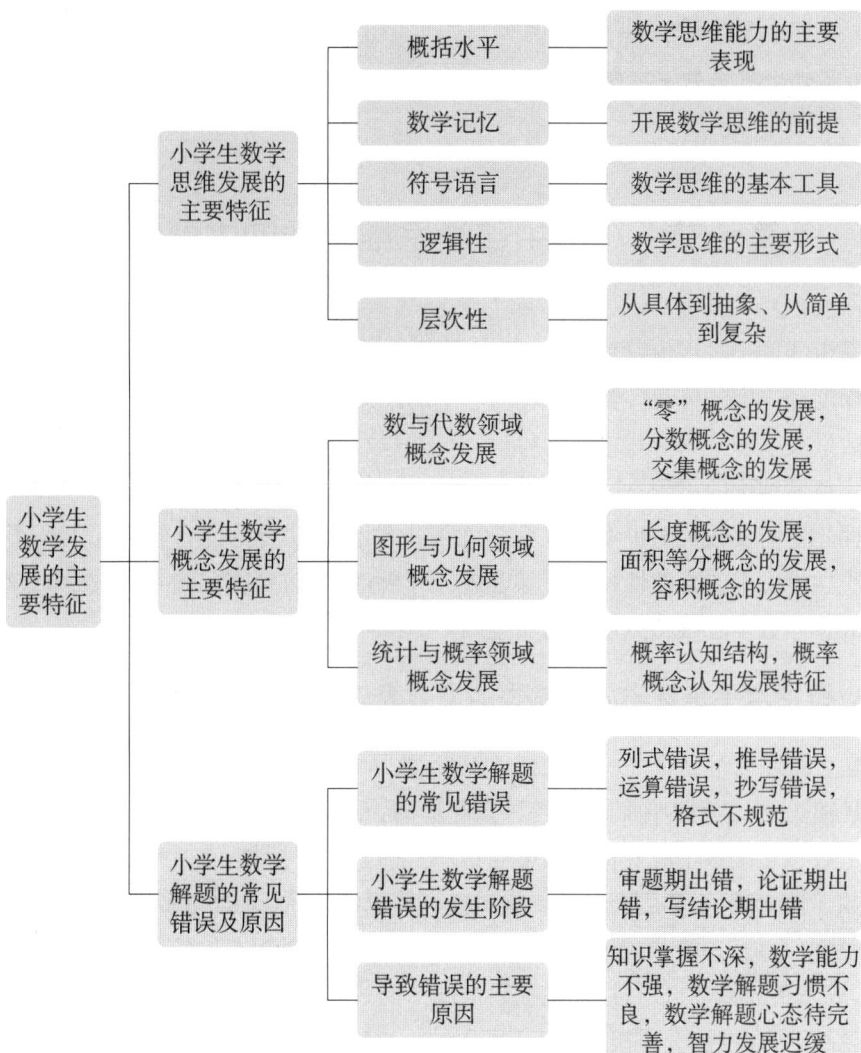

⚙ 本章导言

小学数学教学的对象是小学生,教学目标的达成与否也是取决于小学生的数学理解和掌握情况,这些都表明要有效实施小学数学教学需要对小学生的数学发展特征有较为深入的了解。本章从小学生的数学思维发展、数学概念发展,以及数学解题等三个方面所存在的主要特征进行论述,有助于更好地了解小学生在数学学习中的思考过程,更准确判断他们在数学学习中可能遇到的难点。

📖 学习目标

(1) 理解小学生数学思维发展的主要特征。

(2) 了解小学生数学概念发展的主要特征。

(3) 了解小学生数学解题的常见错误。

(4) 掌握小学生数学解题错误的主要原因。

第一节　小学生数学思维发展的主要特征

小学生的成长过程中,思维的发展十分关键。思维是智力的核心,是学生对客观世界认识深度和广度的体现。数学课程对学生的思维发展有着重要的影响,因为数学是揭示事物数量关系和空间形式本质的科学,而学习数学的过程是学生思维形成数量关系和空间形式整体结构的过程,这个结构越完整,就越能认识数量关系和空间形式的统一性与复杂性。这需要教师对小学生在数学学习中的思维发展特征有较为深入的了解。本节将以小学生思维的普遍性特征为基础进行分析,指出教师在实施具体教学时应根据教学对象的具体数学思维特点进行的相应调整。

一、概括水平是数学思维能力的主要表现

数学思维主要的特征之一是概括,小学生之所以能揭示数量关系和空间形式的本质和内在规律关系,是因为他们能对各种数与形的特征进行抽象和概括。概括水平的高低对小学生数学思维水平有着重要的影响:首先,抽象和概括是人们形成数学概念的前提。在学习数学概念时,小学生一般需要从观察具体事物入手,通过对多个事物的观察、分析和比较,从中归纳出共同的特征,然后抽象出更为内在、更为本质的数学属性进行概括性描述,形成完整的数学概念,这就是抽象与概括的过程。概括水平越高,学生对本质的归纳程度会越深入,越能获得概念的一般性刻画。例如,在学习圆的概念时,概括程度低的学生只能判断该图形的封闭性——"它是一个圈",概括程度中等的学生能判断该图形的

外延特征——"它不是扁的圈",概括程度高的学生能发现该图形最为本质的数学属性——"它的每一点到中心的距离是相等的"。其次,概括是小学生发现数学规律、理解数学概念和掌握数学性质的出发点和落脚点。在数学学习过程中,无论面对的是现实事物,还是采用形式化表征的数学图形和符号,小学生都需要从中概括出其数学的本质属性,然后通过推导获得新的概括,以形成新的数学知识。第三,概括水平与小学生数学思维活动的速度、灵活度、迁移度、广度和深度密切相关。这不仅表现在概括所获得的数学概念和数学性质是学生开展数学思维的基础,还体现为小学生的概括水平越高,数学知识的系统性就越强,也越容易在数学知识之间、数学与其他学科之间进行迁移,表明他的数学思维能力也越强。

有学者①根据小学生对直观的依赖程度、对数的实际意义(数的表征范围)的理解、对数的顺序和大小的认识(认知)、数的组成(分解组合)和对数概念的扩充及定义的展开等5个方面进行分析,发现小学生的数概括能力可分为五个水平等级:

第一级:直观概括水平。属于这一级的小学生只能依靠实物、教具或配合手指来掌握10以内的数概念,一旦离开了直观的物体,运算就会中断或发生较大困难。

第二级:直观形象概括的运算水平。属于这一级水平的小学生进入了"整数命题运算"的阶段,他们借助实物可以理解生活中用到的整数,并对此进行适当的迁移性拓展。例如,在熟练掌握了10以内的数后,他们将其从实物中概括形成抽象数的概念,然后以此为基础迁移到对100以内数的认识;随着生活经验的不断积累,对数的认识逐渐扩大,他们也能逐渐认识1000以内,10 000以内的整数。但是,这种迁移还是有限度的,超出他们生活环境太多的数,他们还是会因为缺乏表象而不能真正理解数和数运算的实际意义。

表象是感性反映的最高形式(感性认识通常包括感觉、知觉和表象),指过去已经感知过,但现在并不直接感知的那些事物的感性映象,是过去对事物的反映在头脑中所留下的痕迹,当这些痕迹在人的活动中恢复或再现时,就形成了表象。表象不如感觉那样明确、稳定,具有片面性和主观能动性。它不是感觉的简单刻画,个体在感知、认识和理解过程中受到知识基础、思维水平和所处环境的影响,会进行一定程度的概括和加工。表象是从具体感知到抽象思维的过渡和桥梁,没有经过这个阶段,就不可能形成抽象思维和理性认识。

第三级:形象抽象概括的运算水平。属于这一级水平的学生处于从形象概括向抽象概括发展的过程中,能将抽象的数与数的实际意义相结合,不仅可以理解大的整数,也能理解分数、小数和正负数,形成了数种类的概念。这个阶段的小学生具备了一定的空间表象概括能力,能从对多个几何图形的观察中概括出几何概念和几何性质。

第四级:初步代数命题的概括运算水平。属于这一级水平的学生能脱离实物,通过

---

① 林崇德.智力发展与数学学习[M].北京:中国轻工业出版社,2011.

形式化的观察,理解具备各种性质的数,包括通过"子集合""交集合"和"并集合"等算术运算产生的数。例如,能理解什么是公约数和公倍数;能理解无限循环小数,知道用字母可以表示抽象的数;也能在思维过程中运用分析和综合解答典型的应用题。

第五级:代数命题的概括运算水平。属于这一级水平的学生能较好地理解用字母可以表示数,能用各种符号表示某种类型的数,能抛开与现实事物的联系对数进行各种抽象性概括和形式化运算。但是,达到这种概括水平的小学生很少。

二、数学记忆是开展数学思维的前提

数学思维的过程是以数学知识和数学活动经验为基础的,这一过程并非是对直接作用于感觉器官事物的反映,它具有间接性。例如,小张的跑步速度是小红的两倍,这个两倍不是我们直接感知的,而是根据已有的数学知识和数学活动经验在大脑里形成的两人跑步速度之间的数量关系。数学思维的这种间接性以数学记忆为前提,如果未能将已学过的数学知识有效存储于记忆中,未能将经历过的数学活动有效内化为数学经验,那么数学思维将失去媒介,成为无源之水。例如,如果小学生不熟悉"九九乘法表"的内容,遇到两个数相乘就很难快速得出结果。在获得了较为丰富的数学知识和数学经验后,学生能通过假设、想象和依照规则的逻辑化推理获得新的数学知识和数学经验。这些都表明了数学记忆对数学思维活动的有力支持。当然,这并不表示获得数学知识需要的数学记忆就是机械性记忆。如果这种记忆是刻板的、机械的,那就只能是记而不是忆,它不能在需要时被灵活调用,是没有意义的,是不能在数学思维活动中起到有效支撑作用的。有效的数学记忆不仅需要学生经历一定量的记忆和练习的过程,更需要学生能理解记忆,将记忆与已有知识和活动体系建立有效联结,是有意义的数学记忆。

口算也称为心算,是指不借助其他工具,只凭思维和语言在头脑中进行计算,并得出结果的一种计算方法。在数学学习和现实生活中,口算十分常用,而口算思维则对数学记忆有着较高的要求。有学者[①]对小学生的"一位数加一位数""一位数加两位数""一位数减一位数"和"两位数减一位数"等四种口算能力进行研究,发现他们的口算思维与他们的记忆能力密切相关。小学生的口算速度和广度具有以下发展特征。

在不进位加法的口算速度方面:一位数加一位数口算速度增长最快的是一年级,其次是二年级,再次是四年级;口算速度增长最慢的是五年级,其次是三年级。一位数加两位数口算速度增长最快的是四年级,其次是一年级,再次是二年级;增长速度最慢的是三年级。

在进位加法的口算速度方面:一位数加一位数口算速度增长最快的是二年级,其次是一年级,再次是四年级;口算速度增长最慢的是五年级,其次是三年级。一位数加两位数口算速度增长最快的是四年级,其次是二年级;增长最为缓慢的是五年级,其次是三年级。

---

① 黄友初. 小学生加减法口算速度和广度的发展研究[J]. 数学教育学报,2018,27(6):17-21,66.

　　这表明,虽然加法的口算速度与小学生的年级正相关,但是在速度的发展方面,一年级和二年级学生的提高幅度较为显著,五年级和三年级学生的提高幅度相对较低。

　　在一位数减一位数的口算速度方面:一年级,二年级,三年级,四年级,五、六年级,他们的口算速度之间存在差异性。其中,五、六年级处于同一级别。口算速度增长最快的是二年级,其次是三年级;口算速度增长最慢的是五年级。

　　在两位数不退位减一位数的口算速度方面:一年级,二年级,三、四年级,五、六年级,他们的口算速度之间存在差异性。其中,三、四年处于同一级别,五、六年级处于同一级别。口算速度增长最快的是四年级,其次是二年级;增长速度最为缓慢的是五年级,其次是三年级。

　　在两位数退位减一位数的口算速度方面:6个年级口算速度所处的等级较其他两种减法都有所降低,一年级,二、三、四年级,五、六年级之间存在差异性。其中,二、三、四年级处于同一级别,五、六年级处于同一级别。口算速度增长最快的是四年级,其次是二年级;增长最为缓慢的是三年级。

　　这表明,虽然减法的口算速度与小学生的年级正相关,但是在一位数减法的速度方面,二年级的提高幅度最显著;在两位数减一位数的口算速度方面,四年级的提高幅度最为显著;而五年级的减法口算速度提高幅度相对较低。

　　由此可见,小学生的口算速度随着年级的增长而提高,其中一到三年级学生口算所需时间较长,口算速度较慢,但提高的幅度较大,四到五年级也是小学生口算速度提高较大的一个时期。而三到四年级,以及五到六年级的学生口算速度提高较为缓慢。小学生的加法口算速度普遍大于减法口算速度,其中一位数加一位数的口算速度最快,两位数退位减去一位数的口算速度最慢,这种现象在低年级表现得尤为突出,也表明了口算速度与口算难度之间有直接的联系。但是,各种类型的口算速度在五年级和六年级都趋于接近,这说明随着生理的发展,思维也逐渐成熟,小学生的口算能力从五年级起趋于一定的稳定性。总体来说,小学二年级和四年级是口算速度提高的关键期,其中口算广度为2的发展关键期在二年级,而口算广度为3的发展关键期在四年级。

　　在口算广度方面,小学生口算广度随着年级的增长而提高,其中一到三年级学生口算广度增长较快,而三到四年级学生口算广度增长较慢。在四种运算类型口算广度的测评结果中,不进位加法的测评值最高,退位减法最低,这说明口算广度和口算难度之间有着密切的联系。从测评结果中还可以发现,四种运算类型的口算广度在二年级都获得了较快的发展,这表明小学二年级是口算广度发展的关键期。而在三年级以后,各种口算类型的广度发展都有所放缓,这与小学生的记忆广度具有一定的稳定性相关。

　　小学生口算速度和广度的研究表明了数学思维对数学记忆的依赖性,要能有效地开展数学思维活动,需要一定量的数学记忆作为基础。这些数学记忆也是学生能否用数学眼光观察现实世界、能否用数学思维思考现实世界、能否用数学语言表达现实世界的前提。

三、符号语言是数学思维的基本工具

人类的思维活动,大多是借助语言展开的,尤其是较为深层次的思维活动,与语言符号是紧密相关的。在人类的发展过程中是如此,在个人的成长过程中亦是如此。有了语言后,人类文明有了质的飞跃;学会说话后,儿童的思考能力也获得了显著的提升。人们在思考时大脑会借助内部语言,对所要描述的对象进行无声刻画,对所要表达的想法进行隐蔽发声,在这个过程中,虽然人的言语感官没有发出可以听得到的声音,但是人体的肌肉组织是在活动着的,并向大脑皮层发送动觉刺激,这种刺激会在很大程度上促进思维的深刻性和敏捷性。这也是为什么要在小学阶段强化语文课程的学习,因为尽快掌握语言和文字,小学生不仅能更顺利地进行表达,还能更有效地发展思维能力。

在数学思维活动的过程中,小学生最初借助语言文字进行思考,在学习了数学符号后就逐渐转为通过数学符号语言进行思考,而且这种内部符号语言比起外部语言的表达速度要快得多,有时甚至用几个片段化的词语作为代表,就能完成思考活动过程。例如,在计算 $12+34$ 时,我们可以借助以下符号语言进行思维活动:$2+4=6$,得个位是 6,$1+3=4$,得十位是 4,所以 $12+34$ 的结果是 46;待熟练以后直接在心里默念 2、4 得 6,1、3 得 4,结果为 46。小学生对这种符号语言的认识越准确、掌握的数量越多,数学思维活动可以借助的工具就越丰富、思维也会越便捷。

研究发现[1],小学生的内部语言发展主要可分为三个阶段:一是出声思维阶段;二是过渡阶段;三是无声思维阶段。三、四年级以后,随着小学生独立思考与逻辑思维能力的发展,他们在数学运算中进入了无声思维为主的阶段。但是,在需要深度思维时,也有可能进行出声思维。这些都表明,在进行数学符号的学习时,教师要让学生理解这些符号所表示的本质内涵。教学实践中发现,有的学生在学习了方程的概念后,以等式中是否含有 x 作为判断方程的依据,这种现象与教师的教学不够细致和深入有关,学生未能理解数学符号所代表的数量和关系,也就不能很好地运用数学符号进行思维。因此,诸如加号"+"、等号"="等看似简单的数学符号,要在教学中让学生真正理解和掌握仍需教师对教学进行精心的设计。

四、逻辑性是数学思维的主要形式

任何思维活动都不是杂乱无章的,都是有规律的,这种规律主要体现为逻辑性。虽然幼儿的思维过程时常表现为较为跳跃,东一句西一句,看似没有逻辑,但事实上也是有逻辑的,只不过囿于认知,他们尚未形成强逻辑思维罢了。而数学思维对逻辑性有着更高的要求,小学生通过对数学对象的观察,产生了数学概念,然后根据数学定理、性质,从已知的数学条件出发有理有据地推导得出新的数学知识。例如,已知三角形两个角的大

---

① 朱智贤,林崇德.思惟发展心理学[M].北京:北京师范大学出版社,1986.

小,要求第三个角的大小。小学生的思考过程如下:首先在头脑里形成角的概念;然后根据加法规则,将两个已知角的度数相加;接着根据三角形的内角和等于180度的性质,用180度减去两角和,就可以得到第三个角的大小。这个思考过程中的每一个步骤都是有依据的,都是依据规则得到的结果。不仅演绎的思维过程体现了逻辑性,归纳的思维过程也需要逻辑作为基础。例如,通过测量得到若干个三角形的内角和都是180度,这时候归纳形成数学假设:任意三角形的内角和都是180度。在确定这个假设是否成立的过程中,小学生会思考"如果测量了很多个三角形都符合这个规律,那么是否就可以推理得出三角形内角和为180度的假设是成立的",这也是思维逻辑性的体现,因为他的推理是有依据的,依据的是数学活动经验。而此后对假设进行验证的过程,更是逻辑思维的体现。因此,可以认为逻辑性是数学思维的主要形式。

在数学思维中常见的逻辑推理过程包括直接推理与间接推理、正向推理和逆向推理、归纳推理和演绎推理、类比推理和对比推理等。直接推理和间接推理主要从推理的步骤上区分,一步就可得出结果的称为直接推理,需要经过多个步骤的称为间接推理。一般来说,步骤越多,对思维能力的要求越高。直接推理的问题一般套用公式即可,间接推理的问题需要对条件进行转化,才能被运用到后一个公式中。正向推理是指从已知条件出发推导出结论的推理过程。例如,已知第一天写了2页口算作业,第二天写了3页口算作业,2+3=5,两天共完成了5页口算作业,这就是正向推理。逆向推理是从结论出发寻找原因的推理过程。例如,已知两天完成了5页口算作业,每一天完成不少于1页,那么第一天与第二天各完成几页? 根据结论和条件的要求,可推导出第一天完成2页,第二天完成3页,或者第一天完成3页,第二天完成2页,这就是逆向推理的过程。在数学证明题或者应用题中,逆向推理的运用较为普遍。归纳推理是从特殊到一般的推理过程,而演绎推理是从一般到特殊的推理过程。在数学思维中,概念的形成一般通过归纳推理得出,而性质的运用一般通过演绎推理得到。研究发现,小学生在"概念"归纳推理与"性质"归纳推理上表现得较好,而对"关系"归纳推理与"规律"归纳推理还存在不足,尤其是低年级学生[①];小学生关系演绎推理能力最高,不相容选言演绎推理能力次之,三段论演绎推理能力第三,充分条件假言演绎推理能力最低[②]。类比和对比都属于比较推理,类比是从特殊到特殊的推理,是从一个对象的性质推理出与它具有共同(或相似)属性的对象所具有的性质的推理过程。例如,从分数的性质推导出分式的性质,从一元一次方程的定义推导出一元二次方程的定义,都属于类比推理。对比推理是比较两个或两个以上具有不同属性的对象的性质,从而推理出新结论的过程。例如,将长方形和正方形进行比较,推理得出哪些特点是两者共有的,哪些特点是各自特有的。

---

① 于洁.小学生数学归纳推理能力发展特征调查研究[D].上海师范大学,2022.
② 成婕好.小学生数学演绎推理能力发展研究[D].上海师范大学,2022.

五、小学生的数学思维发展具有层次性

小学生的数学思维发展过程遵循一定的规律，这个规律就是从具体到抽象、从简单到复杂，是具有层次性的。这种层次性的发展过程与个体的年龄有关，与遗传有关，也与后期的学习有关。一般来说，人的思维发展都会经历直观行动思维、具体形象思维、形象抽象思维（即处于从具体形象思维向抽象逻辑思维过渡的阶段）、以经验型为主的抽象逻辑思维和以理论型为主的抽象逻辑思维等阶段。瑞士心理学家皮亚杰（J. Piaget，1896—1980)以"运算"为儿童思维发展水平的标志，将儿童的思维分为感知运动阶段（0～2 岁）、前运算阶段（2～7 岁）、具体运算阶段（7～12 岁）和形式运算阶段（11～15 岁）阶段，小学生刚好处于具体运算阶段，这是儿童认知发展的一个关键性的转折点[①]。此阶段儿童的认知结构已经发生了重组和改善，思维具有一定的弹性，可以逆转，已经获得长度、体积、重量和面积等的守恒概念，能凭借具体事物或从具体事物中获得的表象进行逻辑思维和群集运算。但其思维仍然需要具体事物的支持，还不能通过假设来推理。这些都表明儿童的数学思维发展是从量变到质变的过程，只有低层次的思维积累到一定程度才能产生质变，从而获得更高层次的思维能力。研究发现，小学四年级是数学思维发展的一个关键期，之前是具体形象成分为主，此后是抽象逻辑成分为主；初中二年级是思维发展的又一个关键期，从经验型抽象逻辑思维，逐步转向理论型抽象逻辑思维[②]。数学思维的这种层次性是按照顺序发展的，每个人的思维发展都要经历这一过程，不同的人在每个层次的停留时间有长短之分，但不会跳跃。

有心理学家从敏捷性、灵活性、深刻性、独创性和批判性等五个方面对思维品质的高低进行了研究[③]。其中，思维的敏捷性指思维的速度，当然这种速度要以正确性为基础，不是轻率的。由于各种考试都是限时的，需要在规定时间内完成解答，这对学生思维的敏捷性提出了要求，而这种敏捷性是可以训练的。敏捷性不是一个独立的思维品质，而是由其他各种思维品质所决定，是其他思维品质的集中表现。思维的灵活性指思维的灵活程度，包括思维的起点灵活，能从不同角度思考问题；思维的过程灵活，擅长根据问题选择恰当的方法；迁移能力强，善于组合分析。数学思维灵活性水平高的学生，思维流畅、富于联想，能掌握较丰富的数学思维技巧，善于机智灵活地开展思维活动。思维的深刻性指思维的抽象概括程度，是抓住事物规律和本质，开展系统理性活动的关键，深刻性也是一切思维品质的基础。思维的独创性指思维的创造力，一般，好奇心和想象力较强的学生，思维的独创性也较高，它以思维的灵活性为基础，但又具有发散性，是分析思维和直觉思维的统一。思维的批判性指思维活动中善于严格地估计思维材料和精细地检

① 叶浩生. 心理学通史（第 2 版）[M]. 北京：北京师范大学出版社，2019.
② 朱智贤，林崇德. 思惟发展心理学[M]. 北京：北京师范大学出版社，1986.
③ 林崇德. 学习与发展—中小学生心理能力发展与培养[M]. 北京：北京师范大学出版社，1999.

查思维过程的智力品质,是思维过程中自我意识作用的结果,是思维结构的监控系统。通过自我监控,及时调节思维过程,提高思维活动的效率。在数学学习过程中,尝试性思维十分普遍,如解答数学问题时,学生一般都要进行不断地尝试,以找到切实可行的解答路径,这对于思维的监控和调节能力有较高的要求。

数学思维的发展是逐层递进的过程,而遗传因素、学习环境和学习能力可以改善并优化这种发展过程。教师在实施数学教学时,首先要判断学生的数学思维能力与同龄学生相比的高低,然后根据具体对象数学思维的层次实施针对性教学,而不是完全依据教科书的内容或者从网上找一个他人的现成的教学课件来实施教学。这也是包括教科书在内的任何数学教学参考资料都只能作为参考,而不能直接用于教学的原因,因为教学对象是不一样的,教师要有主观能动性,能做出正确的判断,只有适合学生学习的教学安排,才能更有效地发展他们的数学素养。

第二节　小学生数学概念发展的主要特征

概念是对事物本质特征的概括,它与判断、推理构成了思维的基本要素。数学概念是小学生认识数学、运用数学的基础,要有效实施小学数学教学就需要对小学生数学概念发展的特征有较为全面的认识。

一、小学生数与代数领域概念发展的主要特征

小学阶段数与代数领域主要包括数与运算,数量关系这两部分的内容,学者们对学生的零、分数和交集等数学概念的发展特征进行了研究。

(一)儿童"零"概念的发展特征

儿童在日常生活中经常要用到计数,这种实践活动也促进了他们的数概念的形成。研究表明,我国儿童在入学以前大多已经认识了 20 以内的数,也有了基数和序数的概念,而在入学后通过学习和运算的训练,他们形成了抽象的数概念,数位概念和满十进一的十进制概念的掌握更是让小学生对数概念的认识有了根本性的变化[1]。但这些数大多是正整数,是生活中比较常用的。相较于 1、2、3 等可与具体事物数量相对应的数,"零"是与"空"或"无"相对应的。由于生活中遇到数量是 0 的情况时,往往可以用文字"无""空"或"没有"来替代,数字 0 并非必须用到,这也增加了小学生掌握"零"概念的难度。在数的发展历史中,0 的出现确实是晚于 1、2、3 等正整数的。有学者[2]通过三项系列实验探讨了学前至小学低中年级儿童理解、掌握和应用"零"概念的发展水平。

① 徐速. 小学数学学习心理研究[M]. 杭州:浙江大学出版社,2006.
② 周仁来,张环,林崇德. 儿童"零"概念形成的实验研究[J]. 心理学探新,2003(1):29-32.

实验一,通过图片之间的传递推理关系,测验儿童对"零"概念含义的理解。

具体材料:共有 19 组图片,每组有 4 张图片。其中,3 组图片供练习之用,以保证被试确实理解了每组图片之间的传递关系;6 组图片作为干扰项目,穿插于正式测验之中,以免被试作出"定势"反应;正式测验图片 10 组,分成三种水平,分别是单一图片递减、双图片同时递减和实物图片递减。

具体步骤:首先对被试进行训练,以使被试理解测验意图。方法为每 3 张图片为一组,彼此之间形成递增或递减关系,在连续呈现第一、第二和第三张图片后,让被试推断即将出现的第四张图片应该是怎样的。然后,呈现供选择的四张图片,让被试从中选出正确的图片。若不理解,可重复前述过程以便被试做出正确选择。在被试理解了测验意图后,进行正式测验。正式测验的每组图片形成递减关系,供选择的第四张图片正确答案应为"零"。选择正确记 1 分,经提示回答正确记 0.5 分,错误记 0 分。

实验二,通过一系列图片之间的加减推理关系,测验儿童对"零"的使用。

具体材料:共有 21 组图片,每组包括 4 张图片。其中,7 组图片作为练习;2 组图片作为干扰项目;正式测验图片 12 组,分成两种水平,前一种是加法水平,后一种是减法水平。

具体步骤:首先对被试进行训练,以使被试理解测验意图。方法为每 2 张图片为一组,彼此之间形成递增或递减关系,在连续呈现第一、第二张图片后,让被试推断即将出现的第三张图片应该是怎样的。然后,呈现供选择的四张图片,让被试从中选出正确的图片。若不理解,可重复前述过程以便被试做出正确选择。在被试理解了测验意图后,进行正式测验。正式测验的每组图片形成递减关系,供选择的第三张图片正确答案应为"零"。

实验三,通过一系列图片之间的乘除推理关系,测验儿童对"零"的使用。

具体材料:共有 20 组图片,每组包括 4 张图片。其中,11 组图片做练习之用;正式测验图片 9 组,分成两种水平,前一种是乘法水平,后一种是除法水平。

具体步骤:首先对被试进行训练,以使被试理解测验意图。方法为每 2 张图片为一组,彼此之间形成乘或除的关系,在连续呈现第一、第二张图片后,让被试推断即将出现的第三张图片应该是怎样的。然后,呈现供选择的四张图片,让被试从中选出正确的图片。若不理解,可重复前述过程以便被试做出正确选择。在被试理解了测验意图后,进行正式测验。正式测验的每组图片形成递推关系,供选择的第三张图片正确答案应为"零"。采用 2、1、0 三级记分,即自己正确回答记 2 分,经提示正确回答记 1 分,错误或不会回答记 0 分。

实验一的结果表明,学前至小学三年级被试在三种水平上对"零"概念的掌握呈逐渐上升趋势,且差异检验均达显著性水平。测验成绩随年龄增长呈上升趋势,但 7 岁时出现明显的转折,8 岁略有下降,之后呈平稳发展趋势。

实验二的结果表明,随着年级的升高,使用"零"进行加减运算的能力逐渐发展,并迅速达到较高的水平,且差异检验均达显著性水平,9 岁孩子在该测验上产生了"天花板效应"。这种加减运算能力与实验一类似,也是随年龄增长呈上升趋势,但 7 岁时出现明显的转折,8 岁略有下降,之后呈平稳发展趋势。

实验三的结果表明,使用"零"进行乘除运算对于二年级以前的学生来说太困难,出现了"地板效应",二年级以后儿童运用"零"进行乘除运算的能力开始呈上升趋势,差异检验均接近显著水平,即使排除协变量年龄的影响,各年级的成绩之间依然达显著性水平。从年龄发展看,在 7~9 岁的上升期内,8 岁时出现了戏剧性的急剧下降,但差异检验并未达显著性水平,这说明教育对于儿童使用"零"进行乘除运算能力的掌握具有积极的促进作用;在除法运算能力方面达到显著水平($p = 0.043$),乘法运算能力之间不存在差异($p = 0.105$),这表明使用"零"概念进行除法运算更需要教育的参与,而且儿童对于把"零"作为除数或被除数的理解要落后于将其作为乘数或被乘数的理解。

对所有三项实验结果进行性别比较发现,无论是"零"概念的掌握,还是使用"零"的运算均不存在性别差异,但存在明显的个别差异,而且教育对于"零"概念的获得具有明显的促进作用。有的儿童在家长的教育影响下,5 岁时就能准确解释什么是"零",也知道比零小的数是负数。

这些都表明,儿童"零"概念的掌握是儿童数概念形成中达到较高级水平的标志之一。"零"概念的获得要晚于其他数概念,7 岁左右(相当于小学二年级)可能是儿童"零"概念获得的一个转折点。儿童对"零"概念内涵的掌握是逐步深入的,教育对于"零"概念精确含义的掌握必不可少,尤其是在除法运算中对"零"概念含义的理解。

(二) 小学生分数概念的发展特征

虽然分数在很早之前就已出现,人们认识了正整数以后,第一次数系的扩充就是认识了分数。但是分数的概念在儿童生活中的运用还是相对较少,小学生能在多大程度上掌握分数的概念对分数教学的实施有着重要影响。有学者[①]对 269 名一年级到六年级小学生的分数概念认知结构进行了研究。

研究采用前实验设计,方法为群组实验法,要求被试在 10 道题中做出选择,每道题均有"甲多""乙多"和"一样多"三个选项。对一到三年级学生在实验时会进行个别指导,只要他们选择正确就可以;对三年级以上学生不进行指导,让他们根据自身经验和已学过的知识进行判断和推理,需要在选择后说明原因。

研究发现,小学生对分数概念的认知与年级的增长密切相关,但这种发展存在层次性。其中,一年级和二年级可视为一个层次,称为分数概念发展的第一阶段;三年级和四年级可视为一个层次,称为分数概念发展的第二阶段;五年级和六年级可视为一个层次,称为分数概念发展的第三阶段。决定儿童分数概念发展水平的是他们对分数中分子和

① 乌云赛音,陈石磊,孙宏伟.儿童分数概念的形成和发展阶段及认知结构研究[J].内蒙古师范大学学报(哲学社会科学版),1989(3):91-95.

分母之间构成的两个结构关系的认识,这种认识的建立需要经过感知、表象和概念三个阶段。

处于第一阶段的小学生,语言和心理表象等符号功能逐渐产生,使得他们可以摆脱情境依赖对客体进行概括,他们能认识单位分数,知道其是整体的一个部分,但是对其的解释和思考还需要借助具体物体(典型例子是切蛋糕),而且对于把整体可以看作"1"还不能正确理解。处于第二阶段的小学生初步形成了分数的概念,理解分子不是1的分数是若干个单位分数的和,例如 $\frac{3}{5}$ 可以看作是 3 个 $\frac{1}{5}$,会利用分数的性质理解等价分数,但是在运算和推理过程中仍会借助具体事物进行思考。处于第三阶段的小学生对分数概念有较好的掌握,他们可以摆脱具体对象而在抽象形式的层次上展开思考,已从关系逻辑和类逻辑过渡到了命题逻辑和演绎逻辑,能较好地区分分数、除法和比例等之间的异同点,也能熟练地通过通分比较分数的大小,并能利用分数知识解决问题。

有学者[①]对 160 位 5～10 岁学生关于 $\frac{1}{2}$、$\frac{1}{4}$ 和 $\frac{1}{8}$ 这三个分数的认识进行研究,发现 7～8 岁的儿童能理解分数与整数1是部分与整体的关系,包括整体与部分的大小关系,以及分合关系和互补关系。例如:1 比 $\frac{1}{4}$ 大,1 可以分为 4 个 $\frac{1}{4}$,4 个 $\frac{1}{4}$ 也可以合为一个 1,整体 1 中拿走 $\frac{1}{4}$ 后还剩下 $\frac{3}{4}$。但是,对于为什么 $\frac{2}{4}$ 和 $\frac{1}{2}$ 是相等的,$\frac{2}{8}$ 和 $\frac{1}{4}$ 是相等的,要到 9 岁左右才能较好理解。这些都是因为 8 岁以上的儿童,语言能力得到了较大发展,能对数学概念进行更好地概括和解释。

研究还发现,在分数大小的比较中,儿童最开始往往只会关注分子的大小,例如认为 $\frac{4}{4}$ 和 $\frac{4}{8}$ 是一样多的,因为他们都能拿到 4 块小蛋糕;然后借助实物或者画图才会关注到分子与分母之间的联系,进而理解 $\frac{4}{4}$ 和 1 是等价的。这个数学思维的发展过程就是从感知直观到逻辑抽象的发展过程,在这一过程中他们会借助具体事物,哪怕问题没有现实背景,他们也会自己画图或通过想象来帮助思考。数学思维发展到一定程度后,他们往往以想象和推理相结合的方式来解决问题。例如,在比较 $\frac{97}{98}$ 和 $\frac{98}{99}$ 的大小时,一般有两种路径:一种是通过想象可知 $\frac{3}{4}$ 比 $\frac{1}{2}$ 大,$\frac{4}{5}$ 比 $\frac{3}{4}$ 大,以此类推可以得到 $\frac{98}{99}$ 比 $\frac{97}{98}$ 大;另一种是逆向思维,同一个整体分为 99 份比分成 98 份更细,都拿走 1 份的话,前者失去更少,也就是剩下更多,于是 $\frac{98}{99}$ 比 $\frac{97}{98}$ 大。无论哪一种路径,在数学思维活动中都借助了想象和推理,

---

① 张梅玲,刘静和,王宪钿.关于儿童对部份与整体关系认知发展的实验研究——5～10 岁儿童分数认识的发展[J].心理科学通讯,1982(4):37-45.

这个思考的过程也是通过符号的推理说服自己的过程。

(三) 小学生交集概念的发展特征

集合是一个重要的数学概念,一般到中学才开始学习,但是在小学数学中已经渗透了集合的思想。对集合概念的认识是学生概括水平的重要表现,国内有学者对小学生的交集概念发展进行了研究,得到了若干发展特征。

有学者[①]对 771 名 5～15 岁儿童形成交集概念的发展变化规律进行了研究,具体题目包括:

1. 老师拿 3 个小碗和 4 个小球给 5 个小朋友玩,每人至少可以拿到一个物品,但最多不能超过 2 个,且不能是同类物品,碗和球都分完。问:(1)既拿到碗又拿到球的有几个人?(2)只拿到碗的有几个人?(3)只拿到球的有几个人?

2. 有 30 个小学生参加了课外小组,其中参加数学小组的有 18 人,参加语文小组的有 14 人,问:(1)既参加数学小组,又参加语文小组的有几个人?(2)只参加数学小组的有几个人?(3)只参加语文小组的有几个人?

3. 有 15 个小学生参加数学、作文和外语竞赛,其中参加数学竞赛的有 8 人,参加作文竞赛的有 6 人,参加外语竞赛的有 4 人。已知每人至少参加一项竞赛,有的还参加了数学和作文两项竞赛或作文和外语两项竞赛,其中参加数学和作文竞赛的(包括只参加一项或同时参加两项的)共有 12 人。问:(1)只参加外语竞赛的有几个人?(2)只参加作文竞赛的有几个人?(3)只参加数学竞赛的有几个人?(4)既参加数学竞赛,又参加作文竞赛的有几个人?(5)既参加作文竞赛,又参加外语竞赛的有几个人?

研究发现儿童对交集概念的认识随着年龄的发展而发展,且都存在迅速发展期。其中,第一题中交集概念的迅速发展期为 6～7 岁,第二题中交集概念的迅速发展期为 7～9 岁,第三题中交集概念的迅速发展期为 11～13 岁。儿童解决交集问题运用的认知方式主要包括感知动作、表象推理和逻辑推理等三种类型,这也体现了三个级别的发展层次。

5～8 岁儿童大多通过对具体事物的感知和实际操作来解决第一题,属于直接认知的思维方式。他们会采用不同的记号表示人、碗和球,然后通过分配(大多采用顺序分配、反向分配或交替分配)解决问题,并掌握交集的概念。

7 岁开始儿童逐渐采用表象推理来解决问题,7～8 岁儿童大多采用"操作＋出声言语＋表象"的方式,9 岁开始采用"言语＋表象"的方式,而 9～10 岁的儿童大多采用表象推理来解决问题。他们在头脑里进行分配,如果大家都先拿碗,那么有 2 个人没有拿到,于是他们拿球,这样还剩下 2 个球,只能给已经拿到碗的 3 个人中的 2 个,如此就得到了想要的答案,或者先拿球也可以同样解决问题。这种思考过程有试验的性质,但并不是

① 曹子方,赵淑文,孙昌识,等.国内五个地区 5—15 岁儿童交集概念的发展研究——儿童认知发展研究(Ⅰ)[J].心理科学通讯,1983(5):3-10,65.

杂乱无章的试误,而是有计划的尝试,是一种常见的数学思维方式。

10岁开始儿童逐渐采用逻辑推理来解决问题,这个过程中包括以表象为辅助的逻辑推理和以概念为辅助的逻辑推理两个层次。前者通过表象化使得概念活动有了实际意义,例如借助简单的符号,在头脑中进行推理,起主导作用的是逻辑推理,而表象起到的是辅助作用。后者主要借助交集的概念和性质进行算术的演算,抽象概括水平较高。例如,第一题可以通过 $3+4-5=2$ 得到既拿到碗又拿到球的人数;第二题通过 $18+14-30=2$ 得到既参加数学小组又参加语文小组的人数;第三题通过 $8+6-12=2$ 得到既参加数学竞赛又参加作文竞赛的人数,并通过 $8+6+4-15=3$ 得到同时参加两项竞赛的全部人数。从14岁开始,大多数儿童采用逻辑推理来解决问题。

表象推理和逻辑推理都属于间接认知,这表明小学生对交集概念的认识是从直接认知逐步过渡到间接认知的。5~6岁儿童对交集概念的认识以直接认知为主,个别儿童能通过实物的操作得出正确答案,但不会列算式,也很难正确地说出理由,此时的直接认知和间接认知处于分离的状态。从7岁开始,直接认知和间接认知逐步发生联系,他们能借助抽象符号代替实物进行思考,但仍不会列算式。从9岁开始,在解决交集问题时,他们基本脱离了实物,通过借助简单的符号、画图或列出算式来解决问题。12岁以后,他们的示意图更为抽象,甚至脱离图片和符号,直接列算式计算。值得注意的是,在形成间接认知后,他们并不会脱离直接认知,而是将其在大脑中物化,是抽象性思维。

有学者认为[①],儿童解决了交集的题目不表示就掌握了交集的概念。利用实物和图片可以帮助儿童建立相关概念,如果缺乏这个过程,直接让学生记住公式进行列式计算,就容易产生"空洞思维",儿童即使计算正确,也难以准确理解相关概念。应该看到儿童掌握数学概念是一个主动的、复杂的过程,不是成人或教师把现成的概念简单地、原封不动地教给儿童,而是通过儿童自己已有的知识经验,主动地来加以掌握。而且,掌握概念也不是一次完成的,在这一过程中应随着儿童知识经验的发展,对已掌握的概念不断地加以充实和改造。

二、小学生图形与几何领域概念发展的主要特征

小学阶段图形与几何领域的主要内容包括图形的认识与测量、图形的位置与运动这两个部分,学者们对学生的长度、面积等分和体积等数学概念的发展特征进行了研究。

(一)小学生长度概念的发展特征

长度是一个十分基本的几何概念,儿童在很小的时候就会对所见物品的长短或高低有直观的感知,但是从这种感知到长度概念的建立还需要经历从感性到理性的过程,这一过程具有怎样的特征,对教学有怎样的启示是小学数学教师需要了解的。

---

① 刘范,赵淑文.八至十五岁儿童交集概念和解交集数学题能力的发展研究——儿童认知结构发展变化的研究之一[J].心理学报,1983(2):156-161.

有学者①采用个别检验的方式对 960 名 5～12 岁儿童的长度概念进行了研究。给每一个学生展示 5 根铅丝,其中 3 根长度一样,均为 15 厘米,另外两根的长度分别为 14.5 厘米和 15.5 厘米。将 5 根铅丝混合排列后,要求学生从中找出长度相等的铅丝,然后当着学生的面将其中两根弯曲成弧形,请学生判断这 3 根是否还是一样长,并说出理由。如果学生不能判断,研究者就采用语言启发,如果还通不过就采用表象启发,如果再通不过就采用动作启发。如果仍通不过就换成两根长度相等的铅丝,将其中一根进行弯曲,此时若回答正确就返回 3 根比较,以检验两根比较通过后对 3 根比较的启发作用。

研究发现,在不启发的情况下,儿童长度概念发展的加速期在 6～7 岁和 8～9 岁,在 11 岁达到成熟;在启发的情况下,5～10 岁儿童的正确率都得到了不同程度的增加,尤其是在 7、8、9 这三个年龄段。这表明,在儿童掌握长度概念的加速期内,对他们进行启发是最有效的。

将儿童长度概念的掌握分为如下四个水平:

0 级:不理解水平,即对长度没概念,无法判断长短,也讲不出理由;

1 级:感知运动水平,即利用感知和实物操作来比较长短问题;

2 级:表象思维水平,即利用表象推理来比较长短问题;

3 级:概念思维水平,即通过长度概念来比较长短问题。

研究发现,处于 0 级长度概念水平的儿童比例较低,在 5～6 岁儿童中仅占比 10% 左右,而 8 岁以后的占比都在 5% 以内,10 岁以后的占比可忽略不计;处于 1 级长度概念水平的儿童随着年龄的增长而减少,其中 5～7 岁和 8～9 岁这两个阶段减少最快,9 岁以后处于这种水平的儿童比例均低于 10%;处于 2 级长度概念水平的儿童从 5～9 岁逐步增加,此后逐步降低,但在 12 岁时仍有 30% 左右的占比;处于 3 级长度概念水平的儿童随着年龄的增长逐渐增多,除了 5～6 岁和 7～8 岁的增长幅度稍缓以外,其他年龄段的增长幅度都比较大,10 岁以后的儿童中占比均超过 50%。

研究表明,儿童对长度概念的掌握过程中同时包括了直接认知和间接认知,只有动作感知达到了深刻程度,才能运用表象和概念真正理解长度概念。儿童长度概念掌握的水平不是在于有无哪种认知成分,而是在于哪种认知成分占据优势。5～7 岁的儿童基本处于感知运动水平阶段,一旦摆脱了直觉的形象和动作,他们无法在头脑中表象出铅丝长度变化的过程,对长度概念的认识是不稳定的。一些儿童在启发下能够唤起表象,而且在两根比较和 3 根比较中存在显著性差异。如果儿童的表象思维还不够深刻,一会觉得是一样长,但是看看眼前弯曲的铅丝又犹豫了,这说明形象直觉在此占据了优势,在与表象发生矛盾时,表象就容易被否定。如果儿童对铅丝弯曲的过程有完整的表象,并能够坚定地认为这个过程是不改变长度的,这就表明他们掌握了长度的概念,并能够在长

① 刘金花,李洪元,曹子方,等.5—12 岁儿童长度概念的发展——儿童认知发展研究(Ⅴ)[J].心理科学通讯,1984 (2):10 - 14,66.

度概念的指导下表象过程、解决问题。

(二) 小学生面积等分概念的发展特征

面积等分概念包含了面积和等分两个方面,需要结合面积概念、面积大小、图形的割补等知识来理解。

有学者[①]对 500 名 5～11 岁儿童的面积等分概念发展特征进行研究,在六张面积相等的长方形纸板上,分别画出不同的二等分 2 张、不同的四等分 2 张和不同的八等分 2 张,共形成 3 组,然后将每张纸板其中的一格涂上红色,按照以下步骤实验:

第一步:让儿童确认这六张纸板的大小是否完全相等,并说出为什么,在得到肯定回答后继续下一个步骤。

第二步,随机指定一张纸板,问其他纸板的红色部分中有没有和这张纸板红色部分大小一样的,并说明为什么。如果做了两组都对,实验停止;如果找不出来,研究者就先用语言启发,还不行,就用另外准备的两张尺寸一样的实物进行启发,再不行就实际操作进行启发。研究全部采用个别单独进行。

研究发现,5～7 岁儿童中绝大部分都还没有掌握面积等分概念,虽然有少数儿童能凭借直观感知做出正确的选择,但是并不能说出正确的理由。8 岁以后儿童才出现面积等分概念的萌芽,并会通过割补的方法比较面积的大小。9～10 岁是介于萌芽和过渡阶段,虽然割补法运用的比例较高,但是抽象思维也逐步增强,儿童不仅会通过叠加比较大小,也能通过红色格子大小占据整张纸的比例来比较大小。但是,此时他们的认识还不够深刻,有时候会受到外形不一致的干扰。例如,虽然每一张纸板中都能判断出红色的占 $\frac{1}{2}$,但是将它们叠加后又不重合,面积是否相等就变得不确定。10 岁以后,数与形逐渐达到了统一,能理解红色面积占整张纸的比例只要确定,它的大小就是固定的,不会随着红色形状的变化而变化。到了 11 岁,这种认识变得成熟,达到了掌握面积等分概念的程度。

也有学者[②]采用类似的方法发现,三年级和四年级小学生的面积等分概念认识存在较大差异,三年级学生以形象思维为主,而四年级学生较多采用了抽象思维。而且在性别方面也存在差异,男生喜欢动手操作,女生倾向于运用直观感知。有学者[③]研究表明,教学对面积等分概念的形成存在差异,7 岁以前和 11 岁以后的效果一般,前者认知结构还不完善,后者已获得较为成熟的概念。只有在学生对面积等分概念有了一定认知基础后教学才最为有效,尤其是在 9 岁时,效果最为显著,这个年龄也是小学生面积等分概念

① 吕静,张增杰,陈安福.5—11 岁儿童面积等分概念的发展——儿童认知发展研究(Ⅳ)[J].心理科学通讯,1985(4):10-16,66.
② 吕静,黄丽.5—11 岁儿童面积等分概念稳定性的发展[J].杭州大学学报(自然科学版),1983,10(3):376-384.
③ 张增杰,刘中华,邱曼君.5—11 岁儿童面积等分概念认知结构的形成与发展[J].西南师范学院学报(自然科学版),1983(2):66-77.

形成的转折点。

(三) 小学生容积概念的发展特征

体积的概念涉及三维空间,是刻画物体在三维空间中的大小。小学生在生活中虽然到处可见到不同大小的物体,但是要理解体积概念还是会有较大难度。相比较而言,容积概念他们会有更大的体会,因为无论是生活中还是游戏的玩具中都会用到容器装水或者其他液体。容积概念和体积概念有着较强的联系性,因此为更好了解小学生体积概念的发展特征,学者们对小学生容积概念的发展特征进行了研究。

有学者[①]对 150 名 8～15 岁儿童的容积概念发展特征进行研究的步骤如下:

首先,向学生提供长方体容器的前视图,然后提问 1:有一个长方体的玻璃杯,底面积是 3 格×3 格(1 格＝1 厘米,本节中下同),里面盛有红色的水,现在往玻璃杯中插入一个底面积是 1 格×1 格的长方体玻璃棒,杯中的水会发生什么变化? 为什么? 待学生做出回答后,再提问 2:如果要让水淹没玻璃棒的 4 格,杯中的水会上升多少? 为什么? 待学生做出回答后,再提问 3:如果先把玻璃棒插到底再慢慢提起来,杯中的水又会发生什么变化? 待学生做出回答后,再提问 4:如果玻璃棒提起来 4 格,那么水位下降多少? 为什么?

然后,实物演示,将长方体玻璃棒插入长方体玻璃杯,没入 4 格再拿起来,学生观察水位变化并做记录,再逐一回答前述问题。研究全部采用个别单独进行。

研究发现,8～15 岁儿童的测试成绩随着年龄的增长而上升,其中 11～12 岁儿童的总体测试成绩提高较快。从认知水平看,学生对容积概念的认识大致可分为任意性回答、感知为主的水平、表象推理为主的水平和概念推理为主的水平,这些思维包含着各种认知成分的交互作用。有的学生的回答可能是正确的,但是不能解释,或者解释是错误的。他们会混淆面积和体积的概念,分不清容积(体积)与高度之间的关系,对于玻璃棒插入的长度和水面上升的高度之间的关系还不能准确判断。这表明学生还没真正理解,教学中应引起重视,不能仅满足于解题答案的正确与否,而应确认学生的理解深度。从表象推理为主的水平到概念推理为主的水平,小学生已能逐渐采用定量来分析容积的变化情况,这主要发生在 12 岁以后,12～15 岁是容积概念的迅速发展期。但是,距离容积概念的掌握还有差距,直至 15 岁也只达到开始掌握的水平,小学生大多只能判断小棒的没入和拿出引起的水面高低的变化,5 年级以上学生才能较为准确回答小棒没入的多少与水面上升的多少之间的关系。

有学者[②]采用类似方法对 120 名 7～12 岁儿童的容积概念进行研究,发现 11～12 岁儿童是理解容积概念的转折期,借助实物的帮助,他们可以理解容积的概念,但还不能达

① 赵淑文,刘范.8—15 岁儿童容积概念的发展——儿童认知结构发展变化研究之二[J].心理科学通讯,1983(4): 23 - 29,66.
② 王秉铎.7—12 岁儿童容积概念发展的实验研究[J].福建师范大学学报(哲学社会科学版),1985(1):106 - 112.

到掌握的水平。因此,我们现在将体积的内容安排在小学五年级,是有理论依据的。在小学生刚接触体积知识的时候,切勿采用书面化的表述,切勿开展简单化的"记公式＋练习"教学,应该从所占空间的大小入手,从可以容纳多少水入手,让学生先感知物体是存在空间上的大小的,它和长度一样,也需要用一个数学的量来刻画,然后通过对长度单位和面积单位的类比,让学生意识到约定一个空间上的单位大小是十分必要的。

三、小学生统计与概率领域概念发展的主要特征

小学阶段统计与概率领域的主要内容包括数据的分类,数据的收集、整理与表达,随机现象发生的可能性等三个部分的内容。统计部分的内容主要涉及应用与分析,包括数据的搜集、分类与判断,而概率部分的内容会涉及一些抽象概念的理解,学者们对学生的随机现象发生的可能性认识和概率概念的发展特征进行了研究。

(一) 小学生概率认知结构及其发展特征

有学者[①]对 5～15 岁儿童的概率概念认知结构发展特征进行了研究,每个年龄层选择 20～30 名儿童。主要步骤如下:

首先,在不透明袋子里放入红色和绿色玻璃球各一个,任意摸出一个,然后问小朋友摸出来的球有几种可能,每一种可能出现的机会(可能性的大小)是否一样,它们各占多少?

其次,往不透明袋子里放入红色、绿色和黄色玻璃球各一个,任意摸出两个,然后问小朋友摸出来的球有几种可能,每一种可能出现的机会(可能性的大小)是否一样,它们各占多少?

最后,往不透明袋子里放入红色和绿色玻璃球各两个,任意摸出两个,然后问小朋友摸出来的球有几种可能,每一种可能出现的机会(可能性的大小)是否一样,它们各占多少?

在研究过程中,如果学生能独立回答就不启发,如果回答不正确或不能回答就采用语言启发,还不行就采用图片启发,展示绘有两种颜色小球各一的图片帮助学生思考,再不行就通过实物操作来启发。每一步研究通过以后,才进行下一步的研究。研究全部采用个别单独进行。

研究发现,儿童对概率概念的认识主要分为五个由浅入深的步骤,分别为理解事件的可能性、客体的随机分布、随机分布下可能性存在相对的大小、可以用具体数来表示可能性的大小,以及能概括出总体中各个事件可能性的大小。儿童在解题过程中存在六种思维水平:

水平 0:不理解问题,随便猜;

水平 1:情境性回答,主要表现为答非所问;

---

① 张增杰,刘范,赵淑文,等.5—15岁儿童掌握概率概念的实验研究——儿童认知发展研究(Ⅱ)[J].心理科学通讯,1985(6):3-8,66.

水平 2:矛盾和摇摆不定,答对不能解释,或者答对了又否定;

水平 3:凭借感知支持进行推理,需要在图片或实物帮助下解题;

水平 4:利用表象支持进行推理,会借助手部动作进行思考;

水平 5:以推理为主的思维方式,包括逻辑推理和计算推理两种,几乎都集中于初中阶段。

研究发现,从 10 岁开始,儿童可以进入水平 3 的思考,此时儿童的简单概率认识进入了快速发展期,适合进行简单概率知识的教学。

也有学者[①]采用类似方法对 350 名 5～11 岁儿童的概率认知结构进行了研究,发现 5～11 岁儿童对最基本的概率问题已有了一定的认识,也就是事件在一定条件下会有几种可能。虽然这还不能认为是概率概念的萌芽,但是却是认识概率问题的基础。他们能判断事件出现可能性的大与小,但是还不能准确说出各种可能性所占的比率。在概率问题的解决过程中,口头启发起到很大作用,而图形启发和实物操作启发的作用不大,主要原因在于解决概率问题需要以表象推理为主,图形和实物操作会对儿童的直观感知造成较大影响,反而转移了他们的注意力。但是,如果一开始就采用图形启发或实物操作启发,那么通过率会更高,因为这更有助于学生对问题的理解。研究还发现,9 岁是小学生认识概率概念的转折点,在此之前学生对概率的认识并无本质差异,在此之后学生能主动且不经启发利用表象进行推理,为后续的概率概念形成打下基础。

(二) 小学生概率概念认知发展特征

有学者[②]对 906 名 6～14 岁儿童的概率概念认知发展进行了研究。测试材料包括 4 套有关摸球模型的概率题目,按照"摸出球的个数"(1 个或 2 个)、"球的颜色种类"、"有无重复样本"及"盒子个数"等变量设置情境。

每套题目均包含 5 个概率任务,即随机性(T1)、随机分布(T2)、随机性大小的模糊认知(简称"模糊认知",T3)、用数量表示可能性的大小(简称"数量化",T4)、用分数表示可能性的大小(简称"分数表示",T5)。考虑到 3 年级以下(6～8 岁)的被试尚未学习"分数",故该类被试的测试材料中没有涉及"分数表示"这一概率任务。

研究发现,认知随机性是发展概率思维的起点,尽管不同学段儿童的认知顺序略有差异,但基本都是在直观感知(随机性)—定性认识(模糊认知、数量化)—定量计算(随机分布、分数表示)的步次中逐步发展的。数量化和模糊认知是各学段儿童概率认知的关键任务。7～9 岁是儿童概率概念快速发展时期之一,此时他们都能较好地掌握随机性;10～12 岁是快速发展期之二,此时他们可以较好地掌握随机性和模糊认知,可以理解数量化、随机分布和分数表示。但是 12～14 岁儿童的概率概念认知不存在显著性差异。

① 张增杰,刘中华,邱曼君.5—11 岁儿童概率概念认知结构的萌芽及其发展[J].西南师范学院学报(自然科学版),1983(2):29-43.

② 巩子坤,何声清.6—14 岁儿童的概率概念认知发展[J].教育研究与实验,2017(6):83-88.

有学者[①]将影响学生概率认知的因素归结为一般认知、排列认知、组合认知和演绎推理认知等 4 个方面,对 622 名 9～14 岁儿童进行调查,发现这四个因素与概率认知的相关性都达到了显著性水平。一般认知、组合认知和演绎推理认知都显著影响了不同的概率认知任务,而排列认知的影响不显著。其中,组合认知的影响程度最大,尤其是对概率大小数量化认知的影响,一般认知和演绎推理认知次之。这表明,在学习概率概念之前应该让学生对组合知识有较好的掌握。研究也指出,儿童的概率认知发展不是一蹴而就的,这与学生的数学知识基础和思维发展程度有很大联系;随机思维和可能性的培养可以从小学低年级就开始,通过对简单组合的穷尽培养小学生样本空间的概念;待学习了分数以后,可逐步培养小学生运用分数刻画可能性大小的能力,这也是形成概率概念的关键环节。

第三节　小学生数学解题的常见错误与原因分析

所谓解题错误,是与解题正确相对应的,表明在数学解题中存在正确的、标准的解答过程与结果。对解题错误的分析虽然是从数学知识角度进行的,但是这种分析不仅能较好地判断学生的数学知识掌握情况,也能较为准确地检验学生的数学思维发展程度。了解小学生在数学学习中常见的解题错误,教师可以更好地判断数学教学的难点,理解小学生数学思维的认知障碍。

一、小学生数学解题的常见错误

小学生数学解题的常见错误是指教师能够观察到的解题错误,而不是由教师推测出的解题错误,要推测的那是导致错误的原因。总体来说可将小学生常见的数学解题错误归结为列式错误、推导错误、运算错误、抄写错误和格式不规范等 5 种类型。

(一) 列式错误

列式是数学解题的第一步,无论是计算类题目还是论证类的题目,都需要根据题目给出的条件和要求列出式子,然后运用数学规则对式子进行运算或推导,直至得出答案或解决问题。但是,很多小学生在列式的时候就出现了错误,主要表现为以下三种类型。

第一,列出的式子与题目的条件不相符。

这种类型的错误主要指学生列出的式子与题目给出的条件不一样,要么是数学知识或语文知识的储备不够,错误理解了题目的意思,要么是过于粗心没有看清题意就凭直觉列出式子。例如,题目是"3 除 2,再乘 6,结果是多少",学生常出现"3÷2×6"的错误列

① 巩子坤,殷文娣,何声清. 9～14 岁儿童概率认知与四类认知的关系研究[J]. 杭州师范大学学报(自然科学版),2017,16(6):580-586,593.

式,这就是数学知识储备不够,混淆了"a 除 b"和"a 除以 b"的意思;题目是"甲数是 38.4,比乙数的 4 倍多 2.9,求乙数",学生常出现"38.4÷4－2.9"或者"38.4÷4＋2.9"的错误列式,这就是没有理解"a 是 b 的 c 倍多 d"表述的到底是什么意思,属于语文知识的掌握不扎实;题目是"某校四年级有 5 个班,每个班 30 个人,全体去野餐至少要准备多少双筷子",学生常出现"4×5×30"的错误列式,这种往往是粗心导致了列式错误,没有仔细读题,把年级数 4 也当成有效条件,看到数字就列进算式。以上都是列出的式子与题目给出的条件不符,后续自然也不可能得出正确答案。

第二,列出的式子不严谨。

这种类型的错误主要指学生列出的式子与题目给出的条件基本一致,可以认为学生已经理解了题意,知道题目给出了哪些条件,也都用上了这些条件,但是列出的式子会因为书写不规范、条件运用有遗漏或误用,导致列式错误,这些都属于列式不严谨的错误。例如,题目是"小红买了 12 个苹果,被小明拿走 6 个,剩下的苹果她和小丽平分,那么最后小红有多少个苹果",学生常出现"12－6÷2"的错误列式。学生应该清楚这里的过程是 12 个拿走 6 个,剩下的平分这些条件,但是列式中缺少了括号,导致与题意不符,计算的结果也自然错误了。又如,题目是"在一块长为 10 米,宽为 8 米的长方形草坪中,横竖各留了一条宽度为 2 米的水泥道路,问可以种草的面积为多少",学生常出现"10×8－2×10－2×8"的错误列式。学生应该清楚题目的各个条件,但是由于列出的式子中有一块 2×2 的道路被重复计算,因此所列的式子也不严谨了。

第三,列出的式子与题目的解答无关。

这种类型的错误主要表现为答非所问,所列出的式子不知要表达何意,出现这种错误的主要原因是学生没有读懂题意或读题时粗心大意,也可能是对数学知识掌握不扎实,混淆了一些数学概念和数学性质。例如,题目是"已知正方形的边长为 5 厘米,求它的面积",学生常出现"5×4"的错误列式。这个式子表明学生从题目中正确地解读到了"正方形"和"边长为 5 厘米"这两个条件,但是所列的式子与题目的解答无关,求解的是面积,而列出的式子是周长。又如,题目是"李伯伯家有 $\frac{1}{2}$ 公顷的地,他将这块地的 $\frac{1}{5}$ 种土豆,剩下的种玉米,那么玉米种了多少面积",有学生将式子列为"$1-\frac{1}{2}\times\frac{1}{5}$",这个式子中正确地用到了题目的"$\frac{1}{2}$ 公顷中的 $\frac{1}{5}$"这个条件,也意识到了"剩下的"要用减法,但是所列的式子与题目的解决并无关系。

(二) 推导错误

列出式子后需要根据数学规则对其进行推导或计算,如果是论证类或判断类的题目需要运用所学的数学规则对其进行推理,在这个思维活动的过程中,小学生容易出现思维跳跃或思维混乱,导致推导过程错误。例如,在判断题"直线比射线长""射线比线段长"和"面积越大的图形周长也越长"中,学生常常会凭借直觉做出判断,得出了"对"的错误答案。又如,题目是"如果从正面看和上面看都是上下排列的两个正方形,那么这个物体可能有几个立方体组成",学生在推导过程中容易出现思维混乱或跳跃,导致遗漏。再如,题目为"已知$3.99\div9.5=0.42$,请写出以下两个算式的答案:$3.99\div95=\square$,$0.399\div0.95=\square$",学生在解答时往往会由于对商不变性质记忆的混乱,当分子和分母扩大或缩小若干倍后,在商所呈现的变化规律上出现了推导错误。

(三) 运算错误

运算在数学学习中十分常见,这个过程也是逻辑推理的过程,学生的解题错误大都集中在运算中出错。有不少学生能正确列出式子,或者能理解给出的式子,但是在运算过程中会出现各种各样的错误。总体来说,运算错误可以归结为三种类型:第一种是对运算符号的内涵理解不透彻,导致了记忆混淆或者缺失,自然也就无法履行正确的运算,这种情况在学习运算符号伊始会比较常见,例如有学生在学习乘法伊始,常将乘号"×"和加号"+"混淆,导致"$2\times4=6$"的运算错误;第二种是对运算的规则掌握不到位,导致了记忆错误、混淆或缺失,例如有学生在进位加法的运算中出现"$15+16=211$"的运算错误,更多原因在于没有正确理解进位加法的运算规则,个位相加和十位相加的结果各自独立放置;第三种是非智力因素的影响,学生虽然理解运算符号,也知道运算规则,但是粗心大意导致了错误,例如"$2\times(3+4)=2\times3+4$"的运算错误,更多原因不是不知道去括号后运算符号要改变,而在于粗心,疏忽了。

(四) 抄写错误

抄写错误在小学生的数学解题中十分常见,这种错误是由于书写习惯不良或急躁心理等非智力因素造成的,主要表现有抄错数字、抄错数学符号、抄错单位等,这些错误在解题过程的任何一个环节都可能出现。解题前,学生需要在理解题意的基础上拟定解题计划或解题模式,并将题目中的已知有效数据代入,列出算式,但是当所涉数据较多时学生就容易受到干扰而引起抄错题目数据;例如,题目是"用8.4米长的绳围一个正方形,该正方形的边长是多少米",结果学生在列式时就变成了"$84\div4=21$"。解题时,学生需要求解算式完成解题计划,在计算量较大、式子较长或步骤较多的时候,小学生容易在运算过程中出现抄写错误,漏写或错写,这类情况十分常见。还有一种是运算过程完成后,在抄写到作答区或者写答句时,或许是过于兴奋,给抄错了;这类错误在高年级的小学生的解题中不常见,但是在低年级的小学生中比较常见,应从小就培养学生良好的解题习惯。

(五) 格式不规范

对于数学解题格式的规范性问题,教师要秉持正确的观点,就是格式要求不能过分严格,否则会喧宾夺主,成为数学解题中学生需要学习和掌握的主要部分,而在一定程度上忽略数学知识的掌握和数学思维的发展。例如,有的教师在学生求解方程时,一定要按照规定的步骤要求,否则就算做错,这种"八股文"式的格式规范,其实已经偏离了数学教育的本质目的。

比如,有学生在解方程"$2x+3x-10=2$"时,过程为:

解:$2x+3x-10=2$,

$\qquad 5x=12$,

$\qquad x=2.4$。

结果被老师认为做错,该教师的"标准答案"为:

解:$2x+3x-10=2$,

$\qquad 2x+3x-10+10=2+10$,

$\qquad 2x+3x=12$,

$\qquad 5x=12$,

$\qquad 5x\div5=12\div5$,

$\qquad x=2.4$。

其实这两个解题过程都是正确的。第一种解题步骤虽然简单,但可看出学生已掌握了解方程的过程,每一步都是正确的,所以算其做错是不合理的。第二种解题的每个步骤都写得很详细,但这种格式略显臃肿,在课堂上解释时可运用,在学生解题时不必强求一定要如此书写。事实上,不用担心学生没有这么"规范"地书写会导致数学问题掌握得不好,因为掌握得好不好的关键在于通过教学活动让学生理解解题原理,而不是格式化的书写。

但是数学解题又需要有一些格式的规范,否则就容易在解题中出错,甚至是不符合题目的要求。这个度的把握与题目要求有关,也与学生的年级有关,相对来说低年级学生的解题规范性要求要更强调一些,以养成良好的解题习惯。在小学数学解题中的格式不规范主要表现为以下几个方面:

第一种是漏写,最典型的是解答应用题时没有写"解",或者在写答句时漏写单位名称。

第二种是竖式计算时没有对齐,最典型的是在竖式除法和加减法的运算时没有对齐,这不仅不符合竖式运算的规范要求,也是容易出错的。

第三种是格式错误,也就是所书写的格式已经偏离了原意,例如在解方程"$2x+3x-10=2$"时,学生写成:

解:原式$=2x+3x-10-2$

$\qquad =5x-12=0$,

$\qquad 5x=12$,

$\qquad x=2.4$。

尽管答案是正确的,但是"原式$=2x+3x-10-2$"的书写格式已经偏离了题意,这个等号的意义在此处是不成立的,原式和变式之间是未知数的等价变换关系,但并不是整个式子相等的关系。因此这个书写虽思维逻辑合理,但书写格式错误了。

第四种是横式计算时排放顺序混乱,最典型的表现就是没有养成良好习惯,解题的过程东写一行,西写一行,有时候要老师自己去找下一步写在哪里,这种格式是不规范的。

第五种是字迹潦草,他人很难看懂,甚至自己也有可能看错,例如 $\frac{b}{a}$,写得潦草了就可能被看成 $\frac{6}{9}$,下一步搞不好就化成了 $\frac{2}{3}$。小学阶段,要养成良好的书写习惯,不是繁琐步骤的习惯,而是规范的、工整的格式的习惯。

二、小学生数学解题错误的发生阶段

小学生解题错误主要发生在审题时、运算或推导时,以及得出结果后写结论时这三个阶段,可称之为审题期出错,论证期出错和写结论期出错。

(一) 审题期出错

数学审题指的是对数学题目进行阅读和理解的阶段,包括对所给出条件的掌握和目标的解读,也就是要明确已经"有什么"了,还要"求什么"。这是小学生数学解题的第一步,如果未能正确解读题目给出的条件和要求,就无法解题或者解题错误了。审题期的错误主要可分为审题错误和审题不严这两种情况:审题错误是指不理解题意或者错误理解题意;而审题不严是指虽然理解了题意,但是没有领会全部题意,忽略了某些条件或要求。

不理解题意大多是由于对题目中的某个文字或符号不理解导致的,这种情况下往往就无法解题了。错误理解题意大多是语文知识或数学知识掌握不扎实,混淆了某些概念,也可能是审题习惯不良,粗心,力求速度,审题时一目十行或依赖直觉判断,题目看个大概就想当然地认为是自己熟悉的类型而后直接解题。这些情况都容易导致对题意理解错误,且往往列式时就出错了。审题不严大多是由于对知识的理解还不深或者审题习惯不良,导致关键信息的遗漏,尤其是一些隐性条件,也有学生会漏答,在多个问题中只回答第一个。例如,题目"轮船从 A 顺流到 B 每小时 12 千米,4 小时到达,从 B 返回到 A 则花了 6 个小时,问轮船航行的平均速度是多少",如果审题错误,往往就会把平均速度理解成速度的平均值,分别求出往返的平均速度后,再相加除以 2,这种解题错误一般源头就在于审题。题目"3 个人一周吃了 63 个面包,问平均每人每天吃几个面包",这里的"一周"是隐藏信息,容易在审题时被遗漏。题目"小红带了 100 元去买水果,她先买了 4 斤苹果,付了 36 元。照这样计算,她想再买 6 斤,所带的钱够吗? 如果够,还剩多少;如果不够,还缺多少",这里有多个提问,审题不严的话,后面几个提问容易被遗漏。

小学阶段尤其要重视学生数学审题习惯的培养,这种习惯不仅对数学学习来说很重要,对于做其他事情也十分重要。审好题可以避免很多无谓的数学错误,有效提高数学学业成就,提升数学学科情感。对于一些对数学比较畏惧的小学生而言,要提高他们心

理素质的同时,也要注重提高他们的数学自信心,改变一做数学题或者遇到数学考试就会焦虑、紧张的状态,要帮助他们从数学解题中获得成功的喜悦,意识到解答数学题是检验数学知识掌握程度、数学思维发展水平的重要方式,只有以平常心面对,审好题,才能有更好的发挥。

(二) 论证期出错

论证期是指求解论证阶段,一般出现在审题后,是思考、计算和推导的过程,这个过程中最常出现运算错误、抄写错误、格式不规范等解题错误。解题论证期出错与小学生的数学思维能力有很大关系,所学的数学概念和数学性质是否得到了正确的理解,数学知识之间是否融会贯通,能否灵活运用所学知识都是以小学生的思维能力为基础的,小学生的运算能力和逻辑推理能力的发展在本质上是数学思维能力的发展。

因此,教师在数学教学中一方面要有效发展小学生的数学思维能力,以知识的理解为基础,提升他们的概括水平,鼓励学生说出自己的想法,如果学生能准确说出来就表示他们已经正确理解了知识。另一方面,教师要通过一定的解题训练,帮助学生巩固知识的同时发现学生的学习难点,以培养学生良好的解题习惯。无论是课堂教学中的解题分析,还是课后的解题训练,教师都要适时进行总结和归纳,让学生能从解题中得到有效启示,起到举一反三的效果。小学生的记忆能力有限,学后不久就忘记是很正常的,教师往往需要多次强调,不厌其烦。如果小学生对解题论证过程中的每一个步骤都能说出理由,就可以有效避免解题错误。

(三) 写结论期出错

写结论期是指推导、论证或运算完成后,需要对数学问题下结论的阶段,也是数学解题的最后一步。在选择、填空和判断题中,写结论期指的是最后做出选择和填写时;在应用题中,写结论期指的是写最后的答句时。很多学生尽管前面的审题和论证过程都正确,但是在关键的最后一步却出错了,导致这种错误的最主要原因是非智力因素,急于求成或者在得出结果后过于兴奋,导致了疏忽。

有的学生由于书写潦草,自己把草稿纸上的结果看错了,最后答题写的答案和运算所得的正确结果不一样;也有的学生在答句后忘记写上单位名称,或者在完成了运算后过于兴奋,忽略了题目是有多个提问的,还需要继续解答;甚至会有学生,把 a 题的答案写到 b 题,或者在验算时出现错误,把原本正确的答案改成错误的。这些都与不良的解题习惯有关,因此,应让学生不仅要保持平常心,切勿紧张或焦躁,还要注意书写的工整,在答题前再次确认题目的具体要求,确保结论与要求、结论与论证结果的一致性,避免无谓的解题错误。

三、导致错误的主要原因

造成小学生解题错误的因素有很多,主要可归结为知识掌握不深、解题所需要的各种数学能力不强、数学解题习惯不良、数学解题心态待完善和智力发展迟缓等五个方面。

(一) 知识掌握不深

要避免在数学解题中犯错，学生需要较好地掌握语文知识和数学知识，这是小学生正确解读题意的知识基础。语文是学习任何学科的基础，小学生首先要读懂文字所传递的信息，才能对其进行思考，然后解答问题，很多的审题错误就在于小学生没有准确读懂文字，导致了错误的理解。除此之外，更为重要的是要掌握好数学知识，包括对数学概念的理解、对数学符号的理解，以及对数学性质的理解，只有深刻理解了这些才不容易产生混淆，才能正确解读和运用文字信息。如果没有很透彻的理解，那么记忆就不深刻，在审题时容易造成概念混淆和符号误读，在运算和推理时难以提取出完整、准确的记忆，这就容易导致各种解题错误。

知识是能力的基础，只有知道了是什么，才能明确需要运用哪些数学规则来解决该题目，因为人的逻辑思维是以已有知识为基础的思维活动。而且这些数学规则到底是什么，要如何运用，也都是以知识的形式呈现的，只有掌握了这些知识才能转变成各种能力。因此，教师在对小学生解题错误进行分析时，要着重分析是否是由于知识掌握不深而造成的，然后实施针对性的干预。实际上，如果学生经常犯同样类型的解题错误，或者一些题目听得懂但不会做，真正原因并非是由于粗心，而是在于未能深刻理解知识，仅是简单记忆和浅层理解造成的。

(二) 数学能力不强

数学解题是一种能力，这种能力是学生数学发展程度的表现，它不仅体现了学生的知识掌握程度，也是数学理解能力、逻辑思维能力和计算能力的综合。小学生如果理解能力较弱，逻辑思维能力不强，计算不熟练，都可能导致解题的错误。较弱的理解能力会影响学生的解题速度和解题效果，很多审题的错误就在于学生没有准确理解题意，即使有较好的知识基础，如果无法正确理清题干中的逻辑、提取题干中的关键信息，也很容易产生解题障碍。理解题意后就要思考如何解决问题，可以运用的数学规则是什么，怎样论证才更快速，这些都是逻辑思维能力的集中体现。逻辑思维能力不强的学生不能清晰地分析自己需要做什么，还缺什么，当题目中需要分析时，往往也无法给出正确的判断。即使想好了步骤，也容易因为逻辑不清而很难把解题步骤理顺，做不到环环相扣，出现逻辑错误。计算能力是在知识理解的基础上，灵活运用数学规则对数进行各种运算的能力。计算能力较为娴熟的学生一般知识掌握得比较好，数感也较强，这不仅可以提高运算的正确率，也能提高运算的速度。

因此，教师在教学中要注重小学生的数学阅读，培养学生爱思考、勤动脑的好习惯。同时，加强学生的计算训练和逻辑推理训练，让学生在解题和论证中做到有理有据，先确保正确性然后再慢慢提高速度。当然，这并不表示要让学生大量做题、陷于题海，题目应典型、有针对性，要引导学生在解题后养成及时归纳和总结的习惯，让学习内容有效内化。

(三) 数学解题习惯不良

学生的解题习惯与数学解题的正确率密切相关,小学阶段培养学生良好的解题习惯十分重要。如果学生数学解题时急于求成、一目十行或书写混乱,很容易引起审题不严、运算时抄错或抄漏、答题时不仔细、验算时心不在焉等情况。解题习惯不仅对于解题重要,对于数学学习或其他课程的学习也都十分重要。小学是义务教育初始阶段,小学生年纪尚小,还缺乏规则意识,教师在数学教学中要注重培养学生良好的学习和解题习惯。如果数学试题的难度较低,学生的解题习惯就会在答题中起到关键作用,在一些答题的细节处会处理得更好,更容易获得高分。

在每个知识点学习伊始,教师应示范正确的解题习惯,例如读题时做记号、运算和推导时要打草稿、书写尽量工整、运算和推导结束后要再次读题并根据题目意思针对性答题、答题结束后要养成检查的习惯等。待学生较为熟练了,对该知识点的认识更为深入和全面了,才可以适当简化步骤,提高解题的速度。其实,回顾检查是学生学好数学必须掌握的一个基本技能,低年级的学生重点需要检查是否漏题、是否按题目要求做题、格式是否正确、是否写得工整、是否抄错数字等;高年级学生除了检查这些外,还需检查解题思路是否正确、列出的算式是否符合题意、计算结果是否正确等。如果时间允许,应引导学生尽量对解题过程进行检查,形成一以贯之的解题习惯。

(四) 数学解题心态待完善

数学解题心态包括两个方面:一方面对做数学题要认真对待,不能有平时作业做不做无所谓的态度;另一方面对做数学题无需过于紧张,哪怕是数学考试,也要平常心。数学学习也好,解题也好,都是积累的过程,数学的学习需要一定的解题积累才能对知识有更好的掌握与更灵活的运用。如果平时没有一定量的解题积累,在数学考试中要做到既快又正确是很困难的。因此,平时的解题训练要认真对待,不能以完成作业为目的,更不能仅仅是为了交差,而是要从解题中巩固知识,要善于总结,才会有收获。

应该看到,学生的心理素质对其问题解决有着重要的影响,紧张、急躁等不良心理会影响最终的解题效果。一些学生对数学有恐惧心理,一做数学题或者遇到数学考试就会焦虑、紧张,这就容易造成错看、漏看,从而影响数学思维的正确性和敏捷性。这种心理状态的学生,教师一方面要鼓励,另一方面要从低难度的解题开始,帮助学生从数学解题中获得成功的喜悦,一点一滴地建立数学学习的自信心,提高学习数学的自我效能感。同时,教师也要让学生认识到适度的焦虑是正常的,对数学学习和解题效率的提高是有帮助的,但过高或过低的焦虑却会影响数学思维的灵活性,应该尽量避免。影响学生数学焦虑的因素有很多,教师的教学方式和要求、父母的过高期待和错误归因、学生的人格特质等都会对其产生影响,同时与学生在数学学习中的自信心也有很大联系。如果学生在各种题型和各种难度数学题目的解决中积累了一定数量的成功经历,在面对数学题目时的紧张感和焦虑程度都会得到有效缓解。

(五) 智力发展迟缓

影响数学解题错误的因素除了知识、能力和心理因素之外,还有智力因素。虽然说大部分人的智力都在正常范围内,但不能否认智力是存在个体差异的,不同智力水平的学生对数学学习会产生不同的影响。个体的智力发展会受到遗传和智力开发的影响,前者是先天的,而后者是可干预的,学习数学就被认为是开发智力的重要路径。19 世纪中后期,英国学者高尔顿(F. Galton,1822—1911)对儿童智力进行了研究,他认为人的知识是通过感觉获得的,而影响感觉的关键是敏锐度,这就是智力的本质。他采用测量的方式研究智力,并开创性地使用了"相关"和"回归"来表示变量之间的关系,这些都对其他学者产生了重要影响。法国学者比纳(A. Binet,1857—1911)则认为智力不仅是感觉的敏锐性,还应该包括判断力、理解能力和推理能力,其中判断力是核心,并以此为理论基础开发了测量智力的量表。他首先选出两组儿童:一组儿童的智力正常,另一组则明显低下,然后设计各种各样的题目,经过反复测验,最后确定了 30 个条目。比纳把它们按从易到难的次序排列,作为区分智力的标准。后来,比纳和西蒙(T. Simon)对该量表进行了修订,引入了"年龄"和"心理水平"两个概念,认为只要某一年龄段有 75% 的人能通过某一条测试,就把这条与该年龄段联系在一起,代表该年龄段的心理水平,并提出了智商的概念,将个体的心理年龄除以实际年龄再乘以 100 就是他的智商,这次修订后题目也增加到了 58 个。该量表也被称为比纳-西蒙智力量表,此后经过了多次修改,目前还在广泛运用。

由此可见,智力发展与年龄有关,一些小学生的家长比较注重教育,会提前让孩子学习数学知识,对他们进行思维的训练,这些都有助于他们智力的开发,在数学解题中的表现也会较好;反之,如果缺乏针对性的智力开发,一些小学生的智力发展会相对滞后,导致学习能力稍弱,在数学解题中也会出现较多错误。教师对此要深入分析,如果发现是智力因素导致的解题错误,数学学习能力较低,只要不是先天遗传的因素,教师就不要气馁,要耐心地对其进行启发。智力是可以通过教育逐步发展的,哪怕受到先天遗传因素的影响,后期通过努力学习,也可以让智力得到开发,逐步提高自身的判断能力、理解能力和推理能力。

本 章 小 结

本章主要论述了四个问题:①小学生数学思维发展存在怎样的特征?②小学生数学概念的发展存在怎样的特征?③小学生数学解题错误的主要类型有哪些?④导致小学生数学解题错误的主要原因是什么?本章的核心内容是小学生数学思维发展的主要特

征,教师要掌握如何从学生在数学解题中的常见错误分析和概念发展特征中做出更为准确的判断,以及选择更为合理的教学策略。本章所引用的研究结果中有一部分虽然发生在 20 世纪末期,随着教育的发展,有些结果可能会存在一定的出入,但是其发展的过程大致符合现有情况,仍存在一定参考价值。在学习中既要认识到小学生数学发展所存在的客观规律,又要结合学生的实际情况做出判断,从而做出更为科学的论断和教学选择。

思考与练习

1. 简述小学生数学思维发展的主要特征。
2. 简述导致小学生数学审题错误的主要原因。

第五章 小学数学教学的主要特征

知识点导图

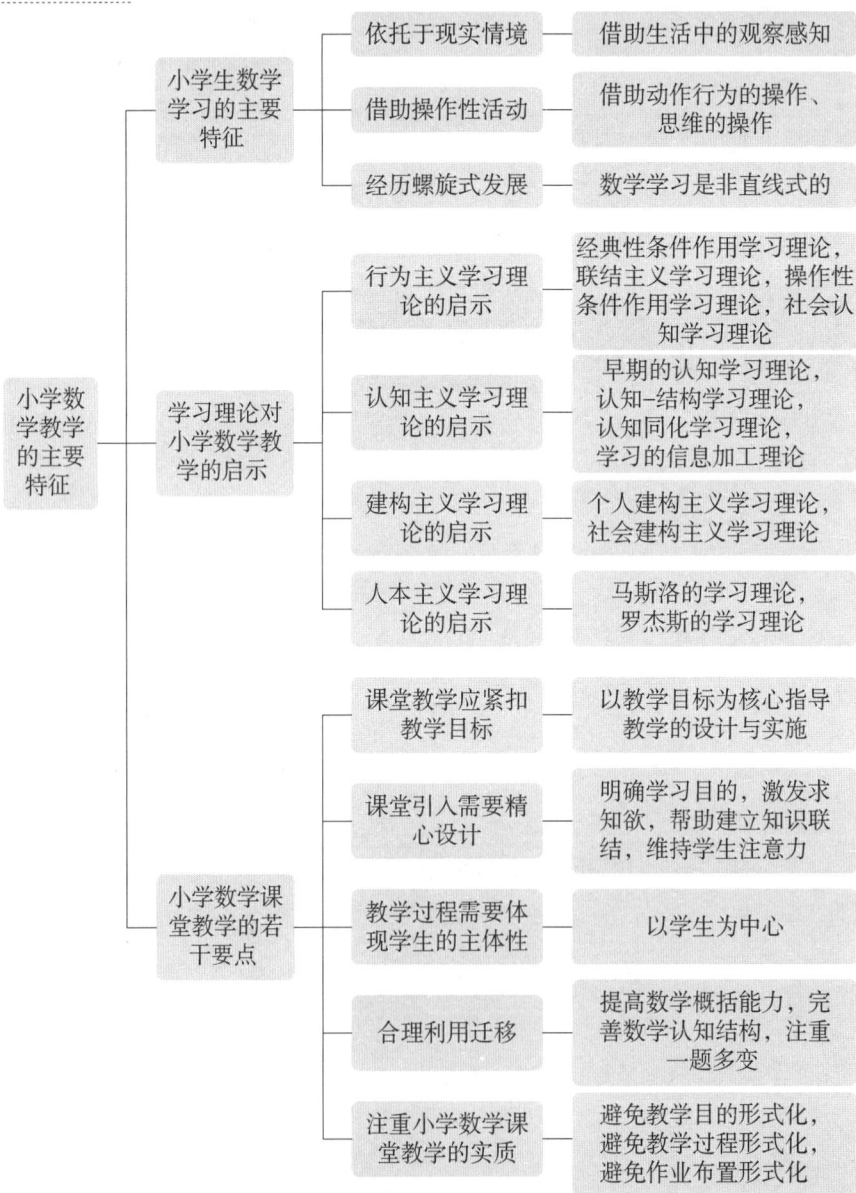

⚙ 本章导言

　　小学数学课堂教学对教师的专业有着较高的要求,教学目标的制订、教学内容的选择、教学过程的规划和实施都有着严格的逻辑,掌握小学数学学科知识的人并非能掌握小学数学教学知识,小学数学课堂教学并不简单。因此,本章对小学生数学学习的主要特征进行分析,并介绍行为主义、认知主义、建构主义和人本主义四种经典的学习理论,分析这些理论对小学数学课堂教学的启示。最后,结合教学现象,指出小学数学课堂教学的若干要点。这些内容有助于教师深化对小学数学课堂教学的认识,提高课堂教学的质量,更有效发挥数学课程的教育价值。

📖 学习目标

　　(1) 理解小学生数学学习的主要特征。
　　(2) 了解四种主要学习理论对小学数学教学的启示。
　　(3) 掌握小学数学课堂教学的若干要点。

第一节　小学生数学学习的主要特征

　　小学生的生活经验和智力发展水平决定了他们的数学学习有着较强的特殊性,教师只有了解小学生的数学学习特征才能实施针对性的教学策略。本节对小学生数学学习的主要特征进行分析,这些特征与数学学科的特点有关,也与小学生的思维发展特征有关,随着数学思维能力的提高,他们对数学学科的认识也将更加深入。小学生的数学发展是以数学理解为基础的,需要依托现实情境、借助操作性活动,是一个螺旋式提高的过程。

一、小学生的数学学习大多要依托于现实情境

　　学习是由经验所引起的行为或思维的持久性变化,只有当个体在经验的作用下发生了行为上的变化,才能认为发生了学习。当然,这些变化必须是持久的变化,而非短暂的、一时的变化。因此,学生的学习过程是一个掌握间接经验的过程。虽然数学源自人们生活的需要,但无论是数学符号还是数学概念,都是现实生活中不存在的,是人们抽象的结果。例如,桌子、椅子、苹果和西瓜等这些东西都是实实在在、看得见摸得着的,儿童容易识别,便于感知;但是,数字 5 也好,分数概念也好,这些都是看不见摸不着的,儿童无法直接感知到。儿童从 5 张桌子、5 个苹果和 5 个西瓜等物品中感受到这些物品都存在着一个共同的量的特性,这个特性可以用符号 5 来表示;儿童从一个西瓜两个人分、一

个人只能分到半个这一过程中感受到,这个一半不是 1、2、3 这类整数能表示的,能表示的 $\frac{1}{2}$ 是分数,等等。这种认识需要经历一个抽象的过程,而儿童对客观世界的认知是从所接触的生活环境以及可直接感知的事物开始的,再依赖这些直接感知的事物逐步过渡到深层次的认识。这些都表明,小学生年纪尚幼,在数学学习的过程中,需要借助生活的感知才能较好地认识数学、理解数学。

很多小学生入学前在家长的教导下已经认识了数,也会数数,甚至会计算,但是如果这个学习过程是以机械性记忆为主,缺乏对数学概念本质的理解,那么不仅该数学知识难以被灵活运用,也很容易被遗忘。一些小学生在强制要求下会背诵"九九乘法",但是如果缺乏理解,只是模仿式的学习,就容易导致机械性记忆,甚至有学生对于交换相乘的两个数的位置后就不知道结果为何。例如,他们能说出 $3 \times 7 = 21$,但是如果问 7×3 等于多少,他们就不知道了。也有学生只能按照顺序背诵九九乘法,一旦顺序有所调整就又不知道了。例如,在他们背出 $3 \times 7 = 21$ 后问 4×7 等于多少,他们能准确说出 28,但是如果此时问 6×8 等于多少,他们就不知道结果了。这些都说明小学生的数学学习需要有所依托,不能直接依赖形式化的推演。虽然数学性质和规律的记忆对后续的数学学习会起到一定的帮助作用,但是这种学习的方法是低效的,而且长期使用这种学习方式容易对数学失去兴趣,反而阻碍学生的数学发展。很多学生到了高年级后,对数学缺乏兴趣,甚至产生恐惧,这与数学的学习方式不当有很大的关系。

数学的抽象性虽然给小学生的学习带来了困难,但由于它是对客观世界数量和形式的规律、特性的反映,尤其是小学阶段所学的数学知识,与日常生活有着密切的联系,儿童在生活中会对事物的这种规律和特性有一定的感知,因此小学生在入学时,就已经有了一定的数学积累,甚至在生活中已经有了运用数学知识的体验。但这并不表示小学阶段的数学教学可以脱离现实情境,可以直接对抽象化的符号和概念进行讲解和练习。因为对于儿童来说,他们认识数学的起点并不是符号所组成的逻辑公理,而是他们自己在生活中所积累的经验,他们的数学学习并不是从观察符号开始,而是从观察现象开始的[①]。通过日常生活中的观察和感知,他们对事物数量与形状的某些特征有了初步的归纳,然后通过有意识地经验活动,获得相应的数学知识,但这种数学知识是具有生活形态的,是由经验形成的非精确化的观念。学校的数学教育应该根据小学生所具有的生活形态的数学知识,以及他们学习数学的方式,逐步转化为教育形态的数学知识,进而过渡到科学形态的数学知识。如果忽视了儿童学习数学的规律特征,过早教授规范的数学概念和性质,就会割裂数学与儿童生活认知的联系,是难以取得满意的教学成效的。

小学生的数学学习与他们的日常生活经验有很大的联系,大多要从生活感知的事物入手,才能更好地认识数学、理解数学。但这并不表示在数学教学时都要将数学知识融

---

① 杨庆余.小学数学课程与教学[M].北京:高等教育出版社,2004.

入小学生的生活情境中,事实上这也是很难做到的。教师首先要意识到将数学知识映射到现实情境中肯定会对学生的理解有帮助,而这种现实情境是具有层次性的。一般来说,可分为小学生在日常生活中亲身经历过的情境、小学生身边的人亲身经历过的情境、小学生在媒介中见到过的情境这三类。例如,吃饭、穿衣服和走路等,可认为是小学生亲身经历过的情境;开车、烧饭等,可认为是小学生自己没有亲身经历过,但是见过周围的人经历过的情境;宇宙飞船、摩天轮、奥运会运动项目等,可认为是小学生从电视、手机或书本等媒介中见到过的情境,是可以通过想象获得情境性感知的。低年级的小学生大多可以从生活中亲身经历过的情境入手,而高年级的学生可逐步过渡到运用想象类的情境。但无论是哪种情境,都要满足两个方面的要求:一是要与数学知识相契合,是真正能起到作用的情境,而不是点缀或"两张皮"(指情境与内容不相关)现象;二是有助于小学生的认识和理解,是他们能感知的。因此,对于一些地区的小学生来说,教科书中的情境或许没有太多体会,教师应及时作出调整,创设具有区域特色的情境,从小学生能直接感受到的情境入手。借助现实情境,往往能助力小学生的数学学习,在他们的学习出现困难时或者解题出现错误时,都可以通过现实情境帮助理解,获得更好的解释。

二、小学生的数学理解大多要借助操作性活动

小学生年纪尚幼,他们的自制力较弱、注意力集中的时间也较短,不可能像成年人一样可以整节课都端坐着认真听教师讲授。他们的注意力容易被身边的事物所吸引,教室外的声音、教室内同学的窃窃私语,甚至天气的寒冷或闷热都会在很大程度上影响他们的课堂听讲。小学生的数学思维能力较低,很多思考过程需要动手操作或者出声思考。例如,低年级小学生在加减法运算时需要借助手指,在乘除法运算时需要在草稿纸上画圈圈。这些都表明,借助一些操作性活动,可以帮助小学生更有兴趣地学习数学、更准确地理解数学。

小学生对数学的认识还比较简单、片面、模糊,甚至有时是错误的,这些都说明了小学生的数学学习离不开教师的引导、分析和讲解。尤其是从现实情境中提取数学活动的过程,从数学活动中概括数学概念和性质的过程,以及对数学概念和性质的主要特征进行归纳的过程,都需要教师进行适度的讲授。但这并不意味着课堂教学中教师要一直讲授,如果教师不停地讲解和分析,小学生一方面会由于知识的容量太大而难以完全吸收,另一方面也会由于教学形式过于单一而导致注意力分散,更重要的是这种接受式学习缺乏与操作性活动的结合,没有让学生经历探索发现的过程,如此他们对数学的理解是难以深入的。操作性活动的过程中,小学生可以通过观察、实验和猜想,对数学现象进行类比、分析和归纳,在数学认识和理解上渐渐达到数学化、严格化和形式化,从而实现从具体形象思维到抽象逻辑思维的逐步转化[1]。如果是群体性的数学操作活动,还可以锻炼

———————————
[1] 孔企平,吉智深,尹瑶芳. 小学数学课程与教学[M]. 上海:华东师范大学出版社,2016.

小学生的数学表达能力和沟通合作能力。

儿童的认知起点是生活常识,他们需要借助操作性活动才能较好经历"做数学"的过程,而不是被动地接受已被发现或创造的数学知识,他们的数学学习具有较强的实践性特征。因此,教师在小学数学的教学过程中,要创设各种操作性活动,帮助学生理解数学。这里的操作性活动是广义的,个人动手摆弄手指头、在草稿纸上画记号、操作学具是操作性活动,同伴交流、集体观察实验也是操作性活动,而通过播放视频让学生观察、思考视频中的数学操作也可视为操作性活动。如果条件允许还可以走出教室在校园内观察和实验,小学生肯定会更有兴趣。例如,在长度单位的教学中,可以让学生到操场上,通过走路感受 10 米、100 米的距离分别是多长,培养学生的量感。当然,操作性活动的创设是需要精心准备的,既要符合数学知识的学习,也要适合学生的思维认知规律;学习的难度要适中,是学生通过操作性活动能获得的内容,也只有通过操作性活动才能更好理解的,而不是一眼就能看出结果的;操作的难度也要适中,是学生能操控完成的活动,教师能把握课堂教学整体的。这些都能帮助小学生经历数学"再发现"和"再创造"的过程,从而更深刻地理解数学,发展数学素养。随着小学生数学思维能力的提高,操作性活动的形式可以逐渐由外到里,从动作行为的操作过渡到思维的操作,思考的过程集中于大脑,数学也因此被称为是"思维的体操"。

三、小学生的数学提高大多要经历螺旋式过程

人不是机器,学过了以后会忘记是十分正常的,而记忆的深度和广度与个体对知识的理解深度有关,与知识的运用频繁程度也有关。从生理的角度,人的记忆能力与年龄是有着密切联系的。小学生的大脑尚未发育完全,记忆能力有限,在学习了某个数学知识后如果没有经常运用,就会很快遗忘,甚至今天听明白了到明天就忘记了的现象也是很可能出现的。这些都表明,小学生在数学学习中的发展过程不是直线式的,而是要经历一个螺旋式的过程。教师对此要有正确的认识,课堂教学的知识容量不能过多,不能用成人的眼光来判断知识的难易和多少,而要用儿童的视角,要准确判断教学内容是否能有效达成教学目标。如果教师在课堂上讲很多数学知识,学生却记不住,未能有效掌握,这样的教学是与小学生的数学学习规律不相吻合的,是低效的数学教学。

在数学学习中很多学生记不住、记不久,或者上课听得懂但是题目不会做,或者同样类型的题目会做,稍微有点变化就不会,这些都是由于学生对数学知识理解不深,掌握得较为粗浅导致的,或者是机械性的模仿和记忆导致的。这种情况下,一味地让学生做题是不能彻底解决问题的,会做的他们依然会做,不会做的还是不会做。要避免这种数学学习困境,教师可以从两个方面入手:一方面在教学时不要急于求成,要耐心地分析和讲解,从多角度、多种方式对数学知识进行阐述,让学生尽可能理解得深、理解得全;另一方面,练习题不在于多,而在于做完题后学生能从中得到多少收获和启示,教师除了要对练习题的解答进行分析和总结以外,也要培养学生养成归纳和总结的习惯。这种学习过

程,可以较好提升学生的数学学习成效,降低螺旋的弧度,不至于"进三步退两步"。

例如,有教师在对三年级学生进行"周长"主题的教学时,上课伊始就提到了周长这一名称,但没有做出解释,而是让学生举手发言,用自己的话来说一说"什么是周长"。结果小朋友纷纷举手,但是大多数都只能举例说明,或者是不完整、不严谨的定义表述。教师不直接反馈是对还是错,而是将比较典型的发言记录在黑板上,并表扬学生爱动脑筋。然后,教师给出了一个图(见图5-1),问小朋友在A和B两个图形中,哪个图形的周长更长? 让学生看好图形后闭上眼睛并思考,然后先让认为图形A的周长更长的同学举手,再让

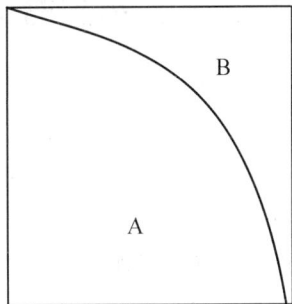

图 5-1

认为图形B的周长更长的同学举手,最后让认为两个图形的周长一样长的同学举手。教师发现三次都有学生举手,正当听课的教师以为他要对此进行分析并给出周长的定义时,这位教师却没有分析也没有给出答案,而是让学生拿出学习单,用笔画出学习单上图形的周长。学习单上有生活中可见的图形,有树叶,学生都能正确描出。接着,教师在黑板上给出一个三角形和一个梯形,问学生它们的周长,学生也都能正确说出来,并用手描出来。但是在给出了两个有共同边的长方形(见图5-2)时,学生对此周长是否应该包括中间这条线段产生了疑问。教师没有否定学生的各种答案,只要学

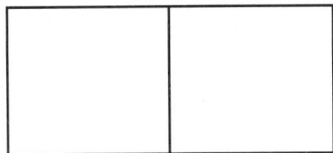

图 5-2

生能说出理由的,都进行了表扬。最后,教师再次分析自己的问题,让学生意识到周长是整体图形的外围,而不包括内部,紧接着写出定义"图形一周的长度叫做周长",让学生判断对错,在学生思考和回答后,教师通过举反例引导学生发现只有封闭的图形才有周长,于是将定义补充为"封闭图形一周的长度叫做周长"。在若干判断和简单计算规则图形的周长后,教师回到最初的问题,让学生再次思考图形A和图形B哪个周长更长。结果发现还是有一位同学认为图形A的周长更长,他的理由是图形A更大,所以周长也会更长。于是,教师对图形的周长和面积之间的关系进行了分析,再次明确周长的定义中"封闭""一周"和"长度"这三个关键词。此时,铃声响了,刚好下课,也就是一节课只讲了周长的定义。很多教师在讲授该内容时,可能半节课就把核心内容都讲完了,然后进行练习巩固。但是,这位教师从多角度、多方式对周长概念进行分析和讲解,最后仍有学生认为面积越大的图形周长也会越长,这不仅说明这是学生学习周长概念的难点,也说明小学生的数学学习不是直线式的积累增长,而是经历螺旋式的反复后才能发展。这是一位特级教师的授课,对象是上海公立学校的学生,该教师较好地把握了小学生的数学学习特征,让学生扎实地掌握了周长的概念。课堂教学内容看似很少,但是相比较"简单讲解+练习巩固"的教学方式,学生更能牢固掌握,能记得更持久,实则是更为有效的教学。

第二节　学习理论对小学数学教学的启示

数学的学习过程涉及认知和思维的发展过程,是个体智力发展的重要路径,而且数学有着较强的逻辑性,这些都促使很多心理学和教育学专家以数学为例,对儿童的学习特征进行研究,提出了很多有价值的学习理论。其中,最为典型的是行为主义学习理论、认知主义学习理论、建构主义学习理论和人本主义学习理论,这些学习理论对小学数学的教学都有着重要的启示,针对不同的教学内容、不同的教学环节和不同的教学对象,教师可以从不同的学习理论中获得启示,以实施更为有效的教学。

一、行为主义学习理论对小学数学教学的启示

行为主义学习理论主要通过观察和实验研究学习行为,认为个体在通过刺激后可形成稳定的反应,学习效果是刺激后反应的结果。根据刺激的方式和时机,行为主义学习理论分成了不同的派别,主要有经典性条件作用行为主义理论、联结行为主义理论、操作性行为主义理论和社会认知行为主义理论。

(一)经典性条件作用学习理论

俄国生理学家巴甫洛夫(I. Pavlov, 1870—1932)在研究人和动物的高级神经活动时发现,一个中性的刺激(条件刺激)与一个原来就能引起动物某种反应的刺激(无条件刺激)在时间上结合多次后,就会使动物对那个中性刺激也做出同样的反应。巴甫洛夫将这种现象称为条件反应,即条件刺激与无条件刺激的结合使得条件刺激也能引出由无条件刺激所引起的反应。从这一角度出发,巴甫洛夫认为学习就是暂时神经联系的形成。凡是能够引起条件反应的物理性条件刺激可称为第一信号系统,以语言符号为中介的条件刺激称为第二信号系统。例如,一听到要考试就紧张,这属于第二信号系统的条件作用。

巴甫洛夫的工作是奠基性的,在研究结果公布不久就引起了美国心理学家华生(J. B. Waston, 1878—1958)的关注,他是第一位将巴甫洛夫的研究成果作为学习理论基础的美国心理学家[①]。华生通过对一名11个月婴儿抚摸小白兔的实验,发现只要每次抚摸时就敲击物体发出让婴儿害怕的声音,3次实验后单独出现小白兔时婴儿也会害怕。因此,他认为学习就是以一种刺激替代另一种刺激建立条件反应的过程,除了出生时具有的几种反射以外,人类所有的行为都是通过条件反射建立新的刺激-反应联结(S-R联结)而形成的。华生指出,在相同条件下,练习得越多,效果越明显,这可称为频因律;在多次练习的情况下,最近练习过的更容易得到强化,这可称为近因律。

---

① 陈琦,刘儒德. 当代教育心理学(第3版)[M]. 北京:北京师范大学出版社 2019.

华生是一位极端的行为主义者,主张一切行为都是以经典条件反应为基础的。他认为人的一切行为都是可以通过观察、测验和言语报告得到的,把心理学变成了无心理的心理学。华生的观点对于数学学习的训练和强化有着指导意义,但他对外在客观的过分强调则忽视了人类学习的内部心理过程,这是经典条件作用行为主义学习理论的不足。

(二) 联结主义学习理论

经典性条件作用行为主义完全排斥人的意识,把复杂的学习过程简单化,难以有效解释一些学习现象,受到了较多的批评。20 世纪 20 年代开始一些学者为了捍卫行为主义的基本立场,对行为主义理论进行了发展,桑代克(E. L. Thorndike,1874—1949)就是其中之一。他认为人的行为是特定环境中对刺激反应的结果,但如果在出现了某个行为以后再对他进行刺激,就会影响未来的行为。因此,他认为学习的实质在于形成刺激与反应的联结,即 S - R 联结,这被称为联结主义学习理论。桑代克认为"学习即联结,心即人的联结系统",这种联结形成的过程是渐进的。他通过对猫开箱子门外出吃东西的实验,认为学习的过程是多次尝试直至成功的结果,因此桑代克的联结说又称为试误说。桑代克在总结他早期实验的基础上提出了三个学习定律:准备律、练习律和效果律。准备律指当学习者有准备而给以活动时他就感到满意,有准备而不活动则感到烦恼,无准备而强制以活动也会感到烦恼。练习律指一个联结的应用会增强这个联结的力量,一个联结的失用(不练习)则会导致这一联结的减弱或遗忘,但是奖励可以促进练习。效果律指凡是导致满意后果的行为会被加强,而带来烦恼的行为则会被削弱或淘汰。

桑代克的研究对于数学教学有着重要的启示作用,从准备律中可获得启示:在学习新知识以前要让学生在思想上和知识上有所准备,如果能让他们了解学习该数学知识是为了解决某个(或某类)具体问题,学生的学习效果会更佳;从练习律中可获得启示:通过练习可以让学生的数学知识得到巩固,而且表扬和奖励可以激发学生的练习;从效果律中可获得启示:在数学解题中得到成功的喜悦可以进一步提升学生的学习兴趣,激发数学学习的动力。除此之外,桑代克还对学习中的迁移进行了研究,认为具备相同要素是迁移的关键[1],这也给了数学教学重要的启示。例如,在面积单位的教学中可创造条件让学生从长度单位的学习中获得迁移,形成固定单位的意识。但是桑代克认为人和动物的学习过程是一样的,这有失偏颇。学校中学生的知识学习与动物在实验室中学习简单的动作反应,两者所经历的学习历程是完全不同的。

(三) 操作性条件作用学习理论

斯金纳(B. F. Skinner,1904—1990)对学习的研究主要从反应入手,而不是刺激和反应之间的联结,他通过对白鼠按下杠杆才有食物吃的实验,认为所有行为都可以分为应答性行为和操作性行为这两种类型。应答性行为是由已知的刺激引起的,与经典性条件

---

① 叶浩生.心理学通史(第 2 版)[M].北京:北京师范大学出版社,2019.

作用的观点一致,而操作性行为是由机体自身发出的,最初是自发的行为,但这些行为受到强化后会成为在特定情境中随意的或有目的的操作。他认为经典性条件作用是刺激和反应的联结,而操作性条件作用是操作和强化的过程,是重要的操作反应之后的强化(刺激),他的这一观点也被称为操作性条件作用理论。他认为,凡是能增强反应发生概率的刺激和事件就是强化;反之,在反应之后紧跟一个讨厌的刺激从而导致反应发生概率的下降,则是惩罚。强化可分为积极强化和消极强化两种。积极强化通过呈现愉快的刺激来增强反应发生的概率,消极强化通过终止不愉快的刺激来增强反应概率。强化时可用"普雷马克原理",即利用高频活动作为低频活动的强化物,例如可以对学生说,只要你做完作业了就可以去外面玩。斯金纳认为,操作性条件反应是不同于经典性条件反应的另一种基本的学习机制。在经典性条件反应中,强化伴随着条件刺激物,但它要与条件刺激物同时或稍后出现,条件反应才能形成;在操作性条件反应中,强化物同反应相结合,即有机体必须先做出适当的反应,然后才能得到强化。为此,经典性条件反应式的学习也可称为刺激替代学习。

　　斯金纳属于新行为主义者,他继承了华生所强调的科学、客观、控制、预测等行为主义的传统,采取了根据动物实验建立刺激—反应联结学习理论的研究取向。此外,他还参照了桑代克的试误学习原理以及效果律等法则,最终建立了独具特征且对心理学与教育心理学产生重要影响的操作性条件作用理论。操作性条件作用学习理论对小学数学教学的启示主要体现为要重视学生数学学习行为和学习效果的强化,学生回答得正确就要给予积极的反馈,回答得不正确也要给予反馈,但是要能让学生意识到不正确,进而起到引导作用。斯金纳在研究中发现连续强化在教导新反应时最为有效,间断强化比连续强化具有更高的反应率和更低的消退率,而定时强化在强化后反应率较低,但是在临近下一个定时强化点时反应率又会上升,最典型的是期末考试前的"临时抱佛脚"(指考前突击复习)。这些都表明,教师可以在教授新数学知识时采用连续强化,但是随着学习的深入要逐渐变成间断强化,在学生获得比之前更优秀的表现后再次给予强化。但是对于不希望出现的行为,则不能强化。由于个体的学习效率是具有周期性的,所以在数学教学时需要将任务进行分解,学生完成每个小部分都给予强化。教师要意识到先前的刺激会对后期的刺激产生影响,例如一直夸学生"很棒",久了以后便会失去之前的效果,这需要教师的强化与刺激要有所变化。比如,语言强化和荣誉、物质强化相结合,在语言强化中要言之有物,让学生意识到是教师的重视而不是敷衍的表扬。但是,新行为主义从反应角度分析刺激,这虽然更能体现主体的作用,但也排斥了有机的意识的作用。斯金纳是极端客观的行为主义,他把意识经验还原为操作,认为操作是非分析的,是可重复和还原的,这些都忽视了个体认知和学习能力的差异性,忽视了人在学习中是具有主观性的。

(四) 社会认知学习理论

　　在社会活动中,人们通常会通过观察他人的行为,然后进行模仿,这也是儿童的一种重要学习方式,这种方式是以往行为主义学习理论难以有效解释的。20 世纪 40 年代以来,学者们对此进行研究,取得了不少成果。其中,以班杜拉(A. Bandura, 1925—2021)的社会认知理论最为引人关注。班杜拉通过对儿童与人偶玩具关系的实验认为,儿童通过观察他们生活中重要人物的行为而习得社会性行为,这些观察以心理表象或其他符号表征的形式储存在儿童的大脑中,来帮助他们的模仿行为。这种通过他人的行为及其后果而发生的替代性学习可称为观察学习,它是社会学习的一种最重要的形式。

观察学习分为以下四阶段进行。

注意过程:指观察者注意示范事件,是信息输入的过程,但选择哪些信息不仅取决于示范事件的特点,也取决于观察者本身的特征、过去的经验与当时的意愿。

保持过程:指将观察过程中获取的信息转化为表象的或语义概念的符号表征储存于记忆中,如果没有获得有效的记忆信息,之前的注意过程也就毫无意义。

复制过程:指观察者将示范事件再现,是内部符号表征转化为物理形式外显行为的过程。

动机过程:指观察者在某种动机下再现示范事件,主要包括直接动机(例如有奖励)、替代性动机(例如他人因为这样成功了)和自我生成动机(例如自己觉得学会这个很重要)。

班杜拉的社会认知学习论在本质上属于行为主义,他认为行为是刺激后的产物,根据被观察者的行为可推知观察者的行为反应,而通过观察者的行为反应又可推知被观察者的行为,从而达到预测和控制行为的目的。但是,他不否认认知功能是人的行为的一个决定性因素,相反,他十分重视人的行为的内部因素,重视符号、替代、自我调节所起的作用。他的观点在行为派和认知派之间架起了一座桥梁,被称为认知行为主义,他也被认为是稳健派的行为主义者。班杜拉认为,人所知道的要比表现出来的多,通过观察的学习称为替代性学习,这可以大大提高学习的速度,通过实际行动的学习称为参与性学习,这能增加学习的深度。因此,在小学数学教学中,教师一方面要让学生通过观察去掌握新的数学知识和解题规范;另一方面也要让学生通过练习得到巩固和强化,在这个过程中要鼓励学生说出自己的想法,锻炼数学表达能力的同时,也进一步深化对知识的认识。同时,在教学过程中也可以通过表扬优秀学生,树立典型,让其他同学模仿,发挥榜样的示范作用。

值得一提的是,班杜拉在研究中提出了自我效能感的概念,这是个体对自己与环境发生相互作用的效验性的一种自我判断。自我效能感指个体对自己能否在一定水平上完成某活动所具有的能力的判断、信念或主体自我把握与感受,是个体在面临某活动任务时的胜任感、自信、自珍和自尊等方面的感受。个体在活动中的自我效能感是以一定的知识和信息为基础的,会受到以往自己的成功经验、他人的成功经验、他人的言语劝导和面临任务时的身体反应等方面的影响。这个观点超越了行为主义,为情感对学习行为影响的研究提供了理论参考。在小学数学教学中也要注重小学生数学学习效能感的培养,让他们既要不畏惧数学、有信心,又要对自身的数学能力有客观的判断、不盲目。

二、认知主义学习理论对小学数学教学的启示

行为主义在行为表现与学习的联系方面进行研究,对于如何通过强化性刺激提高学习效果方面提供了很多教学启示。但是,行为主义的学习理论对于学习过程的解读过于简单化,忽视了个体认知对学习的影响。其实,不同的学生在听到相同的话,看到相同的演示,做相同的练习时,收到的信息都是不一样的,学习的效果也存在差异。为了更好地探索个体的学习过程,学者们对个体的思考过程进行研究,基于此得到的理论也被认为是认知主义学习理论,主要可归结为早期的认知学习理论、认知-结构学习理论、认知同化学习理论和学习的信息加工理论等不同流派。

(一)早期的认知学习理论

格式塔学派和托尔曼是早期认知学习理论的重要代表,格式塔学派通过对动物的研究来解释人的学习。例如,苛勒(W. Kohler, 1887—1967)在黑猩猩利用两根短棒取香蕉实验研究的基础上提出了顿悟说。他认为学习就是知觉的重新组织,把感知到的信息组织成有机的整体,在头脑中构造和组织成一种格式塔(Gestalt,或称为完形),这种知觉经验变化的过程不是渐进的尝试错误的过程,它是有目的而不是盲目的,是对事物、情境的各个部分及其相互关系形成整体的理解后发现通向目标途径的过程,是突然的领悟,具有创造性思维的特点。思维会给进入大脑的一些感觉以结构和意义,新情境的适应和新问题的解决在于个体能通过对旧的格式塔进行改造,建立新的格式塔,这个过程就是在思维活动后的顿悟。例如,高斯小时候在课堂上能创造性地提出简便计算"$1+2+\cdots+100$"的方法,就是看出了问题的结构,顿悟了。格式塔学习理论强调整体观和知识经验的组织作用,关切知觉和认知的过程。探讨的是记忆如何反应知觉组织,以及解决问题的能力如何在理解学习任务、重建记忆,或把学习原理迁移到新情境中产生。这对 S-R 联结说而言是一种挑战,启迪了后来的认知派学习理论家们。但他们将知觉经验的重组归于脑的先验本能,为此带有严重的唯心主义和神秘主义色彩。

受格式塔学习观的影响,托尔曼(E. C. Tolman, 1886—1959)提出了认知地图的概念,将行为主义的 S-R 模式改成 S-O-R 模式,O 指有机体的内部变化。他以白鼠在迷宫中找食物的实验为基础,认为学习是一种有目的的行为,不是盲目的,学习的实质是头脑内形成了认知地图(即认知结构,也称为符号格式塔模式),而不是学会了一连串的 S-R 联结。他还认为,外在的强化并不是学习产生的必要因素,不强化也会出现学习。他所设计的实验证实了"潜伏学习"的存在,也就是说,在没有获得强化之前学习就已经出现了,认知结构已发生了相应的变化,只不过没有表现出来而已。他进而提出"内在强化"来解释"潜伏学习"的机制,内在强化即由学习活动本身所带来的强化。早期的认知学习理论重视经验对学习的影响,体现了已有记忆对后期认知的影响,而这种记忆不是

完全归结于外界的刺激,它与个体的认知能力本身有很大的联系。这些都表明在数学学习中要注重学生对数学知识、数学学习方法的积累,在课堂教学中教师可以在合适的时间帮助学生回忆之前的数学知识和学习过程,这有助于学生突破知识难点,获得新的启发。

(二) 认知-结构学习理论

早期认知学习理论将学者从关注个体的行为吸引到关注个体的认知,关注学习的内部心理过程,学者们在研究中对于认知的解释也产生了不同的看法,在后期的发展中走向了两个方向:一种是强调认知的结构;另一种是强调信息的加工。布鲁纳(J. S. Bruner,1915—2016)就是认知结构说的代表,他认为世界是由大量可辨别的物体、事件和人物组成,他们都可以按照某种类别在个体的认知体系内形成相应的编码系统,这种编码系统是有层级的,较高的类别概括性较强,较低的类别比较具体。这种内在编码系统就是个体的认知结构,是个体感知外界事物并将其分门别类和推理的依据。例如,看到一个长头发的人,我们的第一反应就会认为这是个女的。布鲁纳认为学习的实质是学生主动地通过感知、领会和推理,促进个体认知体系中类目及其编码系统的形成。因此,教师在教学中要注重知识结构的教学,让学生能更好理解知识的完整体系,以及各知识结构之间的联系。例如数学教学中,概念、定理和性质应该是教学的核心,理解了数学概念、数学定理和数学性质,学生就容易形成数学知识结构体系。他还认为,应该培养学生具有探索新情境,提出假设,推测关系,应用自己的能力解决新问题、发现新事物的态度,并创造性地提出发现学习的概念,主张教学应创造条件,让学生通过参与探究活动来发现基本原理或规则。

布鲁纳的这些思想对于指导和改进教学有重要意义。发现学习的确具有接受学习不可比拟的优点,但是发现法的运用也受许多因素的限制,因此过于强调发现是有失偏颇的。布鲁纳关于发现学习的"任何学科的基础内容都可以用某种形式教给任何年龄的任何人"的基本命题,否认儿童认知发展的阶段性,带有一定的唯心主义色彩。数学知识具有较强的系统性,都依赖学生的发现学习不仅时间上不允许,也难以形成完整的数学知识图式。但是,在教学的某个片段,可以通过精心的设计和教学准备,让学生自己发现新知;对于一些知识的关键点,也可以通过引导让学生用自己的语言说出来,而不是教师直接告诉学生。值得一提的是,布鲁纳十分关注教育领域的心理研究,认为心理学的研究应该以能更好地促进教育发展为目的。随着研究的深入,他逐渐从"认知结构"逻辑的心理学本位转变为"文化实践"范式的教育学本位,认为文化会对教育产生重要影响。通过对教育、心理和社会文化关系的重新审视,他建立了一种新的教育认识论,认为教育是一种人类独有的社会文化现象,用纯粹心理学理论来解释教育现象是有失偏颇的。为此,他主张用文化心理的研究模式来协助儿童构建关于"自我"与"世界"的理解,用意义生成的形式帮助学习者实现原有经验的改组与改造。这些都表明,教师在小学数学教学中,要重视班级数学学习文化氛围的营造,通过文化培养小学生的数学学习兴趣,让他们都能爱数学、喜欢上数学课,也通过文化的影响,帮助学生养成正确的数学学习习惯。

(三) 认知同化学习理论

奥苏伯尔(D. P. Ausubel,1918—2008)通过对学习过程的分析,提出了有意义学习的概念。所谓有意义学习,就是新知识与原有知识之间建立起非人为的、实质性的联系。奥苏伯尔认为,当学生把教学内容与认知结构联系起来时,有意义学习就发生了。学生能否习得新信息,主要取决于他们认知结构中已有的观念,也就是新旧知识能否达到意义的同化。所谓同化,就是新信息与学生认知结构中的已有观念的相互作用,使两者成为一个整体的过程。这种有意义学习有别于机械学习,是高效的、有价值的学习。

奥苏伯尔认为有意义学习需要为学习者的外部和内部创造好条件。其中,外部条件是学习材料本身必须具有逻辑意义,即材料本身能与个体认知结构中的有关概念建立非人为的、实质性的联系。内部条件主要包括:学习者必须具有意义学习的心向,即具有积极主动地将符号所代表的新知识与学习者认知结构中原有的适当知识加以联系的倾向;学习者认知结构中必须具有适当的知识,以便与新知识进行联系;学习者必须使这种具有潜在意义的新知识与他们认知结构中有关的旧知识发生相互作用这三个方面。与布鲁纳的发现学习观点不同,奥苏伯尔提倡接受学习,但这不仅仅是单纯的教师讲授、学生听课,而是一种由教师引导学生接受事物意义的学习。可以是教师讲授,也可以是教师通过与学生互动引导学生归纳总结,将旧知识与新知识同化,无论是何种方式,最主要的是学生能把教学内容整合到自己的认知结构中,以便将来能够提取或运用。他将接受学习的教学方法称为"讲解教学"。

奥苏伯尔的认知同化学习理论强调学习者的积极主动精神,强调新观念与已有认知结构的相互作用,这些与行为主义仅强调外在刺激和反应的观点相比,无疑更能解释人类的学习观念。奥苏伯尔对接受学习的实质、条件、机制和类型做了精细的分析,突出了学生认知结构和有意义的学习,这些都可以澄清对传统讲授学习的偏见。但是,奥苏伯尔的认知同化学习理论注重知识的掌握,对于创造性思维的培养关注不够。事实上,有意义的接受学习和有意义的发现学习各有优势,教师在小学数学教学过程中要注重教学知识的连续性和逻辑性,让学生能将新旧知识形成有意义的同化。这种知识之间的逻辑性和关联性对于学生的知识理解,数学知识体系的建构是十分重要的,在这个过程中需要将教师讲授与引导学生发现相结合,两者相互补充。

(四) 学习的信息加工理论

一直以来,人们对学习和思考的过程都十分关注,在计算机技术、系统论、信息论和控制论的影响下,学者们提出了认知是信息的加工过程的观点,也被称为信息加工理论。这种理论认为人是信息加工系统,也称为符号操作系统,人的心理活动是一种主动寻找信息、接受信息、进行信息编码并在一定的信息结构中进行加工的过程。此过程特别强调认知中的结构优势效应,即原有的认知结构对当前认知活动的影响。这个过程中记忆是一个重要的环节,它可以分为感觉记忆、短时记忆和长时记忆三个子系统。感觉记忆被称为瞬时记忆,是按照感觉信息原有的形式来存储的,虽然很真实、容量也很大,但是如果没有给予选择性注意,那么很快就会消失,持续不到 1 秒。如果受到了重视,这种记忆就会转入短时记忆,也称为工作记忆。短时记忆的容量是有限的,无论是数字、字母或词语,一般在 7 个左右,可以持续 30 秒左右。如果有意义地记忆,能把不同刺激组成一个组块,短时记忆的容量就会得到扩展,也可以记忆得更持久,成为长时记忆。长时记忆中的信息可以保存 1 分钟以上,甚至是终身。长时记忆主要以言语编码和表象编码为主,它在被激活以前往往不会被意识到。人类积累经验主要依靠长时记忆,而长时记忆是以短时记忆为基础的,通过对短时记忆进行保持性复述和加工性复述可以将信息转入长时记忆。长时记忆一般分为情景记忆和语义记忆两类,两者的编码都是网状的,激活后就可以扩散还原。

加涅(R. Gagne,1916—2002)认为学习过程是人类学习者内部功能结构所完成的各种信息加工的过程,学生将看到的、听到的和感受到的信息进行编码。最初的刺激以映像的形式保持在感觉登记器中,保留 0.25~2 秒。当信息进入短时记忆后再次被编码,并以语义的形式被储存下来,保持 2.5~20 秒。如果学习者做了内部的复述,那么可以保持更久一点。经过复述、精细加工和组织等编码,信息被转移到长时记忆中进行储存,以备日后回忆。当新的学习依赖于原先知识时,这些信息就从长时记忆中检索出来并重新进入短时记忆。从短时记忆或长时记忆中检索出来的信息要通过反应发生器,它具有信息转换或动作的功能,产生一个影响学习者的认知结构或行为,这就表示学习者学到了新的知识。信息加工理论强调了认知主体的能动作用,认为认知主体已有的经验和知识会对后续的学习产生重要影响。在小学数学教学中,教师要注重将数学知识转化为学生容易编码的信息,进入他们的长时记忆中。例如,教师在讲解过程中可通过类比将数学知识或解题方法与学生熟悉的事物相联系,在课堂小结中将课堂内容提炼成结构图的形式等,这些都有助于学生对知识的编码,进而将信息转移到长时记忆中储存。

三、建构主义学习理论对小学数学教学的启示

在对认知发生机制进行研究的过程中,有部分学者认为认知是一个主动解释并建构个体知识表征的过程,这也被称为建构主义。教育中的建构主义可分为个人建构主义和社会建构主义,前者以皮亚杰(J. Piaget,1896—1980)为代表,后者以维果斯基(Vygotsky,1896—1934)为代表。

(一) 个人建构主义学习理论

个人建构主义强调个体在知识建构中的创造作用,认为知识不是独立于我们而事先客观存在的,它是人们在社会实践中建立起来的暂时性的解释和假设;学习也不是简单

地接受外界的信息,它会主动赋予信息以意义,建构自己的知识体系。皮亚杰以儿童智慧的发生、发展为切入口,研究人类知识的发生,他认为学习的本质是个体通过同化和顺应日益复杂的环境而达到平衡的过程。面对一个新的刺激情境时,如果主体能够利用已有的认知结构将刺激整合到自己的认知结构中,这就是同化;如果主体不能利用原有图式接受或解释刺激,其认知结构将会由于刺激的影响而发生改变,这就是顺应。皮亚杰用图式(schemes)的概念来描述个体的学习过程,图式是指有组织的、可重复的行为或思维模式,实际上就是个体解决一类相似问题时概括而成的比较固定的动作和思维模式,是在多次解决具有某类共性的问题后逐步演化而成,直至成为主体以后解决类似问题的认知工具。个体在感受某种新刺激时,会试图把这个刺激同化到既有的图式中,如果成功了,就获得了与这个特定刺激相应的暂时平衡;如果不能同化这个刺激,就产生了不平衡,就会通过改造旧图式或建立新图式来顺应这个刺激物,达到新的平衡。

皮亚杰认为学习不是个体获得越来越多外部信息的过程,而是学到了越来越多有关自身认识事物的程序,即建构了新的认知图式。这意味着,在数学教学中,不在于教师讲授了多少,而在于小学生能有效吸收的是多少。如果小学生不能将所学知识同化到自己的认知图式中,就要帮助他们建立新的认知图式,否则知识很快就会被遗忘。皮亚杰还对认知发展进行阶段性划分,尽管这些分类的准确性受到了一些质疑,但是他所提出的儿童的认知思维具有阶段性和层次性,儿童在发展过程中会有速度差异,而不会跳跃某个发展阶段的观点是具有较强参考价值的。此外,皮亚杰在发生认识论中也指出,儿童对学科的认知过程与学科的历史发展具有相似性。这表明,教师如果了解小学数学知识的历史发展过程,可以有效判断小学生在数学学习中可能存在的认知障碍。例如,在数学的发展过程中负数从出现到被人接受经历了一千多年,因此要在一两节课中让学生完全理解和接受负数的概念是会有困难的,据此教师就会有更准确的判断。

(二) 社会建构主义学习理论

社会建构主义关注学习和知识建构背后的社会文化机制,认为学习是一个文化参与的过程,学习者通过借助一定的文化支持参与某个学习共同体的实践活动来内化有关的知识,也就是认为学习不仅是个体与物理环境的相互作用,还需要通过学习共同体的合作互动来完成。维果斯基认为,学生的学习主要是掌握人类的经验,并将其内化于自身的认知结构之中的过程。所谓内化是指把存在于社会中的文化变成自己的一部分,以此有意识地指引、掌握自己的各种心理活动。在内化过程中,每个人的自我中心语言起着至关重要的作用。维果斯基认为知识是情境的,在一定程度上是应用知识的活动、背景和文化的产物,学习应该与情境性的社会实践活动结合起来,这也被称为情境性认知和情境性学习。该观点认为,知识的意义不完全是由脱离了情境的抽象的知识符号决定的,还受到学习者原有经验、所处社会文化系统的影响。这些都表明,班级文化、课堂文化和教学情境都会对小学生的数学学习产生重要影响,教师在教学中一方面要重视学习共同体的建设,让同学之间能在数学学习中相互监督、相互帮扶,共同发展;另一方面也要注重数学知识从情境到抽象过程的设计,要引导学生利用原有经验、心理结构和信念建构形成新的知识。

维果斯基在研究教学与发展时,提出了最近发展区(zone of proximal development, ZPD)的概念,认为教学要走在儿童现有发展水平的前面,落在最近发展区内,让儿童学有所成,而不是落在超越儿童认知能力的挑战性任务上。最近发展区是不断调整的,在一节课的前半段和后半段,小学生的最近发展区也是不一样的。为此,维果斯基及其同行提出了支架式教学和抛锚式教学的观点。支架式教学指教师要给学生提供适当的支持和指导,例如把任务简化、分解,提供学习素材,为学生的学习提供合适的支架,让学生在教师的帮助下能独立学习。抛锚式教学是由布兰斯福德(Bransford)为首的万达比尔特认知小组提出的,是指将学习活动与某种有意义的大情境挂钩,教师在教学中呈现真实事件或真实问题,让学生运用原有的知识去尝试理解情境中的现象和活动,教师逐步引导学生形成一些概念和理解,然后让学生用自己的理解方式去体验、思考并解决问题。[①] 呈现这类真实事件或真实问题就被比喻为"抛锚",因为一旦这类事件或问题被确定了,其内容和教学进程也就被确定了。教师在小学数学的教学中,可以真实问题的解决为抓手,让学生在解决问题的过程中得到知识的迁移。

建构主义学习观强调学习过程中学习者的主动性、建构性,这是这一理论派别的积极之处。但是,他们认为事物的意义源于个人的建构,不存在对事物的唯一正确的理解,过于强调了真理的相对性,这又是这一理论的不足之处。

四、人本主义学习理论对小学数学教学的启示

无论是客观实验范式(行为主义),还是主观经验范式(认知主义和建构主义),在对儿童学习的研究中都存在各自的问题,为此有学者主张将两者结合起来。这种背景下,以存在主义哲学作为基本观点的理论根源,以现象学作为方法论基础,以人的本性、经验、价值、潜能和创造力等为研究内容的人本主义孕育而生。人本主义认为应当把人作为整体来研究,而不是将人的心理分解为不能整合的几个部分,从全人教育的视角阐释学习者整个人的成长历程,重视如何为学习者创造一个良好的环境,让他们从自己的角度感知世界、理解世界,实现自我价值。马斯洛(A. Maslow,1908—1970)和罗杰斯(C. R. Rogers,1902—1987)是最为典型的代表人物。

(一)马斯洛的学习理论

20 世纪 60 年代,由于美国的青少年价值危机,学校教育面临着严峻的挑战,教育改革的呼声日益高涨。面对这些危机,传统行为主义心理学和精神分析心理学都无能为力,因为前者忽视了人的主观意识经验,用物的模式来研究人,导致了人的尊严、价值、潜

---

① 陈琦,刘儒德. 当代教育心理学(第 3 版)[M]. 北京:北京师范大学出版社 2019.

能和自主权的降低,而这些恰恰是当前亟待发展的;后者虽然研究人的主观意识,但是部分学者秉持的是意识决定论和性恶论的观点,将研究走向了悲观主义和宿命论的境地。于是,马斯洛从教育的本源目的出发,认为人的成长是源于自我实现的需要,这也被称为自我实现论。马斯洛反对外在学习,认为这是一种被动的、机械的学习模式,学生只是对个别刺激做出零碎反应而已,学生所学的知识缺少个人意义。他倡导内在学习,也就是依靠学生内在驱动,通过充分开发潜能达到自我实现的学习。他认为这是一种自觉的、自动的、创造性的学习模式,可以促使学生自发地学习,打破各种束缚人发展的"清规戒律",能充分发挥学生的想象力和创造力。

马斯洛认为人的自我实现是在各种需要得到满足之后才能出现的高级需要,然后从高到低依次是审美需要、认知需要、尊重需要、爱和归属需要、安全需要和生理需要。这7个层次的需要是马斯洛最为人所熟知的需要层次理论。其中,生理需要指维持个体生存和种族发展的需要,是各种需要中最原始的、最基本的需要,处于最优先满足的地位。自我实现需要是最高层次的,其他六个层次需要都得到满足之后,人们就有了实现全部潜能的欲望。马斯洛认为低层次的需要是高层次需要的基础,只有低层次的需要得到满足之后,高层次的需要才能出现。各种需要结构的演进不是间断的,而是呈波浪式发展的,在某些时候一个层次的需要会占据主导,但其他层次的需要也不会消失,只是不占优势而已。

马斯洛把健康人作为研究对象,包括健康人的人格特质,阐明了自我实现的机制与途径,这些都与当前的核心素养发展不谋而合。在小学数学教学中,要注重学生数学学科情感、数学学科精神和数学思想等方面的培养。但是,马斯洛学习理论过于注重个人在发展中的作用和个人的价值,忽视了社会价值的实现,容易造成个人发展和社会发展的对立。

(二) 罗杰斯的学习理论

卡尔·罗杰斯和其他人本主义学者的观点一样,都是以人性本善为基础,注重情感和内在动力对个人发展和学习的影响。罗杰斯认为,情感和认知是人类精神世界中两个不可分割的有机组成部分,两者是融为一体的,教育就是要培养躯体、心智、情感和精神融为一体的人。为此,教育教学的目标应该包括知识和情感,体现知情合一,并认为学习知识的过程也是十分有价值的。罗杰斯倡导有意义学习,不仅仅是增长知识,而且能与个体各部分经验都融合在一起,学生能认识到学习的目的和意义,能感受到学习后的变化。他认为知识学习中有很大一部分内容对学生来说是没有个人意义的,它只涉及心智,不涉及感觉或个人意义,是一种"在颈部以上发生的学习",与全人发展无关,是无意义的学习。只有将学习与学生的个人愿望、兴趣和需要有机地结合,才是有意义的学习,才能有效促进个体的全面发展。

罗杰斯在"以人为中心的疗法"的心理治疗实践中提出了以学生为中心的教学观。他在心理治疗中不是靠探究潜意识领域或改变反应形式来纠正不正常的行为,而是动员来访者主体内在的潜能进行自我理解,改变对自我和他人的看法,产生自我指导的行为,从而达到自我治疗的效果。因此,他认为促进学生学习的关键不是教师要教给学生多少知识,也不是教学生如何学习,而是为学生提供一种学习资源和促进学习的气氛,让学生自己决定如何学习。教师应该做到真诚一致、无条件积极关注和同理心(共情)。具体来说,应以学生为中心,相信学生的潜在能力,发展学生的自我指导能力;让学生察觉到学习内容与自我的关系;建立亲密的师生关系,让学生身处和谐、理解的教学环境之中;强调让学生在做中学,教师通过建构对学生来说是现实的、同时又与所教内容具有密切关系的问题,促使学生能全身心地投入学习活动中。

这些都对小学数学教学有着重要启示,教师在教学设计和实施中要确立以学生为中心,要明确数学教学的目标应该包括学生的心智和情感两个方面的发展。在教学中,应该让学生明确所学知识有何用,这种用处不需要很宏观,可以具体一些,例如可以解决哪类问题。了解学习目的后,学生对数学学习会更投入。另外,教学过程中,教师不仅要关注学生的学习积极性,也要注重学生的自主性,创造条件引导学生探索,去发现新知识的基本特征,以及与旧知识之间的区别和联系。在发展学生核心素养的教育背景下,人本主义学习理论有着更重要的价值,它从学生全面发展角度关注教育,这些都与当前的人才需求是相契合的,教师应具备与这种教育相适应的教育观和专业知识、专业能力。但是,人本主义过分强调学生的中心地位,突出人的"绝对自由",这些又都较为理想化,在小学教育中是难以实现的。

第三节　小学数学课堂教学的若干要点

课堂教学是教师最为重要的职业活动,是学校教育的基本形式,学生的知识、能力、道德、品格等大多是通过课堂学习才得到有效的发展。教师是课堂教学的组织者、引导者和合作者,课堂教学质量的高低与教师的专业水平有着密切的联系。小学数学教师应根据小学生的数学学习特征,结合相关的教育理论和数学学科特点,处理好小学数学课堂教学的若干点。

一、课堂教学应紧扣教学目标

教学目标是课堂教学预期达到的学习结果,在课堂教学中处于核心地位,指导着课堂教学的整个过程,也是衡量课堂教学有效性的重要标志。但是在教学实践中,部分教师未能围绕既定的教学目标展开教学,甚至有的教师在课堂教学时缺乏明确的课堂教学目标,凭借已有经验进行教学,这些都会导致课堂教学的低效,甚至偏离课程目标和教育目标。如果在课堂教学之前没有确定清晰、合理的教学目标,课堂教学就容易失控,出现在教学时长的把控上存在较大偏差,针对课堂突发情况缺乏应对等现象;如果有明确的教学目标,但是在课堂教学中没有紧扣教学目标,课堂教学就容易出现教学的重点不突出,想到什么讲什么,觉得好的题目、例子和课件都拿过来用,讲到哪里是哪里,或者教学内容与课程要求存在较大偏差等现象。

课堂教学中没有紧扣教学目标的根本原因是对其的重要性认识不够。工作繁忙、精力不足是外在因素,自认为专业水平和教学经验可以满足课堂教学是盲目自信,但这些都只是在一定程度上影响教师课堂教学与既定教学目标的吻合度。如果教师十分重视课堂教学目标,那么即使工作再忙碌,教学经验再丰富,他们在实施课堂教学之前也会将教学目标牢记于心,并以教学目标为核心,指导教学的准备与实施。一些小学数学教师在教学过程中,每一页 PPT 都很精致,每个例子和题目也都比较有代表性,但是整个课堂教学完成后,要么不知所云,不知道讲授这些例子和题目是为了什么,要么教学的过程十分不合理,比较简单的内容花了很多时间,比较难理解的内容反而会由于课堂时间的限制,讲授得十分匆忙。还有一些教师的课堂教学以讲授完教学内容为目标,属于这节课的内容讲完了最重要,怎么讲是次要的,这就导致了教师在简单的复习或例题后,就很快向学生讲解本节课的新知识,然后剩余大量的课堂时间进行解题训练,不断地做题、校对答案。如此一来,不仅教学过程简单化,而且教学目标扁平化,仅仅聚焦知识性目标,对于学生的数学思想、数学情感和数学审美等素养的培养缺乏关注。事实上这种缺乏理解基础的、灌输式教学,知识性目标也是难以有效达成的。哪怕学生在课堂上能做对一些练习题,但是由于没有深入理解,很容易遗忘,而且一旦题目有所变式,学生就无所适从,未能灵活运用。

例如,在"进位加法"的教学中,教师在课堂教学伊始进行了复习,让学生回忆 1+9、2+8、3+7 等整十加法,然后通过一个所谓的情景题,提出要计算 5+9,列出算式后对学生说,这个不是我们前面所学的整十加法,也不是 10 以内的加法,这就是我们今天要学习的进位加法,那么这个式子要怎么计算呢? 这时候有学生举手,请个别学生回答后,得到这个式子的计算需要把 5 拆成"1+4",或者把 9 拆成"5+4",我们把这种方法叫做"凑十法"。然后,举例说明什么是"凑十法",讲述完成后课堂才进行了 10 分钟,此后的时间就是做练习和分析答案。这样的课堂教学就没有紧扣教学目标,以"讲完"教学内容为目的,教学过程十分简单,缺乏精心的设计。诸如"为什么可以这么计算?""有没有别的计算方式?""这种计算为什么是合理的?""与其他方法相比它的优势在哪里?""这种计算体现了怎样的数学思想?""可以培养学生怎样的数学思维?""学生可能出现的认知障碍有哪些?"等问题都是这样的课堂教学无法解答的,相应的教学目标自然也无法达成。

小学数学教师在课堂教学中,一定要树立目标意识,重视课堂教学目标的制订和落实。一方面需要教师精心思考,根据教学内容和教学对象制订合理的教学目标,该目标要符合发展学生数学素养的课程目标。教学目标不仅要包括学生数学知识的掌握和数学能力的提高,也要包括学生数学情感、数学思想和数学精神的发展,能充分体现小学数学课程的教育价值。另一方面,在教学过程的构思、教学素材的选择、教学方式的组织等方面,教师要以教学目标为指导,不断问自己:"这些教学目标要分别在哪些环节实现、怎么实现?""这么教的目的是什么?""这个例子是为了起到什么作用?""类似作用的素材是否已经有了?""这个题目是为了达到什么目的?""相同目的的题型是否已经有了?""这些例子和练习是否与课堂教学目标有联系?"……只要自己能回答这些问题,就表示这么设计已经经过了理性的思考,而不是仅凭经验教学;只要能时刻提醒自己这么教学的目的为何,就能紧扣教学目标,就能突出教学的重点。这样不仅课堂教学符合学科逻辑和学生的学习逻辑,而且也会较为精彩。这种课堂教学才是有效的课堂教学,是有"灵魂"的课堂教学。

二、课堂引入需要精心设计

好的开始是成功的一半,课堂教学也一样,是否有一个好的开头,对后续课堂的实施十分重要。小学生注意力容易分散,教师尤其要注重课堂的引入,要根据教学内容和学生特点进行精心的设计。

(一) 课堂导入可明确学习目的,促进学生有效学习

无论是成年人还是儿童,在做某事以前一般都会有着明确的目的,知道目前或接下来要做的事是为了什么,有什么用。例如,听音乐的目的是放松,跑步的目的是锻炼身体。否则,就不会去做,或者做了也不会用心。如果不知道目的,哪怕在做了,也不会有太强的动力去维持,更不会有太多的主动性。学生的学习也一样,如果不知道接下来的学习内容有何目的,可以用来解决什么具体问题,那么他们在听课过程中就不可避免会产生"学了有什么用""为什么要学这个内容"的疑惑,进而影响学习的专注度。如果在学习以前就通过教师的导入了解今天这节课学习的目的,那么学生就会带着解决问题的心态去学习,学习的效果也将更加显著。如果教师在导入时能就未知问题的解决启发学生思考,那么不仅可以较好过渡到新授课内容,也能较好启发学生思维,培养他们的创造力。

可能有的教师认为,学习的目的是一直存在的,就是要掌握知识,在考试中取得好成绩。这话不假,但这是大的目标,即使不是升学的目标,也会是学段或者学期学习的目标,这种目标或许会时不时地在学生头脑中闪过,而在日复一日的上课中,这种学习目的会被逐渐弱化,未能起到有效引导学习的效果。这就如同跑马拉松,虽然知道终点在哪里,但是这种抵达目的的意志力会随着长时间、相对单调的奔跑逐渐被冲淡。倘若运动员在跑步以前对沿途的线路比较熟悉,并自己设定若干距离作为小目标,那么跑步过程中会以小目标的完成为基础,一段段地去攻克,完成后获得的短暂满足感又会产生新的动力。所以,学年或学期学习的目标对于每堂课来说太过遥远,以此持续引导并激发学生的学习不太现实。这就意味着,如果教师在导入时,能让学生明确本节课的学习目的,让学生带着问题往后学,学生的学习目的性就会比较明确,学习效果也会更好。例如,在教学进位加法时,学生已经学习了 10 以内的加法和整十加法,教师可在导入中给出一个

这两种方法都不能解决的题目,然后对学生说:"看来我们的'武器'还不够多,有很多问题我们还不能解决,就比如两个数相加结果会超过 10 的运算,所以今天我们一起来探讨一下这种数的运算。"这样的导入方式,使学生对本次课的学习目的明确了许多,知道所学是为何,后续的课堂学习也会更加有效。

(二) 课堂导入应能激发求知欲,提升学生学习的内在驱动力

明确了学习目的,学生在课堂学习时知道了所学内容的目的所在,可以有的放矢。但是,仅仅知道学了为何还不够,还要有兴趣去学。例如,教师在"进位加法"课堂教学伊始说:我们以前学会了 10 以内的加法和整十加法,但还是很不够的,如果两个数相加结果超过 10,我们就不能用之前的方法运算,那么今天我们再来学习一种方法。这么导入的话,学生虽然明确了学习的目的,但是未必能激发学习动力。如果采用小学生较有感知和体会的情境导入,学会了这个运算,就能解决情境中的问题,那么小学生会有更大的兴趣投入后续的学习。

值得一提的是,课堂导入要能激发学生的学习兴趣,这与导入要有趣是不一样的。有趣的导入会让学生觉得有意思,可能也会很轻松,或许课堂中还会充满欢声笑语,但是并不一定都能激发学生的学习兴趣。能有效激发学生学习兴趣的导入可以是有趣的,也可以是能激发学生探究欲的任务和问题,或者是能激发学生胜负欲的小组合作或个人比赛等。怎样的导入才能有效激发学生的学习兴趣和学习动力,应该与具体的数学知识点有关,也与学生的年龄特征、校园文化和社会文化都有关,且一般都会以提问形式引入新课。教师应该善于思考,有意识地在模拟和真实的教学实践中不断尝试,从中归纳总结出针对不同的教学对象和教学内容,都能设计出有效的课堂导入。

(三) 课堂导入应有助于思维的平缓过渡,帮助建立知识联结

数学知识具有较强的体系性,各知识点之间存在着直接或间接关联,在数学学习过程中,如果学生能将新学的知识纳入已有的知识图谱中,就能较好地掌握和运用。倘若未能建立有效联结,学生只能孤立地记住它,那么知识的掌握就不牢固,也不能灵活运用。因此,教师可以在课堂导入中,从已学知识的复习开始,慢慢过渡到新授知识,让学生的思维能平缓过渡。这种导入不仅有利于学生对知识的掌握,也会让学生感受到数学并非抽象和枯燥,也是有迹可循的,有助于学生学习数学兴趣的提升。

为了让学生对新授知识有较好的感知,教师往往会在课堂导入中复习已学知识作为过渡,这种导入方式在数学教学中较为常见,也能取得较好效果。但是有的教师在导入的设计中还不够细腻,缺乏逻辑上的关联,导致课堂导入未能发挥应有的效果。例如,在"进位加法"教学时,教师在课堂伊始对上节课的整十加法进行复习,复习好了,教师给出一个需要进位的一位数加一位数的加法运算,然后说:这个运算不能用整十加法解决,这就是我们今天要学习的进位加法。整十加法和进位加法当然存在着密切的联系,但是在教学进位加法时采用复习整十加法导入,只能起到复习的作用,并不能起到导入的作用,

反而可能起负面的效果。数学课堂教学中,需要启发学生思考,深化学生的认知,发展学生思维,如果在课堂教学伊始复习了整十加法,那么在给出需要进位的一位数加一位数的加法算式时,就会对学生的思考产生较强的暗示作用,不利于学生思维的拓展。倘若创设情境,引出需要进位的一位数加一位数的问题,让学生思考应怎么处理,可能学生会给出很多种方法,教师可以一一写下来,通过比较后认为先拆开再凑成整十这种方法最简单也最合理,然后再复习整十加法,这种导入的设计在逻辑上更为合理,教学过程也更为流畅,有利于学生认知思维的发展。所以,课堂导入对于学生思维的过渡和新知识的学习都很重要,避免了数学的抽象和深奥,有助于学生建立知识联结。当然,对导入的设计有较高的要求,不仅要相关,更要合理。

(四) 学生的学习注意力具有阶段性,有效导入可维持学生听课的注意力

在正常情况下,每个人注意力集中的时间都有一个限度,成年人稍长,儿童稍短,而且这种注意力不仅和年纪有关,和个体的意志品质也有关,更是会受到关注对象的影响。如果所要关注的对象对个体来说很有吸引力,很有兴趣去了解,那么他注意力的持续时间就会延长。就比如我们在看自己喜欢的电影时,就会觉得时间过得特别快;如果在等待的时候,就会觉得时间过得很慢。听课也一样,如果学生觉得缺乏吸引力,不能有效调动他们的学习热情,学生的注意力就会很快转移到其他地方,或者开小差;反之,如果是有效的导入,可以激发他们去学习,他们的学习注意力就会持续更久,课堂教学也自然会更有效。数学知识具有较强的逻辑性,是不断累积的,如果从课堂开始就被内容所吸引,能不断参与其中,学生的注意力会一直维持,并不会觉得单调和无趣;反之,如果没有在课堂一开始就参与其中,途中如果尝试听课,有时就会因为听不懂而放弃。

小学生受到客观因素的影响程度较大,因此数学课堂中对导入进行设计是十分有必要的。恰当合理的课堂导入,不仅可以让学生的数学学习更加自然、顺畅,而且学生听课的注意力也会更为集中。例如,在教学乘法的时候,如果缺乏导入直接进入乘法的学习,告诉学生乘法口诀,然后进行练习巩固,学生难免觉得乏味和单调。如果创设情境,两个小朋友比赛谁的加法算得快,一个小朋友总是算得很快,他说自己有秘诀,那么教师就可以问:"这个秘诀是什么呢? 我们一起去看看。"然后从加法逐步过渡到乘法。这种导入相较于之前的导入,对学生的吸引力显然更大,学生也更能集中注意力去学习。这些都表明了,课堂导入对小学数学教学的重要性,教师应该重视课堂导入,在设计教学时能根据具体情况,有意识地设计既符合学生思维认知,又能有效吸引学生的课堂导入。诚然,有效的课堂导入有赖于教师课堂导入技能的提升,因此教师在职前学习阶段就要多思考。

三、教学过程要体现学生的主体性

学生是学习的主体,在课堂教学中不能采用灌输式教育,而要体现学生的主体性地位,这些教学理念绝大部分教师都是知道的,甚至有的教师还会把它写在教学设计中。

但是,要在课堂教学中真正体现学生的主体性并不容易,一些教师所谓的"以学生为中心",只是表面的,并未在本质上凸显学生在学习中的主体性地位。在小学数学课堂教学中,有时课堂气氛很热烈,师生互动很多,学生的发言也很踊跃,有不少课堂还会有学生的小组交流和操作活动,但这些与学生在学习中的主体性地位并没有必然的联系。如果教师的课堂提问都是没有实质意义的内容,学生小组交流或学生操作活动的内容难度是不适合的,那么交流再热烈、探究活动再多,也是没有意义的,对学生的认知和思维发展都缺乏实质性的帮助。有的教师的课堂教学可能没有那么多提问,也没有学生的小组交流或操作活动,但是他的每个提问都恰到好处,都能引发学生的深度思考,并能在思考后获得有效信息,增进对知识的理解,在教师的引导下,学生还能用自己的语言表达出来,这种教学就体现了学生在学习中的主体性地位。

例如在"面积"概念的教学中,很多教师将教学目标定为两个:一是掌握面积的概念,也就是要掌握封闭图形的大小称为面积;二是学会用固定大小的方格数量来表示面积的大小。应该说这两个目标的确定还较为准确,如果再加上情感性或思想性目标就会更完整。要如何达到这两个教学目标,该实施怎样的教学,不同教师之间存在较大的差异。有的教师在教学伊始先给出两个可通过直接观察得出大小比较结果的图形,然后再给出两个直接观察不易得出大小比较结果的图形,在学生陷入争议时,将这两个图形放入网格中,学生一下子就明白,可以通过数网格的方法判断哪个大哪个小。此时,教师给出面积的定义,并提问:"刚才我们不但判断出了哪个大哪个小,而且还可以从数网格中得到什么启发啊?"在学生回答后,再说道:"对,我们可以通过数网格的方法来确定一个图形的面积是多少。"进而对学生进行分组,让各小组运用学习单上的网格来比较学习单上各图形的大小,并完成学习单上空格部分的填写,看哪个小组又快又准确。这种课堂教学的气氛较为热烈,师生交流较频繁,学生的学习积极性也较高。但是这种教学方式,将学生的思维禁锢在了一个封闭、狭小的空间,缺乏了对学生创造力的培养,以及数学思想方法的渗透,学生成了教师指挥棒下的"工兵",在一个很小的小范围内进行机械性较强的活动。这种活动是以验证结论和熟练操作为主要目的,并未涉及高阶思维的启迪,是一种低效的课堂操作活动,是典型的"伪探究"。

其实,三年级的学生在学习面积概念以前,对"图形是有大小的"已经有了基本的认识,在面积概念掌握的目标中,需要做到两点:一是让学生知道刻画平面图形大小的名称叫"面积",这和刻画线段长短的名称叫做"长度"是一个道理的;二是要让学生掌握面积是对封闭图形而言的,只有这个平面图形没有缺口,才能探讨它的面积是多少。如果教师在教学中,忽略了这一点的强调,有可能导致部分学生判断错误。这是教学的难点之一,在以学生为主体的课堂教学中,教师可以通过举反例来让学生意识到面积概念的严谨性。例如,通过引导让学生说出"图形的大小叫做面积"后,教师首先表扬这个学生,然后可以在黑板上画一个有缺口的图形,如"∠",这样就能引导学生意识到讨论面积概念时,图形是需要封闭的。通过引导启发学生,借用学生的表达逐步达到规范化、严谨化,这就是苏格拉底"产婆术"教学方法的体现,也是学生在学习中主体性的体现。除此之外,用固定大小网格来衡量面积大小的方法体现了重要的数学思想,是一种"以直代曲"的数学思维,如果网格逐步变小,就是"化整为零、积零为整"的定积分思想。因此,该部分内容具有重要的价值,倘若教师只是在教学中直接给出诸如图5-3所示的教科书中的图,就会对学生产生

图5-3　沪教版教科书面积内容的插图

很强的暗示,教育价值也就大大降低。要较好体现学生的主体性地位,可以在教学时让学生思考该怎么才能比较两个图形的大小。应该会有学生提出用网格法,因为他们预习了或者看到了教科书上的暗示,但没有关系,可以鼓励学生思考是否还有其他方法。这时候学生就会思考,发挥他们的创造力,想出各种各样的方法,这个过程对他们的思维发展是十分重要的。然后,教师可以比较各种方法的优劣,分析为什么用正方形的格子而不用别的规则图形等,通过不断的分析、比较,让学生得到启发,而且在这个过程中,教师以提问为主,通过提问鼓励学生说出想法,然后进行归纳和总结,直到大家都认同这种方法后再进入练习的环节,这种教学就体现了学生的主体性地位,注重了学生数学素养的培养。

　　小学数学课堂教学过程中是否体现学生学习的主体性,关键在于学生的数学知识获得是否是自主思考的结果,这种自主思考需要教师的合理引导,既不能太直接,又不能太难。教师首先要对教学内容的重点和难点有较为清晰的认识,然后对其进行分解,并做精心的设计。重点知识的掌握和难点的突破最好能引导学生进行较为深入的思考,帮助学生自己概括出新知识的主要特征。学生能用自己的语言表达出来的,教师尽量不要代劳,教学不能急于求成,磨刀不误砍柴工,看似一节课才讲授了这么点知识,但它能让学生深入理解,牢固掌握,后续就可以省去很多练习的时间和纠错的时间。因此,小学数学课堂教学要真正体现学生的主体性地位,需要教师做到心中有学生,对教学知识有较为深入的理解,通过精心的设计和课堂的引导,让学生能独立思考,做思维的主人,而不是表面上自主,实质上被动接受。

四、合理运用迁移帮助学生理解数学

　　学习迁移指的是一种学习对另一种学习的影响,即学生已获得的知识经验、认知结构、动作技能、学习态度、策略和方法等对新知识、新技能的获得所产生的影响。在数学学习中,迁移的运用十分频繁,无论是数学知识的掌握还是数学题目的解答,以往的数学

知识和数学解题都会对其产生影响。小学生如果能从已学知识和方法中获得迁移,那么可以对当前的学习和解题产生积极影响。教师在小学数学的课堂教学中要通过类比、反比等方式,促进学生知识的迁移,让他们独立思考后掌握新的数学知识。

为探究已知对未知的影响,很多学者对迁移进行了研究,按照迁移角度的差异可对学习迁移进行不同的分类:从迁移的领域上看,可分为知识迁移、动作技能迁移、习惯迁移和态度迁移等;从迁移的方式上看可分为特殊迁移和非特殊迁移,前者指某种学习的内容只向特定范围内容发生迁移,非特殊迁移指某种学习的内容向广泛范围内容的迁移;从迁移的方向上看可分为顺向迁移和逆向迁移,前者指先前学习的内容对以后学习的内容产生影响,后者指后继学习的内容对以前学习的内容产生影响;从迁移的效果上看可分为积极迁移和消极迁移,或称正迁移和负迁移,正迁移指一种学习对另一种学习的积极影响或促进,负迁移指一种学习对另一种学习的消极影响或干扰。

(一) 学习迁移的主要理论

理论上对迁移的系统研究始于 18 世纪中叶,不同学者对迁移发生的原因、过程和影响因素进行了研究,产生了不同的学习迁移理论。

1. 形式训练说

这种迁移理论是以官能心理学为基础,主张迁移要经过一个"形式训练"的过程才能产生。这一理论认为,心智是由许多不同的官能等组成的整体,每一种官能都是独立的实体,分别从事不同的活动。各种官能可以像肌肉一样,通过练习增强力量和发展。迁移就是心智的官能得到训练而发展的特殊价值。迁移的形式训练说认为,某些学科可以具有训练某一或某些官能的特殊价值,一旦某种官能在这些学科中受到训练,就可以迁移到其他类似性质的问题的解决中,尤其是记忆力、注意力、想象力和推理能力等。因此,教育的目的在于训练和改进心理的官能,学习的内容是否符合实际不重要,重要的是学习的方法和强度。

这一观点在欧洲盛行了 200 多年,在语言学习和数学学习中也产生了一些效果,尤其是在记忆官能的提升方面。但是,该理论后来受到了实验研究的挑战,认为关于迁移的解释是从唯心主义的观点出发,缺乏足够的实验依据。

2. 相同要素说

桑代克根据自己的实验结果,在批评形式训练说的同时提出了相同要素说,他认为只有当两种训练技能具有相同的要素时,一种技能的变化才能改变另一种技能的习得。也就是说,只有当两种学习在某些方面有相同之处时,才有可能进行迁移,并且两种情境相同的因素越多,迁移的可能性就越大。武德沃思(R. S. Woodworth,1869—1962)将相同要素说改为共同成分说,即两种学习活动有共同成分时,一种心理技能的改进才能引起另一种心理技能的改进,导致迁移的发生。

桑代克的相同要素说解释了迁移现象中的一些事实,对迁移理论做出了重要贡献。

并且,对当时的教育界也起过积极作用,使学校脱离了形式训练说的影响,在课程设置上开始重视应用学科,教学内容也开始与实际应用相结合。但相同要素说事实上是从联结主义的观点出发的,所谓相同元素也就是相同联结,那么学习迁移不过是相同联结的转移而已,这种未能充分考虑学习者的内在训练的观点,仍然具有一定的局限性。

3. 概括说

贾德(Judd)于 1908 年提出了迁移的概括说,他认为两种活动之间存在共同成分只是产生迁移的必要前提,而产生迁移的关键是学习者在两种活动中概括出它们之间的共同原理。贾德以"水下击靶"实验论证了概括化理论,他把十一二岁的儿童分为 A、B 两组在水中练习打靶。A 组被试先了解光在水中的折射原理后再进行练习,B 组只进行练习和尝试;当他们达到相同的训练成绩以后,实验者加大了水中目标的深度,让他们继续打靶;结果发现 A 组的练习成绩明显好于 B 组。贾德认为,这是因为学过原理的 A 组被试已经把折射原理概括化,能对不同深度的靶子做出调整和适应。

他认为概括化的知识是迁移的本质,知识概括化水平越高,迁移的范围和可能性越大。这一理论解释了原理、法则等概括化知识在迁移中的作用,已涉及较高级的认知领域中的迁移问题,为迁移理论的发展做出了重要贡献。后来亨德里克森(Hendrickson)等人对此进行了改进,认为概括化不是一个自动的过程,应创造条件帮助学生概括。但是若过度地概括,则会夸大两种情境的相同之处,而忽略他们的差异性,导致生搬硬套;若错误地概括,则容易导致思维定势,形成负迁移。

4. 关系转换说

在迁移概括说的基础上,格式塔心理学家做了进一步的研究,认为迁移的发生不在于有多少共同因素或掌握了多少原则,而在于能否突然发现两种学习情境中的要素之间或原理之间的关系。也就是说学生顿悟学习情境中的关系才是实现迁移的根本条件。苛勒用"小鸡啄米"的实验论证了这一假说。在地上摆放两张纸,一张深灰色纸 A、一张浅灰色纸 B,食物总是放在纸 A 上,等小鸡和 3 岁小女孩掌握了这种学习后,用一张颜色更深的纸 C 替换纸 B,也就是相比而言现在纸 A 变成了颜色浅的那张,结果发现小鸡对纸 C 的反应达到了 70%,小女孩始终对纸 C 做出反应。因此苛勒认为被试选择的不是刺激,而是比较其相对关系,这种在情境中的关系对迁移起到了作用。

关系说强调个体对关系的理解,认为顿悟是获得迁移的真正本质。该结果得到了实验的支持,研究也发现训练时的刺激和测验时的刺激差别越大,迁移越不容易发生;用语言表达刺激之间关系的能力越强,越容易发生迁移。这也表明,小学数学教师在教学中通过鼓励学生用自己的语言表达想法,说出自己认为的定义和性质,都有利于学生的数学学习。

5. 认知结构说

奥苏伯尔提出了迁移的认知结构说,他认为当学生已有的认知结构对新知识的学习发生影响时,就产生了迁移。一切有意义的学习都是在原有学习的基础上产生的,而过去经验对当前学习的影响不是直接发生的,它是通过认知结构的特征发生影响的,这些特征是指学生在一定知识领域内的认知的组织特性。学生在某一领域的认知结构清晰度、稳定性、概括性和包容性越高,迁移发生的可能性就越大。

这说明迁移的发生不仅取决于前后两种学习在刺激和反应方面的相似程度,还取决于学生认知结构的组织特性。罗耶(Royer)认为记忆会对迁移产生重要影响,而人的记忆是高度结构化的存储系统,因此学生对学习材料是如何理解的会影响学习的迁移。该理论从人的认知结构探讨迁移,而不是单纯从学习材料探讨,这可以解释一些复杂的迁移现象。

6. 奥斯古德的三维迁移模式

奥斯古德(Osgood)在总结了配对联想学习中的大量实验资料的基础上,提出了迁移的三维模式,即"迁移与倒摄曲面"或迁移逆向曲面模型。该模型表明了迁移与两个学习情境的刺激,或者学习材料的相似程度和反应的现实程度的关系。他认为,先后两个学习材料越相似,产生的效果也越相似,两者的正迁移就越大;如果材料相似,产生的效果是对抗的,两者就会产生负迁移,例如有时候看着题目很类似,但是后出现的题目中有个隐蔽的陷阱往往就会有不少学生做错,这就是因为产生了负迁移。

由于奥斯古德的这一模式只是对配对联想学习的迁移规律的总结,因此对于机械性学习比较有说服力,也能较好说明一些简单的学习迁移现象,但在说明高级学习特别是意义学习中的迁移现象则会遇到较大困难。

(二)影响学习迁移的主要因素和教学原则

1. 影响学习迁移的主要因素

学生在数学学习的过程中,影响其迁移的因素有很多,主要可归结为主观和客观两个部分,主观因素虽然起着决定性作用,但是对于小学生来说,客观因素也十分重要,教师应创造条件,更好促进小学生在数学学习中的迁移。

(1)客观因素。

首先,学习材料的性质。两种学习材料具有相同或相似成分,有利于迁移;学习材料具有良好组织结构,也有利于迁移。因此,在小学数学课堂教学中,选择的例题一定要典型,不要过偏、过难以致不利于学生的迁移。

其次,学习的情境。如学习场所、环境的布置等方面的相似,有利于学生利用有关线索促进迁移的发生。因此,在小学数学探究性内容或综合与实践内容的教学中,教师可在某些环节创设类似情境,启发学生的迁移。

再次,教师的指导。教师在教学过程中,有意识地引导学生发现不同知识之间或情境之间的共同点,启发学生进行概括,指导学生运用已学到的原理、知识去解决具体问题,要求学生将所学的知识举一反三,这都有利于促进积极迁移的产生。这些也与教师的专业水平有较大联系,专家型教师的记忆中有较多认知图式和问题解决图式,他们在遇到新问题时擅长把它划归为某一特定类型，然后在头脑中形成问题的直观表征，进而利用自己熟知的解决问题的路线来尝试解决。因此，小学数学教师除了提升自己的专业水平，还可以在小学数学课堂教学中通过语言内容的启发，并结合语气、神态和肢体语言，促进学生的学习迁移。

（2）主观因素。

首先，学生的智力水平。小学生的智力水平会在很大程度上影响他们的数学学习，包括对知识的概括、对方法的总结，以及对知识之间联系的认识、知识深度的理解等，智力水平较高的学习迁移能力较强。

其次，学生认知结构的数量和质量。学生已有知识经验的准确性、稳定性、丰富性和组织性等，会直接影响到学生面对新知识、新情境时对已有知识提取的速度和准确性，从而影响到迁移的发生。很多研究表明[①]，元认知在学生的数学问题解决中发挥着重要的作用，通过训练学生的元认知水平可以提高他们的数学问题解决能力。元认知和思维品质是同一个事物的两个方面，是相互促进的，思维品质是思维整体结构功能的外在表现形式，而元认知是思维整体结构功能的内在组织形式，思维品质是表层结构，元认知是深层结构。表现于外的思维品质的差异根源在于思维整体结构的内在运行机制存在差异，特别是元认知对整个思维结构中各系统相互作用直接进行控制、调节水平的差异。这表明，小学生在数学学习中的方法十分重要，尤其是对认知的编码和记忆，对他们的信息提取会产生较大影响；训练儿童的思维可以抓住元认知这个核心，加强元认知的培养与训练是改善儿童思维、智力水平的关键和突破口。

再次，学生学习的心理定势。定势即学生从事学习活动的一种心理准备状态，它对学习有一种定向作用。定势有利于迁移的发生，但它所促进的迁移可能是积极迁移，也可能是消极迁移。这要求小学生不仅要在学习时对数学知识有深刻而全面的理解，而且在解题时能审好题，对于关键信息能通过划线或画圈等标注好记号提醒自己，切勿着急解题，导致思维定势，掉进题目的"陷阱"中；应根据题意要求广泛搜索内在认知结构，从中选取最为合理的解决路径将其迁移到问题的解决中。例如，在学习简易方程时，学生会下意识地将所求问题设为未知数，这在某些问题的求解时就会变得更加困难。

迁移在数学学习中很重要，但不是盲目的，它以数学知识为基础，这些知识都是理解后形成的各种结构储存在学生记忆中的，学生在后续的学习中既要有较强的迁移意识，也要有活跃的思维，能从各种存储的认知结构中获得启示。当然，这个过程需要在学习中不断地训练，注重学习的方法。

2. 促进学习迁移的教学原则

如何实施恰当教学，更好促进学生的学习迁移，与教师的专业水平有很大联系。小学数学教师不仅要不断学习和提高自身专业水平，还要在教学中注意若干要点，通过实

① 董奇. 元认知与思维品质关系性质的相关、实验研究［J］. 北京师范大学学报，1990(05)：51-58.

践的探索,形成适合自己的教学方法。

(1)提高学生的数学概括能力。学生的概括能力对于学习的迁移有着重要的影响,包括对知识的概括和对方法的概括。教师在教学中,要通过例题的展示,启发学生思考,并鼓励他们用自己的语言表达想法;在解题中,要求学生先读懂题意,而不是盲目试误,并且在解题完成后能对其进行反思和总结;在单元复习时,要鼓励通过知识之间异同点的比较,总结它们之间的联系,并能概括出知识中蕴含的数学思想方法。这些过程都可以先鼓励学生表达,教师再进行引导,帮助学生逐步达到正确、严谨的表述。

(2)帮助学生建立完善的数学认知结构。研究表明,教学中的精细加工对学生记忆陈述性知识有促进作用①。这需要在教学中赋予知识点更多的信息,让知识与其他知识建立更多的联系,从而获取可帮助记忆的编码。为此,教师在教学中可通过数形结合、运用类比、反比、引导学生归纳等方式,帮助学生建立认知图式,使他们能对新知识的内涵和外延,及其与其他知识的相同点和不同点有较为深入的了解,然后形成新的认知结构。

(3)注重一题多变。在数学教学中,很多教师习惯于一道题又一道题地举例、练习,这些题目与本次课所学知识肯定是有联系的,但是如果所求解的题目之间缺乏关联,就不利于学生的知识迁移,导致低效学习。因此,教师可在课堂教学中注重一题多变,通过题目之间条件的变化,让学生经历从易到难、从简单到复杂的认知过程,这种过程有利于学生的认知迁移,对于知识之间的联系、深入理解都十分有帮助。当然,对于一些容易引起负迁移的,导致学生思维定势的迁移,教师也可通过举例引发学生的认知冲突,在比较分析后,对其进行归纳总结,让课堂教学起到举一反三的效果。

五、注重小学数学课堂教学的实质

小学数学的课堂教学应以小学生的数学核心素养发展为指导,让学生能掌握数学知识,能灵活运用数学知识解决问题,能感悟数学的思想方法,并具备较好的数学学科情感。这需要教师在课堂教学时能抓住数学内容的本质,重视体现数学课程的教育价值。但是,一些小学数学教师的课堂教学还存在各种形式化倾向,导致了教学效率的低下。

(一)教学目的的形式化

无论有没有明确写下来,大多数教师的课堂教学都会有明确的教学目标,但是在具体实施过程中,有些教师的教学行为与教学目标存在偏差,追求了形式化的教学目的。例如,在"方程"的教学中,有教师就方程的概念进行了反复的教学,要求学生能根据教科书的定义逐字逐句判断什么是方程,然后举例"$x=1$",请学生判断这是不是方程,在学生出现不同意见后,让他们依照教科书的定义"含有未知数的等式就是方程",确认"$x=1$"就是方程,以此巩固方程的概念。将方程概念作为教学目标之一,在本次课堂教学中是合理的,但是以"$x=1$"举例就偏离了学习方程的目的。如果按照教科书的定义来判断,

① 喻平.数学教学心理学(第2版)[M].北京:北京师范大学出版社,2018.

不同版本教科书对此定义也略有差异,沪教版教科书中对方程的定义是"为了求未知数,把含有未知数的等式叫做方程",那么按照这个定义,"$x=1$"更符合是作为方程的解,而不是方程。事实上很多学生也是这么认为的,而且它与一般的方程定义有较大区别。导致这种现象的主要原因是教师没有制订明确、具体、恰当的教学目标。教学目标要体现最重要、最核心的教学内容,而不是舍本逐末,追求边缘化的教学目标;教学目标也要明确,符合学生的认知特征。如果教师在课前对教学目标有清晰的认识,对该知识点的教育价值有深刻的解读,那么教学过程就会围绕着目标的落实展开。

事实上,数学知识是人类为了更好刻画客观世界所创造的形式化语言,部分内容是人为约定的结果。例如,方程就是刻画现实世界的有效模型,包含了建模思想、化归思想,但是对于为什么它的名称叫做"方程",准确的定义应该是什么,这些都是人为约定的,略微有差异也正常,都不影响人们对它的认识和运用,教师在教学前应对其有正确的认识。对于小学生来说,接受字母可以表示数,而且这种表示数的符号和数一样,都可以参与列式和运算,这个是最为关键的。教学中可以强调学生对方程概念的认识,举例要典型,对于一些存在争议,而且容易脱离教学目的的例子要慎重,以免造成学生的困扰。在"一元二次方程"和"有余数的除法"中也曾出现类似现象,例如有教师在课堂中举例"$x^2+x=x^2+1$",让学生依照教科书定义判断它是不是一元二次方程;有教师在课堂中举例"7 的余数有几个"时,对"0"是不是余数进行重点分析。这些都是教学目的的形式化,对于数学知识的实质关注不够,而对其表述方式却过于细致解读,以非典型性、非代表性的内容为教学例题,这样容易分散学生的关注点,在一定程度上导致了数学教育价值的缺失。学生在解题中出现一些未能灵活运用知识,对知识仅机械性的记忆,可能都与教学目的的形式化有关。例如,有不少学生认为"只有含有 x 的等式才是方程",诸如"$s+1=3$"就不是方程;也有学生在解应用题时,题目求什么就设什么为 x,导致一些列式错误,即使有的式子列对了,也大大增加了计算量。这些都与教学目的的形式化有关,与未能理解学科知识的本质内涵有关。

(二) 教学过程的形式化

除了教学目的的形式化,教师在教学过程中也出现较多的形式化表现,主要可归结为课前复习的形式化、创设情境的形式化、合作探究的形式化和课堂练习的形式化等表现。

1. 课前复习形式化

很多教师在小学数学课堂教学伊始都会对之前的学习内容进行复习,这是十分必要的。但是,如果复习的内容与本节课的教学内容关联不大,复习归复习,新知识归新知识,这就容易破坏课堂教学的整体感,不利于教学目标的落实。虽然很多时候教师的复习内容与本次课的教学内容有较大关联,但是如果缺乏衔接与过渡的设计,也会导致复习与新知割裂,从新知的学习角度来看,这些复习都是形式化的。例如,在教授"进位加法"内容时,教师先引导复习整十加法,复习好了再给出一个需要进位的加法题目,然后说:这个题目不能用整十加法来解决,这就是我们今天要学的新知识"进位加法"。这种过渡就不是很连贯,之前的复习对于后续新知识的学习不是平缓的过渡,而是先隔断开,待后续具体运算时才有用。这种复习就属于形式化,不但没有起到促进作用,反而会对学生思考进位加法的方法起到暗示作用,不利于创造性思维的培养。因为学生思考后再给予启示和启示后再让学生思考,对于他们思维深度和广度的锻炼价值是不一样的,如果他们没有经过"整十"的复习,在进位加法时可能会思考其他思路,会经历更深更广的探索过程。

如果未能从复习平缓过渡到新知,而复习的内容与新知的学习又存在联系,那么可以将复习环节后置,待到需要用到之前知识的时候再复习,如此安排,课堂教学将更紧凑、更有整体感。例如,在教授"进位加法"内容时,教师可以通过情境设置,从 10 以内加法,到整十加法,然后到需要进位的加法,问学生怎么办?让大家发表意见后,对各种方法进行比较,最后确认凑成整十加法,即"凑十法"是最合适的。这时再指出要"凑十"的关键是知道每个数的"好朋友"是谁,接着让学生回忆上节课的"整十加法"内容。这样既达到了复习的目的,也能起到更好发展学生思维能力的效果。

2. 创设情境形式化

根据小学生的认知特征,很多教师在授课时会创造情境,从情境中提取数学信息。这种情境创设的目的在于更好帮助学生从具体过渡到抽象,从生活数学过渡到教育数学,也能激发学生的学习兴趣。但是,一些情境的创设只起到形式的作用,并未对学生的思维起到多大的启迪效果,也未能激发他们的求知欲,这表明创设的情境没有发挥应有的作用,与教学形成了"两张皮",去掉情境对教学毫无影响,是形式化的情境,只是课堂教学的点缀。

一些教师的所谓情境直接来自教科书,并未根据具体的教学对象进行调整,对学生来说并无太多兴趣。如果根据学生现实生活中能接触到的事物创设情境,学生就会有更大的兴趣。例如,在教学"长方体和正方体的认识"这一内容时,教师采用粉笔盒和铅笔盒作为例子引入,而不是用教科书上的"水立方"和"联合国总部大楼"的例子,学生的发言就十分踊跃。部分教师并未意识到情境创设的重要性,认为有才是最重要的,合适不合适是次要的;也有部分教师为了追求所谓的教学"效率",在情境引出主题后,就迫不及待地要告诉学生知识的应然逻辑,以及如何运用,并未引导学生经历思考、尝试和比较的过程,直接告诉了他们成熟的做法,这是典型的灌输式教学。这种教学方式看似有效,实则学生并未真正掌握,不但不能灵活运用,稍加变式就变得陌生,而且很容易就遗忘,是低效的教学。

3. 合作探究形式化

课堂教学应以学生为主体,不能灌输式教学,要让学生动起来,这些理念教师大多是知道的,因此在小学数学课堂教学中会看到有很多合作学习、小组活动等课程标准所提倡的教学方式。但是,一些合作探究的任务设置不明确、难度过高或过低,并未达到小组合作学习和探究获得新知的目的,更多是为了合作而合作,是形式化的合作探究。例如,一些探究问题直接采用教科书的例题,对于有预习习惯的学生来说,缺乏了探究的意义;一些探究活动的任务设置不合理,成了尖子生的一言堂,失去了合作的意义;还有一些合作探究,问题与数学知识的关联度不够,学生的关注点放到了生活情境,或者其他内容,偏离了数学课堂教学的本质。

具有生活情境的、跨学科类型的合作探究对培养学生用数学眼光观察现实世界,用数学语言表达现实世界事物的概念、关系和规律,帮助学生领悟数学知识与现实世界的联系,培养学生的实践精神都有着重要的意义。倘若过于注重数学学科逻辑,将教学演变成数学知识的讲授或解题训练,合作探究成为标签式的噱头,也就失去了应有的价值。但如果过于弱化数学学科逻辑,数学知识仅仅成为情境的陪衬和点缀,这种合作探究也脱离了数学课程的范畴,与数学课程的目标要求是不相符的。由此可见,小学数学课程教学中的合作探究既要体现数学学科逻辑,又不能过强或过弱,只有与学生思维认知相契合的数学学科逻辑,才能充分发挥综合与实践特有的数学教育价值,有效提升小学生的数学核心素养。为此,在知识深度上要符合学生的认知水平,是学生经历一定的探究后能解决的问题,既达到能灵活运用旧知的目的,又能在一定程度上生成新知;在内容情境上要符合学生的地域文化,是学生熟悉的生活情境,使他们在参与学习时,既能尽快领会情境,又能做出合理推断;在内容组织上要符合学生的学习特征,从学生的兴趣点和好奇心入手,逐步过渡到理性的思考,使他们既能积极参与活动,又能获得有效成长。其实,不一定采用原原本本的生活情境,也不一定是教科书内容原封不动地照搬,可以根据教育教学的需要进行合理化改造。改造后的主题活动应满足既不会造成情境与教学的"两张皮"现象,导致情境未能起到应有作用;所需要解决的问题又不会太开放,以至于小学生难以入手。应使得小学生能从情境的分析中发现数学问题,在经历一定的探索后解决数学问题,能对数学的学科本体有更深刻的认识,也能较好感悟数学的意义和价值,这就是小学数学合作探究的意义,而不是形式化的噱头。

4. 课堂练习形式化

课堂练习对于知识的巩固十分重要,但是所选择的题目一定要有针对性,能对学生有较大的启发作用,并对某类题目的解决有帮助。但是,部分教师的课堂练习较为形式,并未起到应有的作用。主要表现为题目过多、讲解过快、缺乏层次感、未能提炼基本规律等。这些都导致课堂练习流于形式,未能帮助学生构建知识的有效联结。教师在选择练习题以前应思考其目的,在实施练习教学时应与课堂教学目标紧密结合。练习要和分析、讲解相结合,要及时归纳,也可以引导学生归纳总结;而非在很短时间内把教学内容讲完,然后剩下时间不断地练习,因为这样的教学是十分草率的,让学生疲于解题又未能起到应有效果。教师应意识到小学数学课堂教学是一项专业性很强的活动,内容的选择、过程的设计与实施都包含着大量的教育智慧,每一道练习题的选择都要用心,题目的呈现时机都要细致考量,不能随意。

（三）作业布置的形式化

数学课堂教学后大多要布置课后作业,通过作业获得学生学习效果的反馈信息,更好发现学生学习的不足,以便更有针对性的强化和改进。但是,布置哪些内容的作业、什么类型的作业、怎样难度的作业,不同教师之间存在较大的差异。很多教师布置的作业大多来自教科书的练习题,或者配套练习册中的题目,教师甚至都没有仔细思考过,这样的作业就容易缺乏针对性和合理性,流于形式。

市面上的数学练习册种类繁多,质量良莠不齐,哪怕质量不错的练习册也并非能做到所有内容都是合适的。因此,教师应重视作业的选择。一方面要能考查本次课堂教学的重点和难点,另一方面课后作业的题目要有代表性,而不是机械的训练和形式化的记忆。对于小学生来说,作业的类型可以多样化,观察、测量、统计、设计方案、数学阅读都是可行的课后作业。数学是基础性课程,学生从小学到大学都要学习,可以在小学阶段关注学生数学情感的培养,注重思想方法的渗透,在课堂内外让学生了解数学的发展历史,熟悉数学在生活中的广泛运用,这对其后续的数学学习和身心发展都具有重要作用。这些都可以通过课后作业的形式,让学生获得良好的体验,而不一定是大量的解题。繁杂的解题作业有可能会消磨学生的数学学习兴趣,也未必就能让学生的知识和能力得到提升,会做的他们还是会做,不会做的还是不会做,这样的作业就流于形式,并未起到应有的教育价值。

教学不能只注重学科逻辑,也要注重学生认知的逻辑,不仅要有利于学生的智育发展,也要促进德育发展,落实"立德树人"的教育根本任务。课堂教学应注重学生的自我生成,注重学生创造力的培养,知识的融会贯通,不能以学科技能的模仿性习得代替学生认知体系的自我建构。教师要意识到小学数学课堂教学应该注重实质、淡化形式,为此教师要有主观能动性,认识到教材是帮助教师教学,但不能教教材,要有解读教材和驾驭教材的能力。小学数学课堂教学对教师的专业有较高的要求,教学的目标要明确、思路要清晰,在课前要认真准备,课后要及时总结反思等。教师认真对待课堂教学的过程,也是教师专业发展的过程。

本 章 小 结

本章主要论述了三个问题:①小学生数学学习存在怎样的特征? ②小学数学课堂教学可以从学习理论中得到哪些启示? ③小学数学课堂教学中需要关注哪些要点? 本章的核心内容是小学数学课堂教学的若干要点,教师要掌握如何从小学生数学学习的特征入手,在相关学习理论的指导下,设计合理的教学,结合自身专业水平在课堂中实施有效的教学,发挥数学课程的育人价值,促进小学生数学核心素养的发展。

思考与练习

1. 简述小学生数学学习的主要特征。
2. 简要论述认知同化学习理论的基本观点,以及对小学数学教学的启示。

第六章　小学数学教学方法

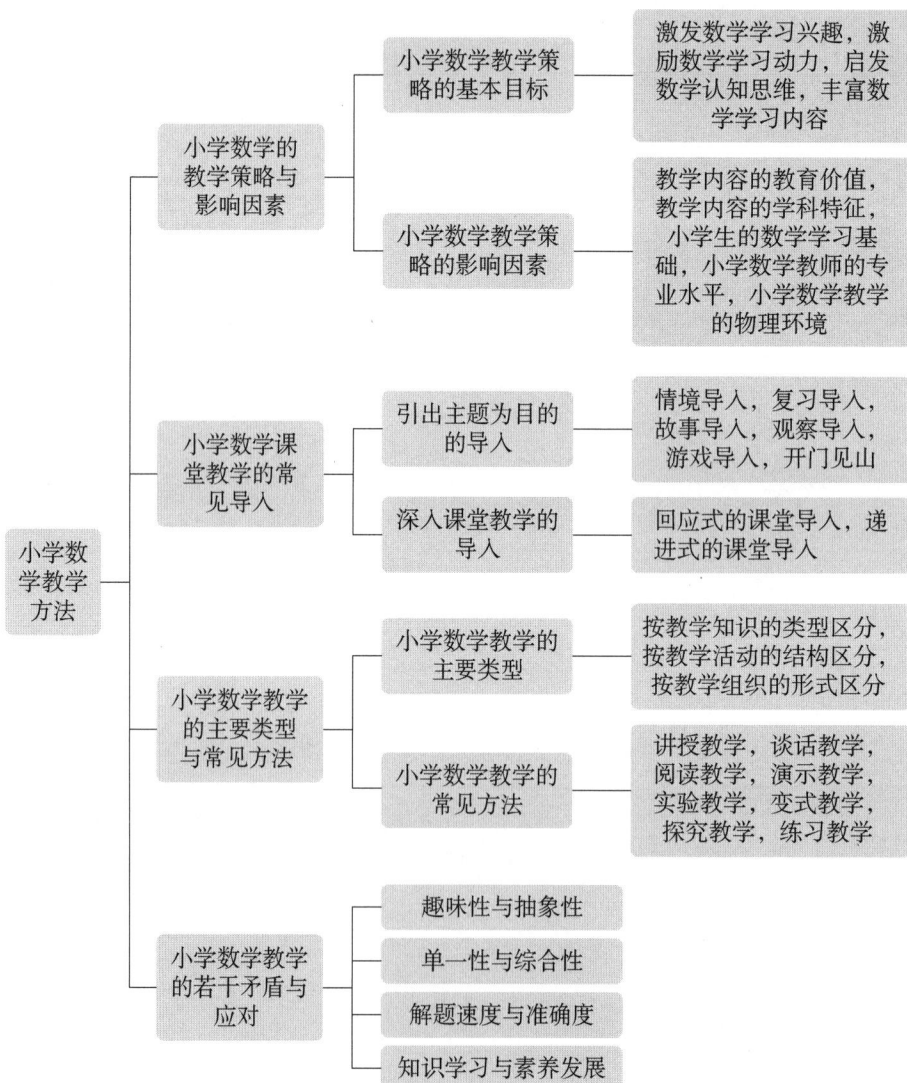

⚙ 本章导言

小学数学教学与小学生的数学发展有着直接的联系,针对不同的教学内容,不同的教师面向不同的学生,所采用的教学方法都是不一样的,每一种教学方法都有自身的优点和不足,教师需要对各种教学方法的基本特征有较为细致的了解。从教师的教学理念到教学方法一般要以教学策略为过渡,教师构思形成了教学策略后才能更准确选择合适的教学方法。因此,本章对小学数学的教学策略及其影响因素展开分析,并对常见的课堂导入进行了归类。最后从不同角度将小学数学教学分为若干类型,并就八种常见的小学数学教学方法的特点、优势和不足进行分析。

📖 学习目标

(1)了解制订小学数学教学策略的基本目标。

(2)掌握常见小学数学课堂导入的基本特征。

(3)理解小学数学常见教学方法的基本特征。

第一节 小学数学的教学策略与影响因素

从教师的教学理念到具体的教学方法,往往要经过教学策略的环节。面对具体教学内容时,教师首先要对教学目标、学生基础和教学环境等因素进行分析,然后在教学理念指导下形成具体的教学策略,以策略为指导实施具体的教学。教学策略是教师教学理念在策略层面的体现,对教学方法产生直接的影响,是教师教学行为的指导准则。

一、小学数学教学策略的基本目标

小学数学教学策略的目的是为了更好地在教学中发展小学生的数学素养,帮助他们通过数学的学习,在正确价值观、必备品格和关键能力方面都能得到有效发展。为此,所构建的教学策略应该具有吸引性、激励性、启发性和丰富性。

(一)能有效激发小学生的数学学习兴趣

小学生年纪尚幼,受外界因素的影响较大,为此所制订的小学数学教学策略应能有效吸引小学生学习数学。只有让学生觉得有趣、愿意学习,才有可能学得好;如果学生是排斥的、抗拒的,即使学了也是被动的,那就难以将数学知识内化,也未能构建形成有效的认知图式。因此,能激发学生的学习兴趣是小学数学教学策略的目标之一,教师应对哪些因素可以引起小学生的数学学习兴趣进行思考。一般来说,他们熟悉的生活情境、喜欢的游戏、有现实意义的问题、有挑战性的问题、具有视觉冲击力的图片、精彩的视频等都是较好的切入点。该策略一般在教学伊始实施，在教学导入时就争取把学生的注意力吸引到数学学习中。为此，教师需要创设贴切的教学导入，既能激发学生的学习兴趣，又要与新知识合理衔接。要避免课堂导入与数学新授知识"两张皮"的现象，即如果脱离导入对学生的学习没有任何影响，那么该策略就是无效的，但也不能喧宾夺主，把学生的关注焦点偏离到数学学习之外的内容上。

（二）能有效激励小学生的数学学习动力

有吸引力不一定都有激励性，教学策略不仅要把学生吸引到数学学习中，还要能激励他们学习数学，促使他们主动参与、积极探究，有所感、有所获，而不是在教师"强迫"下去记、背、练，否则不仅让学生学得累，学习效果也不好。因此，激励学生持续学习、不断深入是小学数学教学策略的目标之一，教师应对哪些因素可以激励小学生的数学学习进行思考。能激励学生学习动力的因素有很多，例如收获成功的喜悦、获得满足感、良好的体验感、有成就感、获得学习的自信、激发对问题的征服欲等。小学数学教师在选择教学策略时应思考：如何通过任务的设置、激励机制的实施和语言的引导帮助学生从参与记忆、模仿和训练的学习活动转变为主动的探索；给学生提供一个自主探索的空间，让学生在学习过程中不断获得良好的数学学习体验，激发他们在探究过程中经历观察、比较、分析、归纳和抽象等思维活动，进而理解数学、掌握数学。

（三）能有效启发小学生的数学认知思维

小学数学教学是小学生与小学数学教师共同参与的过程，是学生在教师有意识、有计划的组织和引导下，在一定时间和空间内获得数学发展的过程。数学教学不是教师简单地将知识传授给学生，不是"复制"和"搬迁"的过程，也不是学生自学的过程，而是在教师的启发下由学生自主构建知识、发展能力和获得感悟的过程。因此，小学数学的教学策略应该具有启发性，在教学过程中给予学生适时地启发，让小学生的思维在经历探索和尝试的过程后，获得新的认知和感悟。能启发学生认知的因素有很多，例如教师的语言（包括语音、语调的变化）、表情、肢体语言、举例、实物等。教师的启发时间和启发形式也很重要，虽然这些都具有较强的即时性和临场性，但教师的教学策略应对教学过程有基本判断，在哪些节点需要对学生进行启发，计划采用怎样的启发都要有所准备。小学数学教师应具备较强的启发意识，树立学生为学习中心的教育观，对于学生能通过启发获得的新知，教师就不必代劳，不可在教学中急于求成，要意识到学生经历思考获得的知识将掌握得更加扎实，能与其他知识建立更好的联结，记忆也将更为持久。

（四）能有效丰富小学生的数学学习内容

小学数学教学不仅要让学生乐学、愿意学，还要让他们学有所得，获得有效的发展，为此教学的内容不能过浅过窄。小学数学教学策略应呈现丰富性，通过丰富的教学内容和教学组织形式，让小学生在数学学习中获得最大程度的发展。这种丰富性主要体现在知识的深度和广度方面,以及教学组织形式的多样性方面。在知识的深度和广度方面,要根据不同对象的数学基础和培养目标,做出适当的教学调整,相同的知识点对于不同数学基础和不同培养目标的学生,教学的要求是不一样的;而且不能只注重学生数学知识的发展,还要关注他们数学能力的发展、数学思想的形成、数学情感的获得,引导他们将所学所得灵活运用于数学学习、其他学科的学习和自己的生活中。在教学组织的形式方面,要根据学生的年龄特征和认知习惯,选择最能促进他们数学核心素养发展的方式;一般来说多种方式的组合应用能让学生获得更多的新鲜感且不显单调,但是不同方法的优缺点是不一样的,要根据不同的学生有所侧重。

二、小学数学教学策略的影响因素

教师在教学时采用何种策略虽然会受到自身教育观念和教学风格的影响,但是这并非是一成不变的,需要根据教学内容、教育目标和教学对象做出及时的相应的调整。小学数学教师在备课时,要根据具体教学内容的类型、教学所要达到的目的、学生的数学基础与学习习惯,以及教学的实际环境确定合适的教学策略。

(一) 教学内容的教育价值

教育教学都需要有清晰的目标,一般来说教育目标是较为宏观的,而具体教学内容的教学目标应该是具体而明确的,是实施课堂教学后能达到的。教学目标和教学内容密切相关,例如有的属于概念性知识、有的属于技能性知识、有的是关键性知识,有的是高难度知识等;也与学生的培养目标有关,不同学生的教育目的、培养方向和要求都是不一样的,例如对于一部分学生来说,只要理解知识就可以,而对于另一部分学生来说除了理解知识还需要能灵活运用等。因此,在选择教学策略以前,教师需要思考所要教学的内容具有怎样的教育价值,能培养学生掌握或形成哪些知识、能力、情感、品格和思想方法等,然后再思考针对具体的教学对象,这些教育价值可以要求到何种程度,前者属于教育价值的广度,后者属于教育价值的深度。只有明确了具体的教育价值,才能制订准确的教学目标,进而思考哪些路径可以达到该目标,这种实践路径就是选择教学策略的重要依据。

(二) 教学内容的学科特征

小学数学学科知识有不同的类型,按照数学课程的内容领域可分为数与代数知识、图形与几何知识、统计与概率知识,以及综合与实践知识;按照知识点的性质可分为概念型知识、性质型知识、技能型知识、数学文化型知识;按照知识点的理解难度可分为简单型知识、复杂型知识、综合型知识等。不同类型的数学知识,选择的教学策略是不一样的。有的内容适合创设情境引入,而有的内容适合开门见山直接讲授;有的内容适合教师主讲,有的内容适合学生自学,也有的内容适合学生探究;有的内容适合课堂讲授,有的内容需要课内和课外相结合,还有的内容可以带领学生在操场实践测量等。这些都表明,教学策略的选择与教学内容的学科特征有关,教学内容的抽象程度、与其他数学知识的联系、内容的结构等都会对教学策略的选择产生影响。教师在制订教学策略之前要对教学内容的关键点、逻辑过程和理解难点进行分析。

(三) 小学生的数学学习基础

学生是教学的对象,小学生具备的数学基础对如何实施小学数学教学具有重要的影响。在小学数学教学中小学生是否积极参与是评价教学有效性的一个重要指标,这其中包括行为参与、情感参与和认知参与[①]。行为参与指小学生在数学教学中所参与的各种行为活动,是外显的、可观察的;情感参与包括小学生的兴趣、动机、自信心和态度等,会对小学生的数学学习成效产生促进或抑制作用;认知参与指小学生在数学教学中的认知思维活动,包括浅层认知参与、深层认知参与和依赖性认知参与。小学生的数学基础会在很大程度上影响他们后续的数学知识的学习,行为参与是否频繁、得当,情感参与是否积极、有效,认知参与是否深层、有启发,这些都影响着小学数学的教学效果。同时,在班级教学中如果学生的数学基础存在较大差异,该如何教学也是课堂教学的难点。因此,小学数学教学策略的选择应充分考虑教学对象的数学知识基础、数学学习习惯,职前教师在模拟教学时无法做到准确判断小学生的数学学习基础,就只能根据某年龄段学生数学基础的普遍性特征来制订教学策略。这也表明,相同的知识点采用同样的教学方法是不可行的,因为具体的教学对象不一样,在观摩优秀教师的课堂教学时要有清醒的认识,可以借鉴适合的教学,但不是照搬照抄。

(四) 小学数学教师的专业水平

教师是教学的实施者,教师的专业水平会对具体的教学实施产生重要影响,相同的内容不同专业水平的教师在教学策略方面也会存在较大差异。首先,具有不同教育观的教师,对教学策略的选择是不一样的;例如有的教师认为解题训练对小学生的数学学习很有效,教学策略中就会包括较多的练习训练,有的教师认为探究活动对小学生的数学学习很有效,教学策略中就会涉及较多的学生活动。其次,具有不同教学知识的教师,对教学知识点的认识存在较大差异,选择的教学策略也会不一样;例如有的教师了解教学知识点的历史发展过程,有的教师熟悉知识点在生活中的各种运用,有的教师理解知识点所蕴含的数学思想方法,这些都会对他们教学策略的选择产生影响。再次,具有不同教学能力的教师,在语言表达、教育技术的运用、教具的制作、课堂的组织、临场应变等方面会存在较大差异,这些都会对他们选择何种策略产生影响。最后,不同教师对教育教学的情怀是不一样的,这会在一定程度上影响他们的教学投入和教学积极性,进而对教学策略的选择产生重要影响。

(五) 小学数学教学的物理环境

教学的物理环境包括教学的场所和场所中的教具配置,这些客观因素也会影响小学

---

① 孔企平.小学数学教学的理论与方法[M].上海:华东师范大学出版社,2002.

数学教师教学策略的选择。例如,在只有黑板的教室里和在有多媒体、实物投影仪的教室里教学,教师的教学策略选择是会有差异的;有无合适的教具、有什么类型的教具也会对教学策略的选择产生影响。如果一些小学数学的教学对场地有更多的要求,那么本校是否具备这些场地,都会影响小学数学教学策略的制订。例如,在"长度"内容的教学中,教师希望学生亲身体验,更好地培养量感,可以选择带领学生到操场,通过测量或行走让学生感受 1 米的距离是多少,100 米的距离是多少,步行大概要多久;一些跨学科内容的教学,可能还会涉及要前往有实验器材的教室开展学习等。这些都表明,教学的物理环境会影响教师教学策略的制定。

第二节　小学数学课堂教学的常见导入

在课堂教学中,导入是十分重要的,尤其对于小学生来说,他们的专注度和自制力都还处于较低水平,如果在导入阶段能对数学学习产生兴趣,就能让他们从已知自然地过渡到对未知的学习,这对他们后续的知识掌握、能力发展和品格培养都具有重要的促进作用。反之,则容易缺乏学习动力,陷入被动学习,在课堂中表现为走神、开小差。数学是积累性很强的学科,如果之前的知识没有扎实掌握,就会对后续的知识理解产生困扰。因此,教师要重视课堂导入的设计,在对各种因素进行深入分析后,选择最适合学生学习,自己又能较好实施的课堂导入。

一、引出主题为目的的导入

在小学数学课堂教学中,一些课堂导入是以较为自然、有效地引出教学主题为目的的,在本次课的讲授内容呈现后,所引入的内容也完成了使命,在后续的教学中几乎都不会再出现。这类导入最为常见,主要包括情境导入法、复习导入法、故事导入法、观察导入法、游戏导入法和开门见山法。

(一)情境导入法

情境导入法在小学数学教学中是十分常见的,它主要通过文字和图片描述一些情境,学生需要在理解情境内容后,解决情境中所包含的若干问题,从而引出本次课所要教学的新知识。情境的内容主要与小学生的日常生活和学习活动有关,也有一些童话类或科技类的情境。情境导入有诸多优点,例如可以让小学生感受到数学是十分有用的,数学不是只有抽象的数字和符号,不会干巴巴、很枯燥,如此可以拉近数学与学生的距离,情境中的问题倘若有趣、有挑战性,就能较好激发学生的征服欲和学习动力等。但是情境导入也存在一些不足,主要表现为两个方面:一是情境导入一般需要较多的文字,对于小学生语文和数学符号的阅读理解能力要求较高,一旦理解有误就影响了导入的教育价值;二是倘若设置的情境与学生的生活有较大脱节,或者难度与学生认知不匹配,就不能起到很好的导入效果。很多教师会采用教科书中的情境作为课堂导入,这种导入虽然较为"省事",但不一定起到很好的效果,一方面是其未必适合所有的学生,不同地域的学生有着不同的生活场域,也有着不同的社会文化,采用他们更为熟悉的生活情境会让他们更有兴趣,也能更好地理解,对低年级学生尤为如此;另一方面是学生都有教科书,如果在学习之前他们已经预习过教科书上的内容,那么课堂中就会缺乏新鲜感,未能起到吸引学生的作用。当然,这并不表示教师的教学可以抛开教科书,教科书是教师教学决策的重要依据,教师应深入解读,清楚教科书的主要内容和知识难度,然后再设置相似类型或类似难度的情境。这个过程虽然对教师提出了更高的要求,但也会起到更好的教学效果。

(二) 复习导入法

复习也是数学教学中十分常见的导入法,通过复习之前的学习内容,从而过渡到本次课的教学内容是十分合理的。但是这种过渡需要自然,要具有逻辑性,不能复习结束后,教师说:今天我们学习某内容。如若这样的话,复习与新知的给出就是割裂的,缺乏必然的联系,即今天所学内容的得出与是否复习是无关的。如果在复习的过程中,通过题目的变化,使得已有知识不能解决问题了,需要新的"工具"来解决,于是引出本节课的教学内容。这个过程相对自然,也更合理。值得注意的是,复习的内容如果会对新知识的学习产生启示作用,那么复习可以后置。例如,在教授平行四边形面积的时候,教师在教学伊始复习长方形的面积计算,然后引出本节课的教学内容为平行四边形面积,问学生该如何解决。这样的复习就具有较强的暗示性,不利于学生的思考。如果在探索出平行四边形的面积可以通过割补用长方形的面积来解决后,再复习长方形的面积计算,对学生数学素养的发展价值就会更大。

(三) 故事导入法

故事导入法和情境导入法较为类似,只不过是通过一个故事引出本节课的教学内容,这个故事可以是文字的形式,也可以是文字加图片的形式,还可以是视频的形式,甚至可以是教师口述的形式。故事的内容大多是日常生活类或者童话类,最后都会落到一个问题中,以探索问题的解决为目的,引出本次授课内容。如果这个故事本身是小学生所熟悉的,或者是小学生所熟悉的故事改编的,那么可以更好地帮助学生理解。例如,通过"乌鸦喝水"的故事,引入"体积"概念的学习,不仅容易提升学生的学习兴趣,也能更好地帮助他们空间想象能力的提升,从直观思维过渡到抽象思维。当然,相对于情境导入和复习导入,故事导入需要教师做更多的准备,因为与教学内容相契合的故事需要教师花费更多的精力去寻找、改编。

(四) 观察导入法

小学数学课堂教学中的观察导入法主要指学生对演示的教具、播放的视频、教室的布局或教师的肢体语言进行观察后,提取有关的数学信息,并对其进行归纳和总结,从而引出本次授课主题的教学导入方法。这种方法大多出现在图形与几何内容的学习中,通过观察获得方位和图形性质方面的启示,从而引出本次授课主题。观察导入法往往较能激发学生的学习兴趣,因为相较于讲授,观察法一般会具有较强的动态性,小学生会更感兴趣。但是观察导入法对教师专业水平的要求也较高,不仅是因为从观察到归纳,再到授课主题的引出需要精确的设计才能得到合理的过渡,而且在观察过程中对班级的组织、管理和学生的引导也需要教师具备较强的临场应变能力。

(五) 游戏导入法

游戏导入法是指在小学数学的课堂教学中,通过组织班级学生做游戏的方式,让学生发现游戏中所蕴含着的数学性质,从而引出授课主题的导入方式。由于游戏的形式较为轻松,且有一定的竞争性,为此小学生大多喜欢,参与热情往往较高。但是游戏导入法对于从游戏到授课主题引出之间的合理性和逻辑性的要求较高,教师如何引导学生归纳和思考十分关键,不当的引导将导致教育价值的缺失,以使游戏不仅失去了导入的作用,也失去了发展学生数学思维的价值。

(六) 开门见山法

开门见山法也称为直接导入法,是指在课堂教学伊始就直截了当地阐明本节课要学习的知识、学习的目的要求等。这种方式看似"简单粗暴",却能够先发制人,让学生迅速地集中注意力。一方面,并不是每一个数学知识点的学习都能设置出合适的情境,活动导入或游戏导入的效果不一定很好,复习导入也未必能建立有效关联,例如"时、分、秒""年、月、日""东南西北"等内容就都不太容易设置情境,开门见山反而更有利于知识的了解与掌握。另一方面,学生在课前可能还在参与其他的一些活动,思绪和注意力也可能沉浸在课前的其他活动之中,直接导入可以迅速将他们拉回课堂,使得学生在课堂伊始就将注意力转移到对教学内容本身的学习中。当然,直接导入对学生认知思维的要求会更高一些,在高年级数学知识的教学中运用会更恰当[①]。如果直接导入处理不当,就会导致内容的呈现比较生硬,或被简化成教师讲授、学生被动接受的教学,不利于学生学习热情的激发。因此,即使使用开门见山法,教师也要在适当时机向学生阐明本节课的学习目的和内容要点,能让学生对本节课的内容有更为全面的感知。

二、深入课堂教学的导入

很多课堂导入会在引出授课主题后,所引用的内容或案例在后续教学中不再被用到,这种导入虽注重了学生的学习兴趣,但对课堂教学主体的影响较小。如果课堂引入能与后续的教学有机结合,课堂的整体感会更佳,也有利于教学效果的提升。深入课堂教学的导入主要有两种类型:一是能在后续学习中对导入问题进行回应,二是从引入开

---

① 曹一鸣,张生春,王振平.数学教学论(第2版).北京:北京师范大学出版社,2017:111.

始的内容就贯穿于课堂教学的始终。

（一）回应式的课堂导入

情境导入、故事导入、观察导入和游戏导入等方式，如果在新知识讲解后，能再引导学生运用新知识解决导入所提出的问题，就属于回应式的课堂导入。回应式的课堂导入，对学生体会所学知识的作用，以及如何用知识都有着重要的帮助。小学数学的课堂导入一般会通过若干提问，让学生产生认知困境或冲突，并意识到要突破这个困境、解决这种认知冲突需要学习新的知识，进而较为合理地进入后续新知识的学习。因此在学习了新知识后再回头解决导入所呈现的问题，可以让学生更好确信所学内容的目的和价值。

教师在教授新知识以前让学生认识到所学知识的目的为何，对其后续的新知学习是十分重要的，可以更有效地激发他们的学习动力。在教学实践中，一些教师的教学如果缺乏课堂导入，或者采用未能引发学生认知冲突、实质上为"两张皮"的课堂导入，就会导致学生并不了解所学内容有何用，这种缺乏目的性的学习难以激发学生的学习动力，遇到学习困难就容易放弃或分散注意力。可能有人会说，学习数学的长期目标是为了学生更好发展，短期目标是能在考试中取得好成绩，这些学生都是知道的。其实不然，主要有两个方面的原因：一是考试或者未来发展距离学生较远，不太能切身体会，这种理由说多了容易造成学生麻木，难以调动他们学习的积极性；二是以考试为目的的教学不一定能激发学生的学习动力，这既容易造成恶性竞争，导致不良的人格品质，又不能让学生感同身受，他们甚至会思考难道考试成绩不好就不能快乐生活了吗？因此，外在的学习目的是脆弱的、难以持久的，在小学数学课堂导入中要注重学生具体学习目的的渗透，注重学生学习内生性动力的激发。回应式的课堂导入不仅可以让课堂教学更为紧凑，而且这种前后呼应，能形成一个课堂学习的闭环，让学生更清楚知道"学了什么""为什么要学"。

（二）递进式的课堂导入

除了回应式的课堂导入，也有一些小学数学课堂教学从导入到新知识的教学，始终围绕着一个问题的解决，或者由一个问题不断变式形成的一类问题的解决，在此过程中对于认知的要求层层递进，这就属于递进式的课堂导入。这类导入大多出现在数学定理、数学性质、数学思想方法内容的教学中，也出现在探究性活动的教学中。例如，在"圆的面积"内容的教学中，教师通过情境引出在生活中经常需要知道圆的面积是多少，那么该如何计算圆的面积就成为后续探究的重点。从引入到课堂结束，几乎都是围绕着引入中所提到的圆的面积进行探索。教师可以通过不同难度和类型的教学素材、问题的呈现，引导学生思维的逐步深入。这种递进式的导入与课堂教学整体紧密结合，可以帮助学生更好理解知识之间的联系，让学生经历深度思考的过程。除此之外，还有归纳导入、实验导入、类比导入、设疑导入和谈话导入等，各种分类只是角度的不同，在本质上大多可归为上述的几类导入法。当然，我们也应该看到，并不是所有数学内容的教学都必须设计某种导入,是否需要导入、应该采用哪种导入,这些都应该具体问题具体分析,与教学内容有关,与学生有关,也与教学的其他客观要求等各种因素都有关,特定条件下还可以在课堂教学中"开门见山"直接讲授新知。但是,对于小学生来说,这种方式尽量少采用,如果真找不到合适的导入,教师可以通过简短的语言描述激发学生的学习兴趣,让学生带着期待的神情进入新知识的学习。

随着信息技术的普及,很多小学数学教师在教学中会通过 PPT 课件授课,为此有教师产生疑问:既然这么重视导入的启发性和引导性,那么在 PPT 的首页是否要写上本次课的教学主题?这个问题的关键在于教师的教学思路,在教师的教学构思中第一页是呈现教学主题好,还是引入内容好,做出判断后再进行选择。从教学规范上来说,并没有规定在教学的伊始一定要写明本次授课题目。小学数学课堂教学是以教学质量为衡量标准的,关注的是小学生数学核心素养的有效发展,而不是各种八股文式的条条框框。所以在课堂教学前是否需要在 PPT 首页或在黑板上写上本节课的授课章节,并不是"必须"的规定,是否需要写上应取决于教师是如何设计教学过程的。如果觉得开始就呈现教学主题可以让学生清楚教学章节,那就写上;如果觉得要给引入带点神秘感,更有启发性,更能激发学生的思维,那就先不写出来,待导入完成并引出主题后再呈现授课的章节。此时可以通过语言"这就是我们今天要学习的……"引出授课主题,并在 PPT 页面呈现,或者在黑板上写明。因此,小学数学教师在设计教学时,应有充分的自信,哪种方式对学生的学习最有帮助,就采用哪种导入,从内容到形式都要服务于小学生的数学学习。

第三节 小学数学教学的主要类型与常见方法

小学数学教学方法是指为落实小学数学教学目标,在教学理论和教学策略的指导下,教师和学生围绕着教学内容相互作用的一整套行为方式,它是一个结构性概念,主要由小学数学教师的"教"和学生的"学"这两个部分有机联系而构成。学生的有效发展是教学方法有效性的唯一标准,而不同的教学内容、不同的教师面对不同学生时采用的教学方法会存在差异,教师应该对不同教学方法的优势和不足有较为清晰的认识。

一、小学数学教学的主要类型

要采取合理的小学数学教学方法需要按照某种标准对小学数学教学进行分门别类地分析,从比较中厘清差异性和独特性,而按照不同的标准可以对小学数学教学做出不同的类型划分。

(一)按照教学知识的类型区分

小学数学教学有多种方式,从不同的角度有不同的分类,例如按照知识的内容可以分为概念性知识的教学、规则性知识的教学、思想性知识的教学、程序性知识的教学、回顾性知识的教学、跨学科知识的教学等。

概念性知识的数学教学指各种数学概念,例如周长、平行四边形、面积、小数、分数等数学知识的教学。

规则性知识的数学教学指各种数学定理、数学性质和数学规则,例如进位加法、有余数的除法、分数的除法等数学知识的教学。

思想性知识的数学教学指以数学思想和数学方法为教学的主要目的,一般出现在教科书"数学广角"单元中,例如鸡兔同笼、出入相补等数学知识的教学。

程序性知识的数学教学指以数学知识的运用为主要目的,侧重数学知识的巩固和数学思维能力和解题能力的提升,例如竖式计算、梯形面积的计算等的教学。

回顾性知识的数学教学指以数学知识的回顾为主要目的,侧重数学知识的复习巩固和联结强化,例如单元小结和复习课等的教学。

跨学科知识的数学教学指以数学知识的应用和整合为主要目的,侧重问题解决、小组合作探究、多学科知识的融合等,例如综合与实践类型课的教学。

一般来说,概念性知识和规则性知识的教学侧重新知的生成,需要学生能抽象概括出新知的基本特征,因此教学中要注重学生的观察、分析、归纳和总结;思想性知识的教学侧重思想和方法的提炼,需要学生能从知识的学习中发现存在的普遍性规律,因此教学中要注重学生的发现、感悟和迁移;程序性知识和回顾性知识的教学侧重知识的联结和运用,需要学生能在审题后准确调取记忆中的信息,因此教学中要注重学生的思考过程和解题习惯的培养;跨学科知识的教学侧重知识的运用,需要学生能运用数学知识和其他学科知识综合解决问题,因此教学中要注重问题的提出、分解和学生学习成效的评价。当然,这些知识的教学都离不开对学生的引导和启发,教学中要注重学生的内化和生成。

(二) 按照教学活动的结构区分

从小学生在数学教学中活动的角度,可以将小学数学教学分为以问题解决为主线的教学、以信息探索为主线的教学、以实验操作为主线的教学、以自学尝试为主线的教学和以小组讨论为主线的教学。[①]

以问题解决为主线的数学教学是以学生对问题的定向思考为起点,通过教师的引导进行尝试和推理,以尝试性探索为特征,良好的问题情境是影响其顺利开展的主要因素,学生的尝试性探究活动是主要路径。

以信息探索为主线的数学教学是以学生面对教师呈现的信息为起点,通过教师的引导进行观察和辨析,以获得知识重组为特征,有效的信息重组是影响教学成效的主要因素,观察、比较和归纳是主要路径。

---

① 杨庆余. 小学数学课程与教学[M]. 北京:高等教育出版社,2004.

以实验操作为主线的数学教学是以材料的实验为起点,通过教师引导下的分析和比较,以操作获得新的结论为特征,尝试实验的方式是影响教学成效的主要因素,探索体验和发现是主要路径。

以自学尝试为主线的数学教学是以学生面对新问题形成的认知冲突为起点,通过教师引导下的自我学习和思考,以自我尝试后获得新的认知为特征,正确的抽象概括是影响学习成效的主要因素,知识联结下的尝试性探索是主要路径。

以小组讨论为主线的数学教学是以学生对问题情境的表征为起点,通过教师引导下的小组合作,以小组研讨后获得新的认知为特征,小组的研讨任务和交互方式是影响学习成效的主要因素,小组的合作和交流是主要路径。

(三) 按照教学组织的形式区分

从课堂教学组织的形式可将小学数学教学分为环套式组织的教学、回旋式组织的教学、多向式组织的教学和反推式组织的教学。

环套式组织的数学教学是指教师编制一整套的、系统的、层层递进式的问题,以此来引导学生不断去探索、发现,直至问题的解决。

回旋式组织的数学教学是指教师编制能引导学生对问题情境进行探索、思考与发现的问题系统来组织学生学习,这个系统不是直线式的,而是一个循环式的回路系统,为了解决 A 问题需要先解决 B 问题,甚至还可能要解决 C 问题等,最后回到 A 问题并把 A 问题解决了。

多向式组织的数学教学是指教师设计若干知识同构而情境不同的问题,用来指向同一个问题目标,以此引导学生通过对这些问题情境的探索和尝试解决,从而构建新的认知。

反推式组织的数学教学是指教师呈现一个问题情境,再向学生提出预设的一系列非正常的问题解决方案,并通过一些问题引导学生,在不断辨析与修正过程中逼近正确的问题解决方案,直至获得新的认知。

二、小学数学教学的常见方法

数学教学方法多种多样,有学者认为可分为讲授教学法、谈话教学法、阅读教学法、故事教学法、游戏教学法、竞赛教学法、演示教学法、实验教学法、练习教学法、变式教学法、单元教学法、情境教学法、尝试教学法、探究教学法、引导发现教学法、示例教学法、比较教学法、暗示教学法、动态生成教学法和学案导学教学法 20 种。[①] 这些教学法有着各自的特点,在教学实践中的应用频率也是不同的,其中讲授教学法、谈话教学法、阅读教学法、演示教学法、实验教学法、变式教学法、探究教学法和练习教学法在小学数学教学中较为常用,以下将对其特点进行分析。

---

① 徐文彬. 小学数学教学方法[M]. 北京:教育科学出版社,2017.

（一）讲授教学法

教师讲授是最为常见的教学方式,也被称为口述教学法,指教师在教学中运用言语向学生传授系统知识,并促进其智力发展的教学方法。在小学数学教学中,教师在对数学内容进行分析和讲解时,大多采用言语传授的形式,而且在讲授时,一般还伴随着板书、PPT、教具或肢体动作的演示。讲授法的优势是可以让学生对数学知识有较为系统、严谨的理解,不足的是学生是被动接受,一旦难度与学生认知不符或者持续时间过长,学生知识获得的效率就会有较为明显的降低。因此,讲授法的运用一般要与其他教学方法相结合,在重点知识或难点知识的关键部分进行讲解和分析,让学生对知识的要点能准确理解和有效掌握。讲授教学法在运用时需要注重逻辑性、科学性和启发性。逻辑性是指对知识的分析和讲解要符合逻辑,包括学科的逻辑和小学生的认知逻辑,要由浅到深、从具体到抽象;科学性是指在讲授过程中的语言表达要准确,尤其是数学概念和性质的表述,以及符号的读写都要规范;启发性是指讲授过程中要与启发学生相结合,部分知识可以通过语言和演示等方式引导学生发现和归纳,教师通过讲授进行补充和完善,而不是一味地唱"独角戏",从而最大限度地发挥讲授法的教学效果。

（二）谈话教学法

谈话教学法又称问答教学法,是指教师根据教学目的和教学要求,以学生的认知结构为基础,通过提问与学生进行交流,在问答中启发学生思维,引导学生积极思考,从而获得知识、能力和情感的教学方法。在小学数学教学中谈话教学法的运用十分频繁,师生往往在"打乒乓球式"的交互中推进课堂的教学,学生也在教师的问题启发下激起记忆表象,通过同化或顺应,在新旧知识之间建立联结。谈话的内容、时机、语气、语调和神态表情等都会对学生的知识理解产生影响。因此,教师在备课中对于关键性的提问需要精心准备,要通过一定的铺垫提出问题,并通过追问让学生产生认知冲突,再通过设问让学生获得启示,解决认知冲突,获得新的感悟。例如,教师在课堂中提问:什么是三角形?有学生回答:有三条边构成的图形是三角形。然后教师在黑板上画出有一个三条边但不封闭的图形,问:这个是三角形吗?学生意识到自己的表述不严谨,于是纠正说:三条边构成的封闭图形是三角形。接着教师又在黑板上画出一个三条边构成的封闭图形,但是有一条边冒了出来,问:这个也是三角形吗?学生又意识到刚才的表述不严谨,于是再纠正说:三条边首尾衔接的图形叫做三角形。这个就是通过谈话,让学生逐步突破难点,构建了三角形的准确概念,这与苏格拉底的"产婆术"原理是一致的。此外,教师要具备较强的提问意识,在教学中能敏锐抓住信息点对学生进行提问,并注重学生回答的反馈。小学生往往有着较强的表现欲,教师的提问可以面向全班学生,让大家养成举手发言的习惯,不断地鼓励他们开动脑筋给出不同的回答,然后再对这些回答进行比较、归纳,通过提问让学生意识到哪些方法是最优的,哪些表述是最准确的。谈话教学法对教师的专业水平有较高的要求,教师要能根据课堂出现的即时性信息进行提问,能根据学生的提问临场进行追问和反馈,这些都需要教师具备较强的反应能力、较为丰富的实践性知识和较高的语言表达能力。为此,教师在课前要做好相应的准备,能对学生的学情有较为准确的把握,对课堂教学的流程有细致的思考。

(三) 阅读教学法

阅读教学法是指教师组织学生阅读学习材料,并引导学生发现材料中的各种有效信息,从而获得启发和感悟的教学方法。一般来说,阅读材料的内容主要包括数学概念、性质、定理、题目和数学文化等,可以默读也可以发声读,可以个别读也可以全班齐读。在阅读过程中学生往往要经历内化(外部信息转化为内部信息)、理解(从局部到整体的信息加工)、推理(从条件到问题的逐步推进)和反省(自我提问)等四个阶段[①]。阅读教学法对学生的文字语言和数学语言的理解能力有较高的要求,学生首先要能认识,其次才能正确解读,在此基础上才能获得思维的启迪、获得新知、找到解决问题的方法或感受数学的魅力等。数学阅读和其他学科的阅读过程一样,都讲究阅读速度、阅读记忆和阅读技巧,同时它又有自己的独特性,包括阅读时学生思维的灵活性、严谨性,阅读材料的思想性和抽象性等。这些都需要教师根据学生的年龄特征和材料的教学目的,恰当地组织学生阅读,让他们通过阅读强化记忆,提高思维的敏捷性。

(四) 演示教学法

演示教学法是指教师根据教学内容、学生认知等特点,向学生呈现或演示各种教具、实物、视频、课件动画、肢体动作等,以使学生通过观察获得对实物形象或直观感性认识的教学方法。演示教学法通常与讲授法和谈话法相结合,在演示过程中对其进行分析讲解,或者提出问题引发学生思考。在小学数学教学中,通过演示可以吸引学生的学习兴趣,小学生在观察中可以发现数学规律,有助于他们从直观形象思维发展到抽象思维。采用演示教学法应注意演示物体的科学性,要符合所要教学的内容,又不能过于花哨,分散学生的注意力;应注重演示的时机,一般可以先演后问,然后边演边讲,在学生还未突破认知困难时可再针对关键环节进行演示,给学生启发,一旦进入形式化学习阶段,可脱离演示,以更好发展学生的抽象思维和想象能力。随着信息化的发展,有很多视频都可以作为演示的载体,教师在选择时需要慎重,确保所选内容既要有启示性,又不能过度启示,要给学生必要的思考空间,让他们经历思维活动的过程。演示的过程也可以灵活掌握,可根据教学需要暂停,然后向学生提问,而不必一次性演示完毕。

(五) 实验教学法

实验教学法是指教师通过创设问题情境,让学生亲自动手操作一些实物、工具或模型,引导学生自主探究知识、解决问题或验证数学原理的教学方法。实验教学法的优点主要包括四个方面:首先,实验教学法具有较强的直观性,学生亲手操作可以获得直观印

---

① 喻平.数学教学心理学(第 2 版)[M].北京:北京师范大学出版社,2018.

象,将抽象的数学知识具体化;其次,实验教学法可以让学生更好感知数学与现实的联系,体会数学的生动、有趣和价值;再次,如果一些实验需要集体协作,还有助于学生交流能力、合作能力的提升;最后,实验教学法体现了学生在学习中的主体性,通过探究获得的知识和经验更容易内化,更容易转化为长时记忆。但是实验教学法也存在若干不足,对于小学生来说,他们的归纳能力和经验积累能力还较弱,容易产生"动手不动脑"的现象,为此对实验的设计和教师的引导要求较高。而且,实验教学法对时间、器材的要求也较高。当然,并不是所有数学知识都适合开展发现性和创造性学习的。因此,在小学数学教学中实验教学法的运用会相对较少,而一旦运用学生的兴趣程度往往较高,会较为兴奋,教师在实验的设计和过程的控制方面都要做好精心准备。

(六) 变式教学法

变式教学法是指教师通过不同形式的直观材料或事例说明事物的本质属性,或变换同类事物的非本质属性以突出事物的本质属性的教学方法,其目的在于使学生了解哪些是事物的本质属性,哪些是事物的非本质属性。变式教学是我国数学教学的特色之一,主要可分为概念变式教学和过程变式教学。概念变式教学指教师在教学中通过改变概念的外延和容易混淆的属性,使学生能从多角度解析概念,从而更好理解其本质特征的教学,例如通过举反例或者呈现非标准化的表征;过程变式教学指教师为了帮助学生解决问题而采用的一系列不同步骤和策略,使得学生能更好理解知识之间联系的教学,例如通过变式把未解决问题化归为已解决问题,把复杂问题化归为简单问题,或者一题多解和一题多变等。变式教学对于学生的知识理解具有较好的效果,有助于知识的迁移。在教学中要注意观察学生的理解程度,倘若未理解就进入下一个步骤的变式或者练习训练,往往得不到很好的效果。此外,教师在采用变式教学法时要注重学生数学素养的发展,尤其是数学思想方法和数学情感的提升,否则容易陷入单纯训练学生的"双基",片面追求解题的熟练度和技巧性,从而导致学生缺乏对数学知识本质的理解,阻碍数学创造性思维的发展和数学品质的提升。

(七) 探究教学法

探究教学法是指教师以问题的解决为依托,在教师的组织、协调和启发下,学生对学习材料进行自主探索,经历分析、思考和不断尝试后解决问题获得知识、能力和情感提升的教学方法。小学生具有较强的好奇心和探究欲,采用探究教学可以有效激发学生的学习兴趣,但是他们的认知水平、经验积累和自制力都还比较有限,在探究教学过程中问题的难度和呈现形式、过程的组织和任务的分解,都需要教师精心的设计。所设计的教学应该让学生能"动得起来""深得下去""探究有物""结果有悟"。小学数学的探究有其自身的特色,不一定是依托于某个具体物品或实验器材,也不一定是行为的"动",可以是思维的"动",以文本材料或教具为依托。但是,要让学生经历独立思考、自主探索、循序渐进、获得结论,这个过程是一致的,学生是在经历探究的过程后获得新知。探究教学可以较好培养学生独立思考能力、分析能力和创造能力。对于教学的设计、学生的能力和教师在教学中指导的时机、程度都有较高要求,也需要耗费一定的时间。因此,在小学数学教学中,可以选取某些片段进行探究教学,也可以在课堂教学的某一时间内组织学生进行"微探究",充分发挥各种教学方法的优势,以获得更好的教学成效。

(八)练习教学法

练习教学法是指教师以数学题目的讲解和练习为主要教学形式,在示范、分析、讲解和练习中促进学生新旧知识的联结、巩固和数学运用,从而达到强化知识、熟练能力、提炼思想方法、提升学习效能感的教学方法。练习教学法对所选题目的典型性有较高要求,无论是教师的举例示范,还是学生的练习题目,都要体现一般特点,能抓住知识的重点和学生的难点。在练习过程中,题目的内容之间要有联系,难度之间要逐步递进,教师还要引导学生归纳总结,形成解决一类问题的有效经验,而不是"见木不见林",做一题是一题,缺乏了举一反三的迁移能力。在练习教学法中要处理好专一性和多样性的矛盾。所谓专一性是指教学过程中针对某一种解题方法或者某一类学生错误进行示范、分析和练习;多样性是指教学过程中对某教学内容下的多种方法和多种类型错误都进行示范、分析和练习。两者各有利弊,专一性的优势是学生能从多角度分析某种解题方法或某类解题错误的表现、要点,能更扎实掌握,但是容易导致思维定势,造成在此期间学生拿到的题目都会采用该方法解题,缺了思考的深度和广度;而专一性的不足恰好是多样性的优势,在此期间学生面对题目时首先要进行分析才能对方法进行选择,因为这段时间给出了多种方法、多个思路,学生需要先审题才能明确具体方法,这个过程更符合后续的单元或学期学习检验。但是,教学时间毕竟是有限的,注重了多样性就必然会牺牲专一性,单一解题方法或单类解题错误的分析就会相应减少。同时,练习教学法还要注意知识系统性的问题,避免数学教学成为应试教育和解题训练,在强化学生掌握知识的同时,不能以割裂知识为代价,这需要教师在教学中能对学生进行引导,帮助学生建立完整的认知图式。

以上论述了小学数学教学常见的八种方法,它们都有各自的优势和不足,教师在教学中应根据教学内容、教学对象、教学环境和教学目标灵活选择教学方法,一次课堂教学可采用多种教学方法。教学方法要服务于教学目标,一切都以有利于小学生的数学学习、有利于小学生数学素养的发展为准则。多种教学方法的融合与交替也有助于课堂教学的生动性,能更好地激发学生的数学学习。

第四节 小学数学教学的若干矛盾与应对

小学生在数学学习中既要学得好、会解题,能灵活运用数学知识,又要有学习的兴趣,能较好发展核心素养,这其中就会存在一些矛盾。主要可概括为趣味性与抽象性的矛盾,单一性和综合性的矛盾,解题速度和准确度的矛盾,以及知识学习和素养发展的矛盾。教师应认识到这些矛盾的本质,并在课堂教学中找到教学平衡点。

一、处理好学习趣味性与知识抽象性的矛盾

数学所刻画的规律性特征虽然是客观存在的,但是采用这套符号体系来刻画又是人类主观创造的。例如,三座山、三棵树和三个人都有着共同的数量特征,这是客观存在的;你有了一支笔,别人再给你两支笔,你就有了三支笔,这种计量的规则也是客观存在的;但是这里是不是用符号"3"来表示这个共同的数量,要不要用"$1+2=3$"这种符号来表示运算规则,以及相应的名称或者读音,这些都是人为的。对于小学生来说,这些符号都是抽象的。小学数学可视为是用形式化的语言来表征现实生活中事物所具有的量与形的性质,这种形式化表征可以较好发展小学生的抽象思维能力、符号表示能力和概括能力等,这些能力也是智力发展的重要体现。

但是,抽象性往往意味着学习难度的增加,尤其是小学生的认知水平还相对较低,如果过于抽象就会降低他们的学习意愿,而且学生也确实难以理解,两者之间存在一定的矛盾性。为此,小学数学教师在教学时应在趣味性和抽象性中找到平衡。20 世纪中后期美国的"新数运动"表明了,过于抽象的知识并不能为他们的数学学习打下良好的基础。数学来源于生活,实际的需要产生了数学,并且逐步抽象化、体系化,这是一个由浅入深的过程,所以抽象化与公理化并不是数学的第一步。小学生的认知世界以生活为目的,是不分学科的,教学时可以生活中所需要的数学为基础,再逐步深入,从趣味性入手逐步过渡到抽象性,二者的偏重程度取决于数学知识的特点和学生的数学基础。只要能吸引学生学习,学生能深入思考,能获得数学素养的发展,趣味性和抽象性的矛盾就能获得较好解决。例如,在"进位加法"的学习中,如果脱离了现实情境去讨论数的运算,对学生来说就较为抽象;如果有一定的情境,尤其是与学生生活联系较为紧密的情境,那么学生就更容易理解"加",也有更强的依托可以思考加什么、怎么加。从情境中抽象出数量关系后是否就可以抛开情境进行形式化分析了呢? 这个问题的答案取决于学生的数学基础。如果基础较好,那么可以进入形式化运算和讨论阶段;如果部分学生还难以理解为什么需要拆分"凑十"后再运算,那么教师仍需借助情境进行分析,帮助学生理解这种方法的合理性,并进一步掌握知识的要点。

二、处理好知识单一性与目标综合性的矛盾

学以致用是检验学习成效的重要方式,所学到的数学知识能够灵活应用于现实问题和数学问题的解决,就表明学生的数学知识掌握得较好。《标准(2022 年版)》中指出,要设立跨学科主题学习活动,加强学科间相互关联,带动课程综合化实施,强化实践性要求;在课程内容中设置了"综合与实践"学习领域,以培养学生综合运用所学知识与方法

解决实际问题的能力为目标,教师通过设计情境真实、较为复杂的问题,引导学生综合运用数学学科和跨学科的知识与方法解决问题。不仅现实问题的解决需要综合性知识,而且很多数学问题的解决也需要多种类型的数学知识。在数学知识的学习过程中,单一的知识点相对简单,学生容易掌握。例如,每节课后布置的作业,大多是利用本节课所学的数学知识来解决的,这样的训练有利于学生对课堂所学数学知识的巩固。但是这种教学方式未能有效培养学生对数学知识的整体性感知,他们对知识点的理解会相对孤立,或者仅能对数学知识进行简单的线性关联,缺乏网状联结的构建①。这表明,在数学学习中知识的单一性和目标的综合性存在一定的矛盾,单一性有利于知识点的学习或简单的线性关联,而网状联结的综合性是目标,二者该如何平衡是小学数学教学的难点之一。

应该看到,从单一知识的学习入手,逐渐拓展到综合性知识的学习符合小学生的认知特征。那么,单一知识学习到何种程度时可以融入综合性知识,综合性知识应综合到何种程度,这些都需要教师准确把握。一般来说,可以从数学学科内的综合逐步过渡到数学学科与其他学科的综合,知识之间的综合要有较强的联系性,要符合教育逻辑。如果是多学科的综合,那么所整合的内容应能使得学生产生探究欲望,能在对情境问题进行分析后,从数学学科知识切入,在问题解决的过程中促进学科与学科、学科与生活、学科与人际交往的联系与拓展,最终以活动成果的达成为操作性目标,实现数学学科知识的灵活运用、深度理解和有效创新。当然,这个过程不能拔苗助长,只有学生的单一性知识已经掌握得较为扎实了,才能为其设计综合性较强的学习内容,否则是难以取得满意的学习成效的。

三、处理好解题速度与准确度的矛盾

在数学学习中,解题的速度和准确度一直是一对矛盾。追求解题的速度往往会以降低准确度为代价,会因为考虑不周或粗心大意而导致解题错误;如果解题时仔细思考、解题后全面检查,固然可以提高解题的准确度,但是这又是以牺牲解题速度为代价的。如何做到解题时能又快又准确是数学学习的目标追求,也是学生数学水平的重要表现。数学解题的速度和准确度与学生的认知思维水平是密切相关的,这就意味着不同年龄学生的数学解题速度和准确度是存在差异的。研究发现②小学生口算速度的发展随着年级的增长而提高,其中一到三年级学生口算所需时间较长,口算速度较慢,但速度提高的幅度较大,四到五年级也是小学生口算速度增幅较大的一个时期。因为小学生的数学思维在很大程度上要依赖于他们的数学记忆,所以迅速、有效地开展数学思维活动,需要以一定量的数学记忆作为基础。这些数学记忆是学生能否用数学眼光观察现实世界、能否用数学思维思考现实世界、能否用数学语言表达现实世界的前提。

---

① 黄友初. 小学数学综合与实践教学的内在逻辑与实施要点[J]. 数学教育学报,2022,31(5):24-28.
② 黄友初. 小学生加减法口算速度和广度的发展研究[J]. 数学教育学报,2018,27(6):17-21,66.

为此,教师一方面要对小学生的数学思维认知规律有较为准确的把握,在低年级和新知识学习伊始,先以准确度为主,待准确度达到一定程度后,再对速度提出要求。另一方面,要对学生的学法进行指导,帮助学生厘清知识的要点,培养其敏锐的数学眼光,能在数学解题中快速地发现问题解决的关键。一般来说,典型例题的教学可以起到举一反三的作用,通过对典型题的分析与归纳,帮助学生掌握同类问题的一般性解法,可以做到触类旁通,有效提高数学解题的速度和准确度。

四、处理好知识学习与素养发展的矛盾

《标准(2022 年版)》中指出,数学课程的目标在于发展学生的核心素养,具体包括会用数学的眼光观察现实世界、会用数学的思维思考现实世界,以及会用数学的语言表达现实世界。在数学学习中是以数学知识的学习为主,评价学习成效的主要方式是纸笔练习考查。以核心素养为目标的数学学习和以考查为目标的数学学习是有所区别的,如果处理不当就会导致二者的矛盾。因为以考查为目标的数学学习更为注重知识的记忆、解题技能的娴熟,所涉及的知识相对封闭,往往会以大规模的解题训练为基础,强调知识教学;而以核心素养为目标的数学学习虽然也需要以知识记忆和解题能力为基础,但是其更强调知识运用的综合性和灵活性,同时注重数学知识学习中的感悟和生成,获得可迁移的知识、方法和思想,体现的是数学学科的育人价值。

纸笔练习是数学学业评价的重要方式,能在一定程度上反映学生的数学学业成就,因此小学数学教师在实施教学时应注重学生纸笔练习能力的培养。但是,教师要树立核心素养发展观,注重数学学科的育人价值,要在学生学习数学的过程中对他们进行启发、引导,帮助他们掌握数学的思想方法,使学生在丰富知识的同时,得到认知思维的发展。这需要教师能抓住数学内容的本质,在课堂教学时注重学生的自我生成,注重学生创造力的培养和所学知识的融会贯通,决不能以学科技能的模仿性习得代替学生认知体系的自我建构。小学生的数学学习有较为明显的年龄特征,小学数学学科知识要吻合这种特征,这需要教师对小学生的数学认知发展和小学数学学科本体有较为深入的理解。只有树立数学学科育人的教育教学观,才能在数学知识的教学中获得更有价值的启发,从而真正有效地提升学生的核心素养。

本 章 小 结

本章主要论述了四个问题:①如何制订小学数学教学策略? ②如何选择小学数学课堂导入? ③如何确定小学数学教学方法? ④如何应对小学数学课堂教学中的若干矛盾? 本章的核心内容是小学数学教学方法,教师要了解确定教学方法需要考虑哪些因素,不同教学方法的优点和不足都是什么,要处理好哪些教与学的矛盾。只有对各种教学方法

有较为深入的了解,才能根据具体的教学内容和教学对象选择恰当的教学方法,从而更有效地落实教学目标。

思考与练习

1. 简述影响小学数学教学策略的因素。
2. 简述小学数学谈话教学法的主要特征、优势和不足。

第七章 小学数学教学设计

知识点导图

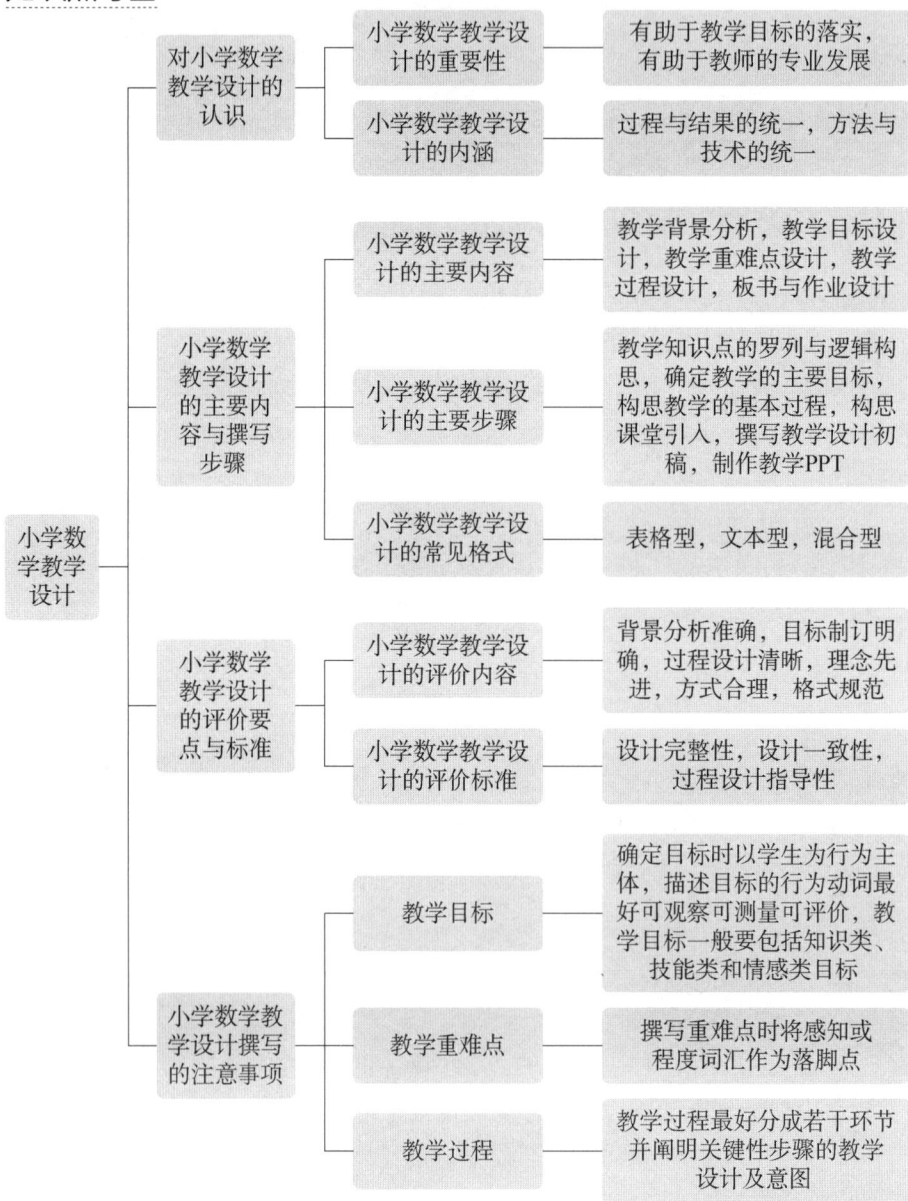

⚙️ **本章导言**

小学数学教学设计对课堂教学有着重要的影响,教师对此要有深刻的认识,明确教学设计的目的是更有效地落实教学目标,提高教学质量,同时教师也要意识到设计教学的过程也是教师专业发展的过程。小学数学教师应掌握小学数学教学设计的主要内容有哪些,该怎么设计,要注意哪些要点等。因此,本章对小学数学教学设计的认识、内容与步骤、评价要点与评价标准进行论述。本章内容既有理论性也有实践性,对教师课堂的教学实施有重要的指导意义。

📖 **学习目标**

(1) 了解小学数学教学设计的价值和内涵。

(2) 掌握小学数学教学设计的主要内容和基本步骤。

(3) 理解小学数学教学设计的评价要点和评价标准。

第一节　对小学数学教学设计的认识

教学是一项有计划的实践活动,计划的合理性和完备性对教师的教学实践过程会产生重要影响,教学的育人性更凸显了计划的重要性。教学的计划主要体现在对教学的设计方面,小学数学教师应对小学数学教学设计有深刻的认识,既要意识到教学设计对小学数学课堂教学的影响,也要意识到对教师自身专业发展的影响。

一、小学数学教学设计的重要性

教学设计既是教师教学的蓝图,也是教师教学工作的重要组成部分,有效的课堂教学依赖于恰当且合理的教学设计。小学数学教师对数学课堂的规划与设计,对于更好地分析小学数学的基本特征、更准确地理解小学生的认知基础、更有效促进小学生的数学学习都具有重要的影响。

(一) 有助于小学数学课堂教学目标的落实

在课堂教学中,有的教师会在不经意间偏离教学目标,也有的教师对课堂中的一些突发事情缺乏应对措施,手忙脚乱或者以较为"简单粗暴"的方式进行处理,这些都与他们的教学设计不够细致有关。教师要对授课的知识点有全面而深入的掌握,能根据教学知识点的学科特征和学生基础确定合理的教学目标,并能以该目标为核心选择合适的教学内容和教学方式,这个过程要细致思考,而不是粗略构思。教学设计是将教学原理转化为教学实践的重要纽带,如果数学教师在课前能针对学生情况,进行完备、科学的教学设计,那么这种在教学规律指导下的课前设计会令课堂教学效果事半功倍。在设计数学课堂教学时,教师会对教学各要素进行系统化的分析与思考,解决了数学课堂中"应该教什么"和"怎么教"的问题,避免了教师在数学课堂中的随意性,有助于提高小学数学课堂的教学质量。好的教学设计是教学成功的关键,教师若在教学前设计出适宜的教学方案,并在教学中灵活实施,就有可能创生出高质量的课堂。数学教师作为数学课堂教学的"总设计师",其教学设计的好坏直接影响着课堂教学的质量,如果仅仅凭借经验简单构思就授课,课堂成效就会在很大程度上打折扣。

对于职前数学教师来说,在高师院校学习过程中以教学设计的撰写为抓手,可以更快更好地熟悉小学数学教学内容,厘清小学数学知识点之间的逻辑联系,更好地把握哪个知识点会在哪个年级学习,不至于出现知识顺序颠倒的教学错误;除此之外,还可以在设计教学的过程中,对学生在学习该小学数学知识点中可能出现的困难和错误有深刻的理解,以便培养儿童的数学学习观。小学数学虽然在学科难度上还算比较简单,但是在教学难度上却不简单,教师会解题不见得就会教,题目做得漂亮,不见得教学就能教得好。小学数学的教学不是教师自己把知识讲清楚了就可以,而是要让学生听得明白,听明白了还要掌握到位并会应用,这就需要教师深入研究,掌握丰富的教学知识和能力,而教学设计可以很好培养这些知识和能力。

(二) 有助于小学数学教师的专业发展

教师专业水平的高低对教学成效有着直接的影响,而专业水平并不会随着教学实践经历的增加自然而然地提升,需要教师在教学实践过程中深入思考、以知识点的教学为中心,丰富教学知识,不断尝试,找到契合自身的教学方式,这样的过程对教师的专业水平提升有重要的促进作用。在教学设计中,教师需要查阅资料不断学习,并从各个角度进行分析和思考;教学实践完成后,要针对教学设计中预设的效果与实际效果的差异进行反思,从中获得有益经验。因此,设计教学的过程是丰富学科教学知识的过程,是更好了解学生数学基础和认知特征的过程,是提高教师教学分析能力和反思能力的过程,也是树立更合理教育观的过程,在这个过程中教师思考越深入、准备越充分,体会就会越深,会更有收获,成长也更快。在职前学习或者教学实践阶段,教师如果在数学课堂教学时,能对每个知识点都深入思考,并进行较为细致的教学设计,那么可以逐步丰富教学知识,逐渐提高各项能力,并以点带面,逐渐成为熟手教师,进而发展为专家型教师。

教学设计能力是教师专业的重要组成部分,设计教学的过程与教师的信念、知识和其他能力都密切相关,以教学设计为载体可以促进教师信念、知识和能力等专业的有效发展。对于小学数学教师来说,精心的教学设计可以更好帮助其树立儿童观,更清楚小学生在数学学习中会出现哪些知识障碍,避免出现教师教学与学生认知之间的落差。但是,在教育实践中,部分教师的教学设计能力还存在不足。例如,部分教师未能充分认识教学设计的重要性,部分教师的教学设计更多关注学科知识本身,未能较好分析学生的学情,设计的教学活动也游离于学生这一主体之外,致使教学实施过程无法摆脱"教师中心"的窠臼,学生学习效率仍较为低下。因此,教师应该充分认识到教学设计的重要性,在教学之前要认真对待教学设计,将其落到实处,这不仅是学生发展的需要,也是教师自身发展的需要。

二、小学数学教学设计的内涵

(一)小学数学教学设计的定义

如何定义教学设计,从不同角度可以给出不同的表述。有学者认为教学设计是用系统的方法分析教学问题,研究解决问题的途径,评价教学结果的计划过程或系统规划,代表人物有肯普、加涅和乌美娜,这种解释也被称为是过程规划说。例如,乌美娜认为教学设计是运用系统方法分析教学问题和确定教学目标,建立解决教学问题的策略方案、试行解决方案、评价试行结果和对方案进行修改的过程。它以优化教学效果为目的,以学习理论、教学理论和传播学为理论基础[①]。有学者认为教学设计是一种研究教学系统、教学过程和制订教学计划的系统方法,代表人物有赖格卢特和盛群力,这也被称为方法说。例如,盛群力认为教学设计主要是关于提出最优教学方法的处方的一门学科,这些最优的教学方法能使学生的知识和技能发生预期的变化[②]。也有学者认为教学设计是一项优化教学的技术,通过揭示教学设计的本质来界定其概念,代表人物有梅瑞尔和鲍嵘,这也被称为技术说。例如,鲍嵘认为教学设计是一种旨在促进教学活动程序化、精确化和合理化的现代教学技术[③]。这三类定义虽然视角不同,但是阐述的本质基本类似,都指出了教学设计的主要作用、基本过程和主要特征。

综上,可认为小学数学教学设计指小学数学教师在对所要教学的数学知识点和学生的数学基础进行分析后,确定合理的教学目标,以该目标为指导,结合教学具体环境和教师的数学教学知识、教学风格,组织教学内容,选择教学方式的过程。这种内涵的诠释是基于教学设计的过程,表明设计教学的目的是优化课堂教学,提升教学效果。教师对所要教学的数学知识点内涵深度和外延广度的掌握,对学生数学基础和思维特征的认识,以及自身教育观和教学基本技能都会对教学设计产生影响。

(二)小学数学教学设计的主要特征

小学数学教学设计具备了指导性、统整性、操作性、可控性和创造性[④]等教学设计所共性的特征,它既是小学数学教学过程与结果的统一,也是小学数学教学方法与技术的

① 乌美娜.教学设计[M].北京:高等教育出版社,1994.
② 盛群力.教学设计[M].北京:高等教育出版社,2005.
③ 鲍嵘.教学设计理性及其限制[J].教育评论,1998(3):32-34.
④ 王本陆.课程与教学论(第2版)[M].北京:高等教育出版社,2009.

统一。

1. 小学数学教学设计是过程与结果的统一

按系统论的视角,可将教学过程本身视为一个旨在促进学生学习的系统,而教学设计则是由一套系统的步骤或程序构成的过程。这种观点下的教学设计具有"全要素"和"全过程"的特点。在教学要素方面,教学设计包括了对教学系统中的教学目标、教学对象、教学内容、教学方法等部分的分析;在教学流程方面,教学设计涵盖了教学系统的分析、设计、开发、实施、评价等多个环节的思考,体现了教学设计流程的有序性。这些过程设计的目的是取得更好的教学效果,因此在教学设计时就会对预期的结果进行分析。有学者把学生可获得的预期结果作为教学的目标,以此指导教学过程和教学评价的设计称为逆向教学设计。无论是正向教学设计还是逆向教学设计,学生获得更有价值的学习结果是教学设计的最终目的,于是教师的教学过程更为合理、有效是教学设计的重要内容。因此,小学数学教学设计是过程与结果的统一,是在原有基础上螺旋上升的过程。

2. 小学数学教学设计是方法与技术的统一

小学数学教学设计以教学目标为导向,数学教师围绕教学目标进行有效的教学活动。从方法论的角度来分析小学数学教学设计,可把小学数学教学设计看作是解决数学教学问题、实现教学目标的方法。《标准(2022年版)》确立了核心素养导向的课程目标,在数学教育中具体体现为会用数学的眼光观察现实世界、会用数学的思维思考现实世界和会用数学的语言表达现实世界,数学的教育教学实践应该围绕着该目标展开。要达到这种教学目标需要选择合适的教学方法,需要相应的技术支持,这些都应在设计教学阶段给予明确说明,包括课堂组织的技术、语言表达的技术,以及教学辅助的信息技术等。随着信息技术的发展,虚拟现实、人工智能等技术对教学的影响不断加深,教育技术正逐渐成为连接小学数学教学设计理论与实践之间的重要桥梁。因此,小学数学教学设计既是方法,也是技术,给小学数学教师的教学工作规划了蓝图,为教学活动的实施提供了指引。

教师应该认识到有无教学设计对课堂教学有着较大的影响。虽然一些教师没有精心设计就进行教学也能取得较好的教学效果,但是如果这类教师有了精心的教学设计,教学会更有针对性,课堂组织也更为流畅,相信教学效果会更好。一些教师没有撰写细致的教学设计,仅仅制作了教学课件,这也是设计教学的方式,但相对粗糙,未能有效彰显小学数学教学的价值。

第二节　小学数学教学设计的主要内容与撰写步骤

在教学设计之前应明确要设计哪些内容,怎么设计。如果撰写文本型的教学设计,那么需要明确撰写教学设计的主要内容和基本步骤。

一、小学数学教学设计的主要内容

20世纪下半叶以来,教学论的研究重心从宏观的教育哲学层面问题,逐渐转移到微观的课堂教学,教学设计也成为了研究重点之一,得到了迅速发展①。关于如何进行教学设计,主要分为认知取向、行为取向和人格取向三种模式。其中,认知取向的教学设计是以认知心理学的理论为基础,旨在有效发展儿童的认知能力和水平;行为取向的教学设计是以行为主义心理学理论为基础,注重对学生行为的训练让学生获得新知;人格取向的教学设计是以人本主义心理学为理论基础,认为课堂教学应该以人为本,激发人的学习热情,能自主探究、挖掘自身的潜能。尽管各种模式的教学设计有着不同的目的和适用条件,但是他们都包括教学背景分析、教学目标设计、教学重难点设计、教学过程设计、板书设计和作业设计等内容。

(一) 教学背景分析

教学背景是指所要实施的课堂教学是基于何种背景下开展的,包括对教学内容的分析和对教学对象的分析。教学背景分析是教师设计小学数学教学的基础,只有做到胸有成竹,教师所制订的教学策略才能合理、有效。

1. 教学内容的分析

课堂教学都是以知识为载体,在知识的教与学中学生的各种素养得到发展。因此,对所要教学的知识点进行深入分析是十分重要的,包括知识点自身的学科逻辑为何,前序知识为何,后续知识为何,哪个点是最难以理解和掌握的,教师都需要在教学以前进行分析。教师只有知道所要教学的内容"是什么",才能思考"教什么"和"怎么教"。由于很多教师的教学内容来源于教科书,因此教学内容的分析也被称为教材分析。但是教学内容肯定不能仅限于所要教学的教科书,也包括其他版本的教科书,以及参考资料。这些教学内容的分析源自教科书,但又要超越教科书,教师要从教科书中把握教学内容的范围,但是具体的学科逻辑又要超越教科书。

例如,在教学分数的时候,教师首先需要分析分数的概念是什么,怎么来的,有什么用。为什么有了小数还要学习分数? 如何向学生说明学习分数的必要性? 为什么分数可以表示成分子和分母的形式? 分数和小数有什么关系,它们的写法和叫法有什么来历? 分数的运算为什么需要先通分,而不可以分子和分子、分母和分母分别相加减? 如何在分数学习的时候为后续有理数和无理数概念的学习打下基础? 生活中哪些地方用到了分数? 等等。要分析这些内容,需要对教科书进行解读,也需要查阅一些数学文化的书籍和网络资源。必要的时候,可对课程标准进行钻研,了解课程标准对该知识点的具体要求。

一般来说,对教学内容的分析可分为三个层次:

① 张华.课程与教学论[M].上海:上海教育出版社,2000.

首先，对数学知识点要有正确的认识，能正确读、写，能正确解答课本中对应的练习题，这是数学教师能否实施教学最为基本的要求。

其次，对知识点的内涵要有更为深入的了解，知道它的来龙去脉，熟悉其在数学内外的价值，能用不同方式表征这个概念，这是数学教师能否设计优质课堂教学的关键。

最后，对知识点与其他知识点之间的联系，以及知识点内部的联系较为熟悉，这是数学教师在课堂教学中通过设计，使得学生能较好从已学数学知识过渡到所学知识，以及从不同角度分析所学知识，帮助学生运用所学知识解决各种学科问题和应用题的知识保障。

2. 教学对象的分析

学生是教学系统中的关键因素，教与学是不可分割的两个部分，教师的教依赖于学生积极主动地学，学生的学又需要教师科学有效地教，教学的最终目的是实现学生的全面发展。同样的内容对于不同的教学对象，会有不同的教学目标和教学方式，所以在教学设计时对学生进行分析是十分必要的。为了保证小学数学教学的有效性，教师必须对学生进行分析，充分了解学生的基本情况，做出符合学生发展实际的教学设计。对于教学对象的分析，要重点关注教学对象的以下学情：

首先，教学对象学习该知识所需要用到的前序知识分别是在什么时候学的、掌握的程度如何。

其次，教学对象的学习能力如何，有怎样的思维特征。

最后，教学对象的学习主动性如何，班风和学风如何。

有的教学设计将教学内容和教学对象结合在一起分析，但无论是分开还是结合，都是为更好设计新知的教学提供参考，是教学设计不可或缺的内容。

(二) 教学目标设计

教学目标是指教学所需要达成的目标，它以学生所获得的学习结果为准，教师在实施教学之前对教学效果的预设应务实、准确，是基于教学背景分析基础上的合理预判。教学目标对教学活动的设计和实施都具有明确的导向作用，目标的确定既与数学知识有关，也与教学对象有关，不同基础的学生目标肯定会存在差异。在明确了教学内容和教学对象后，教师就需要确定具体的教学目标，主要有三点：

首先，要明确知识性目标。对于这个知识点学生要掌握到什么程度，哪些点最为关键。

其次，要重视能力性目标。需要发展学生数学内部的哪些能力？例如计算能力、数学逻辑推理能力等。可获得迁移的能力有哪些？例如其他问题的归纳分析和推理能力等。

最后，要关注情感性目标。需要在教学中提升学生的数学情感，不要变得害怕数学。同时，要注重培养学生的理性精神、毅力、求真和求实等品质。

教学目标确定后,后续教学素材的选择和组织、教学方式的运用都要围绕着目标的落实展开。教学目标最好是可观测的,能较为直观地判断是否已达到,不能太笼统。

(三) 教学重难点设计

教学目标确定以后,教师需要结合教学内容和教学对象在落实该目标的过程中,明确哪些是教学的重点,哪些是教学的难点。重点是指对教学内容的理解十分重要的知识点,而难点是指对学生的学习会产生较大困难的知识点。一般来说,教学重点与学科知识关系相对密切,而教学难点与学科知识和教学对象的关系都十分密切。教学重点在教学内容中占据着关键地位,是数学课堂教学的主要任务,对于旧知识的巩固和新知识的学习都具有重要作用;而教学难点是教学内容中需要突破的点,既可以是知识性的内容,也可以是技能、情感态度类的内容。重难点的明确可以让小学数学课堂教学的主线更为清晰,更具层次感。

值得一提的是,一些教学参考书、其他文献或网络的教学设计中也会列出一些数学内容的教学目标和教学重难点,教师可以将其作为参考,但不能照搬照抄。因为教学具有较强的特殊性,即使相同的内容也可以有不同的目标和重难点,而不会是千篇一律的。

(四) 教学过程设计

过程设计是在教学目标的指导下,根据教学内容、教学对象和教学环境对教学的具体实施过程进行规划。这部分内容在教学设计中一般要占用较大的篇幅,从引入的构思到新知的呈现,从新知的分析到练习的巩固,从知识的拓展到课堂的小结都要做出较为细致的设计,给课堂教学的实施提供必要参考。

教学过程的设计一般要注意以下四个方面:

首先,要有结构化思想,将小学数学课堂教学分为若干环节,每个环节之间要有明确的目标,环节之间的过渡要有逻辑性,能自然过渡。一般可以将小学数学课堂教学过程分为引入、新知、巩固、拓展和小结五个环节。

其次,每个环节的教学内容和教学过程要相对完整,既要服务于环节的小目标,也要服务于课堂教学的大目标。例如,巩固环节对于练习题的选择要有明确目的,题目之间要有关联。

再次,教学过程设计的内容不能太多也不能太少,太多容易把教学基本思路淹没于其中,太少不能起到具体的指导作用。每个环节的开始和结尾一般需要提前构思好,每个环节的重点内容也要先构思好。

最后,教学过程中的关键性提问和可能出现的回答,需要在设计中写明,这些问答如同教学的"桥头堡",只要它们出现了,就容易推动教学的进程,容易达成教学目标。

(五) 板书与作业的设计

一般在教学设计中,还会对黑板的书写内容和布局进行设计,对课外作业的安排进行设计。板书设计主要是规划哪些内容必须要写下来,写在哪个位置,这部分对于学生的知识理解和后续的课堂小结都十分重要。尽管随着信息技术的深度融入,课件的电子屏幕显示在课堂教学中越来越普遍,但是在数学课堂教学中,板书还是有着不可忽视的作用。

作业是小学数学教学中必不可少的一环,它不仅包括书面性质的校内练习,还包括多样化的数学家庭作业。一方面,数学作业可以帮助学生巩固数学学习成果,培养良好的学习习惯;另一方面,通过批改作业,数学教师可以了解学生对所学知识与方法的掌握程度,为做好下一步的数学教学设计提供现实依据。针对作业的设计,小学数学教师要牢牢把握以下两点:一是所设计的作业要紧扣教学目标、紧贴教学内容,要有助于学生的理解和掌握,要有助于培养学生的数学思维;二是把握作业的整体性、结构性,综合思考作业的各个要素(如来源、类型、难度、数量、差异等)。

值得一提的是,一些教学设计中出现了教学反思,而这部分内容其实应该是教学设计完成后,通过教学实施,根据实施过程和结束后的体会进行归纳总结形成的。因此,在撰写教学设计阶段是不可能出现教学反思的,因为教学设计属于计划阶段,这个阶段有什么体会和感悟可随时对设计进行调整,设计后还未实施教学就撰写教学反思,显然是不合逻辑的。此外,还有一些教学设计中出现了教学评价,事实上常规性教学的成效往往是教师通过作业和观察学生表现获得的反馈,为此这部分内容可不必单独列出。

二、小学数学教学设计的主要步骤

撰写教学设计一般包括前端分析和过程设计这两个环节。其中,前端分析主要包括教材分析、学情分析、教学重难点和教学目标;过程设计主要包括重组教学内容、选择教学策略、预设教学过程和设计作业。由于制作教学课件的过程也是构思教学的过程,可视为设计教学的一个部分。因此,教师在设计数学教学时可经历以下步骤。

(一) 教学知识点的罗列与逻辑构思

教师首先要对教学的内容有较为全面的认识,为此在教学设计以前要对相应的教科书进行阅读,了解所要教学的知识点有哪些,教科书设置的难度要求是怎样的。然后,在纸上列出所要教学的知识点,越细致越好,并思考这些知识点的逻辑联系。例如,思考这些知识点之间是并列式的还是递进式的。如果是并列式的,相互关系如何;如果是递进式的,先后关系如何,可以分为几个层级的难度认知等。逻辑关系构思清楚了,设计的教学也会有更清晰的脉络。

例如,在人教版一年级下册"找规律"内容的教学中,通过内容分析,可将教学内容分为以下几个递进的认知层次:

第一,要让学生体会到一些事物的出现是有规律的,感知规律的存在。

第二,学生能用自己的话说出什么是规律,教师对此进行归纳,让学生能更深入理解什么是规律。

第三,学生能发现数和形排列中的简单规律,并能运用规律解决问题。

第四,学生能发现数和形排列中稍微复杂的规律,并能运用规律解决问题。

第五,学生能发现数运算中隐藏的规律,并能运用规律解决问题。

之所以要在纸上列出知识点,是为了给后续的设计提供参考,可以随时提醒教师在设计具体过程、制作 PPT 课件时不要偏离目标,确保设计的教学有助于学生对教学重点的理解和难点的突破。

(二) 确定教学的主要目标

了解教学的知识点以及逻辑结构后,教师可对教学对象进行分析,包括他们的年龄特征、思维特征、知识基础和学习习惯等。然后确定本次教学的具体目标,包括知识性目标、能力性目标和情感性目标,以及教学的重点和难点。一般来说,知识性目标是最先确定的,这是数学知识教学最先需要达成的目标,然后是能力性目标和情感性目标的确定,要注重对学生情感、品质的培养,做到真正地育人,这也是发挥小学数学课程教育价值的需要。

教学的目标和重难点需要在纸上写出,这样可对后续的设计提供有效参考,起到真正的指导作用。当然,在构思过程中可以查阅相关资料,例如其他版本的教科书、教研论文或优秀教学案例等。

(三) 构思教学的基本过程

上述两个步骤属于前端分析,完成后,教师对于"教什么"有了清晰的认识,对于"怎么教"也有了初步的思考。然后,就要构思课堂教学的基本过程,包括分几个环节、每个环节的主要目的是什么、与教学目标之间有何联系、预计的时间分配是多少等。教学环节最好也在纸上列出,包括各环节的主要内容、基本要求,这样对于后续的过程撰写和 PPT 制作都可以起到更好的指导作用。预计时间分配是为了让教学的重点更突出,可以提醒教师在一些环节不宜停留太久,否则就容易偏离教学目标,让教学重点失焦。当然,这些都是计划性的,具体情况要根据教学实际做相应的调整。

此时需要查阅一些相关资料,从中获得教学的有益素材和可行思路。如果觉得有必要,可以对教科书设置的教学内容进行重组。教科书是帮助教学,不是必须要"教教科书",如若不然教师也就失去了工作的价值,将来可能会被人工智能完全取代。为了让学生的学习效果最优化,结合学生的实际情况,教师需要对教科书的教学内容进行适当的选择与组织。例如适当增减,适当调整次序等。当然,重组的教学内容应该具有较强的逻辑性,能让学生的认知较好地过渡。

(四) 构思课堂引入

引入一定要有吸引力,尽量能让学生明确学习今天的内容的目的。常见的课堂引入有复习引入、情境引入、活动引入、问题引入、开门见山等。无论何种引入,都要符合逻辑,即学科知识的逻辑、学生认知的逻辑,与新授知识要有较强的联结,过渡要自然。如果能有新意更好,就能争取达到意料之外、情理之中的效果。对于职前教师,引入非常关键,要高度重视,多琢磨。另外,课堂引入不要为了引入而引入,有的教师在引入后就抛开引入的内容,这并不利于学生的认知联结。例如,有教师采用复习引入,复习后就抛开了这些内容,然后说本节课我们学习某某内容,给出新的一个题目。这样的教学就没有很好地利用课堂引入,其实完全可以对用来复习的题目进行一定的改编,帮助学生对新知识与已有知识进行比较,以利于他们更好地理解新知识。

(五) 撰写教学设计初稿

以上步骤完成后,可以撰写教学设计初稿。之所为称为初稿,体现在两个方面:一方面,内容是以框架为主,并未具体细致化,主要体现的是围绕着教学目标的教学思路;另一方面,内容并不是确定的,如果后续的教学设计中有更为合理的想法或更有创意的设想,都可以修改与调整。

教学设计初稿的过程设计部分可以从课堂引入开始撰写,也可以从重点内容部分开始撰写,以教学重点为中心,层层往外推,每个步骤都要有逻辑关联。小学数学新授知识的教学一般采用教师分析、讲解,教师引导学生思考,以及课堂练习等方式开展,无论何种教学方式都要围绕着教学目标的达成,都要体现学生在学习中的主体性地位。课堂教学中的例题和练习题不宜太多,但要典型,分析要有深度和高度,能起到举一反三的效果。

每一节课最好有个总结,让学生对本节课的要点有更直观的认识。因为人的记忆力是有限的,所学的知识不久后就会逐渐淡忘,但是如果有个清晰的总结,一般会让学生记忆更深刻更久一些。课堂小结经常与板书结合,在板书设计时,教师往往会留下一部分不擦掉的区域,列出本节课的要点、定义、性质之类的内容,课堂小结时可以对着这部分区域陈述。当然,课堂小结也可以鼓励学生来总结,出现有遗漏的、不准确的,教师再补充,这样教师可以更好地检验学生对本节课知识的掌握情况。

值得一提的是,教学设计中可以有少量的师生互动性语言设计,但是不能是大篇幅地师生对话。因为课堂是生成的,教师只能初步预设,不可能把学生的回答都仔细写出来。在撰写教学设计时,对于每个教学环节,最好都能写出设计的意图,这是一个自己说服自己的过程,也是一个把经验上升为理性的过程。如果对设计的每个内容都能写出理由,那么教师就能更好地向他人阐述设计的目的、思路,这部分内容在说课时是十分重要的。

(六) 制作教学 PPT

如果教师是纯板书教学,那么这部分可忽略;如果教师是采用多媒体课件教学,那么在完成教学设计初稿后可以制作教学 PPT。根据教学的目标、重难点、过程,选择相应的教学内容、图片和视频,围绕各环节的目标、时间分配对内容进行组织完成教学 PPT 的制作。教学设计指导下的教学 PPT,教学的重点更突出,能更准确体现教学思路,更有效达成教学目标。

由于制作教学 PPT 的过程也是教师构思如何实施教学的过程,当发现某些教学设计不适合自身的教学时,例如过渡不自然,或者难以找到符合的教学素材,教师可以对教学设计的初稿进行修改,在设计的教学和实施的教学中找到平衡。

(七) 撰写教学设计定稿

在以上步骤完成后,教学的背景分析、目标确定、过程构思、教学的内容和组织都已落实,此时可以对教学设计的初稿进行补充。主要过程包括对各个部分内容的修改、各环节内容的补充、对教学设计文本的一致性进行检验、对文本的格式进行调整等,使得教学设计更具可读性,能对教学的实施具有更强的指导作用。

三、小学数学教学设计的常见格式

教学设计没有统一的格式,只要各种要素都兼顾了,写成怎样的格式都是可以的,总体来说表格型、文本型和混合型这三种格式最为常见。

(一) 表格型

顾名思义,就是采用表格形式,将课堂教学各要素填写进去,大致如表 7-1 所示。

表 7-1　表格型教学设计格式

授课标题	
教学内容分析	
教学对象分析	
教学目标	
教学重难点	
……	

教学过程				
环节	内容	教学形式	设计意图	计划用时
作业				

表格型的优势就是脉络清晰、可读性强,教师在撰写时不容易遗漏内容,也便于转写到新的教学内容中。但是表格型也存在不足,尤其是当内容中有较多的数学公式和图片时,某一栏就会显得特别长,不便于阅读。

(二) 文本型

文本型就是去掉表格的外框后,用文字进行表述,对于各内容用标题区别,包括授课标题、教学内容分析、教学对象分析、教学目标、教学重难点、教学过程和板书设计等内容,大致格式如下:

授课标题

一、教学内容分析

二、教学对象分析

三、教学目标

四、教学重难点

　　(一)教学重点

　　(二)教学难点

五、教学过程

　　(一)复习引入(预计 5 分钟)

　　[教师活动]:

　　[学生活动]:

　　[设计意图]:

　　(二)新知讲解(预计 10 分钟)

　　……

文本型的优势是格式可根据需要自己调整,适合文字、图片和公式符号等各种表达方式。但是,在直观性方面会略差一些,而且容易遗漏一些内容的表述,例如设计意图等,在撰写过程中教师要时刻提醒自己。

(三) 混合型

混合型就是将上面两种优势结合在一起,在教学过程之前的内容采用表格型,教学过程部分采用文本型。因为多数符号和图片会出现在教学过程部分,将其改为文本型后就避免了格式上的混乱,大致格式如下:

授课标题	
一、教学内容分析	
二、学情分析	
三、教学目标	
四、教学重难点	

五、教学过程

    （一）提出问题,导入新课(3分钟)

    （二）探究问题,习得新知(10分钟)

    （三）合作学习,得出结论(15分钟)

    （四）精选讲练,提升能力(10分钟)

    （五）课堂小结,布置作业(2分钟)

六、板书设计

无论是何种类型的格式,都是参考的,教师在撰写时可以根据需要增加或减少。但是内容分析、学情分析、教学目标、教学重难点和教学过程这些都是教学设计的基本内容,不应该舍去。另外,任何一份教学设计,教学过程部分的篇幅一般都是最多的。因为教学设计是为了更好地指导教师的教学,所以过程部分需要构思得更为细致。当然,这种细致并非每句话都要写出来,只需要把关键性语言写出来即可,尤其是如何提问、如何设计问题串等可以在教学设计中写明。

第三节　小学数学教学设计的评价要点与标准

一、教学设计的评价要点

对教学设计的评价应该结合学生基础、知识特点和教师专业,适合教学的就是最好的,因此不能简单比较。但是,总体来说相对优秀的教学设计,有一些共性特征,在评判时可对一些要点进行重点关注。

（一）教学设计的评价内容

对于教学设计评价的内容可以从背景分析、目标制订、过程设计、教学理念、教学方式和格式规范等方面进行审视。

1. 教学背景分析准确、深入

对教学内容和教学对象的分析较为全面,结论合理、准确。

2. 教学目标和重难点合理、明确

教学目标和重难点的定位都比较准确,刻画清晰,能较好观测。

3. 教学过程脉络清晰、要点明确

教学过程能紧扣教学目标,紧贴教学背景,充分体现教学重难点,并能给教师的教学较强指引。

4. 教学理念先进

能体现以学生为中心、以学生发展为本,注重学生综合素养的提高。

5. 教学方式合理、有效

了解并使用好各种教具,教学过程合理,具有逻辑性。

6. 格式规范、结构合理

教学设计的格式规范、具有较好可读性,结构合理、内容分布有逻辑性。

(二)教学设计的评价标准

对教学设计并没有明确、统一的评价标准,应具体问题具体分析,但大致上来说可以从设计的完整性、一致性和教学过程设计的指导性等三个方面进行评价。

1. 设计完整性的评判(约占 25% 权重)

(1)设计的内容是否完整:没有缺项、遗漏。

(2)设计的格式是否规范:格式工整、可读性较强。

2. 设计一致性的评判(约占 25% 权重)

(1)教学背景、教学目标、重难点和教学内容的一致。

(2)教学目标和重难点阐述的合理性。

3. 教学过程设计指导性的评判(约占 50% 权重)

(1)教学过程思路清晰、内容合适、逻辑性较强。

(2)设计意图合理明确,起到教学指导作用。

二、教学设计撰写的注意事项

经观察发现,一些教学设计存在教学内容撰写简单、学情分析笼统、教学目标和重难点定位不准确、教学过程的内容太多或太少、教学过程中有大量的师生对话、教学设计格式混乱和教学设计中包括了教学反思等不足,为此需要从以下几个方面引起注意。

(一)确定教学目标时,应以学生为行为主体

在确定教学目标时,应以学生为行为主体,从学生的学业成就角度进行论述。尽量不使用"使学生、让学生、提高学生、培养学生……"等文字,可采用"能运用、会使用、可以自主、逐步树立……"等表述。这种变化不是玩文字游戏,而是要养成一种习惯,时刻提醒自己教学目标最终要落实到学生的变化中,而不是教师讲了多少,要真正体现学生为中心。

(二)重点和难点撰写时,将感知或程度词汇作为落脚点

教学重点和难点要较为明确,不能太笼统。例如将重点确定为"认识大小月",就比较模糊。应该思考在学生的学习过程中哪些点最重要,哪些点最困难?这些点要明确、具体,要能落实到教学实际中。为此,如果将重点修改为"大小月的正确判定"就会更具体,因为将要点落实在了"正确判定"上。难点的撰写也类似,需要既明确,又能落实到较为具体的点上,尽量用感知性词汇,例如"掌握""理解""求解"等。

(三) 教学目标中的行为动词最好是可测、可评,是明确的

教学目标是否达成是衡量教学质量的重要指标,因此表述目标的行为动词最好是具体的、可观测的,尽量不要使用"了解""理解"等较为模糊、难以准确衡量的词汇。例如将教学目标确定为"认识年、月、日",就比较模糊。要达到怎样的程度才能称为认识了年、月、日? 有怎样的表现可以说明达到了这种认识程度? 都比较难以观测,因为"认识"有不同的衡量标准。如果将"认知年、月、日"分解成"能说出大月和小月的基本特征;能通过握拳记住大小月;能用自己语言描述闰年的特征和规律",这样就会更具体,也更容易衡量是否达成。

(四) 教学目标一般要包括知识类、技能类和情感类目标

知识类目标可参考动词:识别,感知,认识,为……下定义,能说出(写出)……的名称,复述,能阐述,解释,说明……

技能类目标可参考动词:能归纳,总结,抽象,比较,对比,判定,判断,会求,能运用,能模仿,尝试,改编,操作,调节……

情感类目标可参考动词:感受,认识,了解,初步体会,体会,获得,提高,增强,形成,养成,树立,发挥,发展……

(五) 教学过程最好分成若干环节,写出教学关键性步骤,阐明设计意图

在教学设计时,需要对课堂的过程有较好的大局观认识,能整体性规划,因此最好能将其分为若干教学环节,每个环节有明确的目的,并设定大致的时间分配。一般来说,小学数学课堂教学可分为引入、新知、讲解、练习、总结等环节。在教学设计时,每个环节中的关键性步骤可以由问答形式组成,学生的回答需要若干种预设。每个环节是一个微课堂,做出相应的规划,并写出设计意图,主要目的在于先说服自己为什么这么做,这样有助于从感性到理性,深化教师对课堂教学的认识。

本 章 小 结

本章主要论述了三个问题:①怎么看待小学数学教学设计? ②小学数学教学设计的主要内容和撰写步骤。③小学数学教学设计的评价要点和标准。本章的核心内容是如何进行小学数学教学设计,要设计哪些内容,怎么设计。设计教学需要教师对教学知识和教学对象有准确的解读,能围绕教学目标构思教学过程,在此过程中需要广泛阅读相关的教研材料。撰写教学设计的过程,也是小学数学教师专业发展的过程。

思考与练习

1. 简述小学数学教学设计主要包括的内容。
2. 简要撰写"周长"内容的教学设计。

参 考 文 献

[1] BALL D L. The mathematical understandings that prospective teachers bring to teacher education [J]. Elementary School Journal, 1990,90(4):449－466.

[2] KATZ V J.数学史通论[M].李文林,邹建成,胥鸣伟,等译.北京:高等教育出版社,2004.

[3] 鲍嵘.教学设计理性及其限制[J].教育评论,1998(3):32－34.

[4] 曹培英.曹培英重新发现"教材"[J].当代教育家,2017(11):61－63.

[5] 曹一鸣,梁贯成.21 世纪的中国数学教育[M].北京:人民教育出版社,2018.

[6] 曹一鸣,王立东,何雅涵.义务教育数学考试评价与教学实施——基于《义务教育数学课程标准(2022 年版)》的学业质量解读[J].教师教育学报,2022,9(3):97－103.

[7] 曹子方,赵淑文,孙昌识,等.国内五个地区 5—15 岁儿童交集概念的发展研究——儿童认知发展研究(Ⅰ)[J].心理科学通讯,1983(5):3－10,65.

[8] 陈琦,刘儒德.当代教育心理学(第 3 版)[M].北京:北京师范大学出版社,2019.

[9] 陈仕达,陈雪.探寻数学常数　说不尽的圆周率[M].北京:人民邮电出版社,2016.

[10] 陈婷,孙彬博.清末民国时期小学数学课程的嬗变及其评析[J].数学教育学报,2016,25(1):21－24.

[11] 成婕好.小学生数学演绎推理能力发展研究[D].上海师范大学,2022.

[12] 方晓东,李玉菲,毕诚,等.中华人民共和国教育史纲[M].海口:海南出版社,2002.

[13] 巩子坤,何声清.6—14 岁儿童的概率概念认知发展[J].教育研究与实验,2017(6):83－88.

[14] 巩子坤,殷文娣,何声清.9～14 岁儿童概率认知与四类认知的关系研究[J].杭州师范大学学报(自然科学版),2017,16(6):580－586,593.

[15] 郭书菡.小学数学教科书"综合与实践"的文本比较——以人教版和苏教版为例[D].南京:南京师范大学,2018.

[16] 黄友初.数学素养的内涵、测评与发展研究[M].北京:科学出版社,2016.

[17] 黄友初.小学生加减法口算速度和广度的发展研究[J].数学教育学报,2018,27(6):17－21,66.

[18] 卡约黎.初等算学史(上,下)[M].曹丹文,译.上海:商务印书馆,1936.

［19］ 课程教材研究所.20世纪中国中小学课程标准·教学大纲汇编(数学卷)［G］.北京:人民教育出版社,2001.

［20］ 克莱因M.古今数学思想(第一册)［M］.上海:上海科学技术出版社,2002.

［21］ 孔凡哲.让核心素养在数学教学中落地生根——对《义务教育数学课程标准(2022年版)》中"教学标准"的理解［J］.湖北教育,2022(7):30-32.

［22］ 孔企平,吉智深,尹瑶芳.小学数学课程与教学［M］.上海:华东师范大学出版社,2016.

［23］ 孔企平.小学数学教学的理论与方法［M］.上海:华东师范大学出版社,2002.

［24］ 李迪.十进小数发展简史［J］.数学通报,1964(10):16,47-49.

［25］ 李文林.数学史概论(第三版)［M］.北京:高等教育出版社,2011.

［26］ 林崇德.学习与发展——中小学生心理能力发展与培养［M］.北京:北京师范大学出版社,1999.

［27］ 林崇德.智力发展与数学学习［M］.北京:中国轻工工业出版社,2011.

［28］ 刘范,赵淑文.八至十五岁儿童交集概念和解交集数学题能力的发展研究——儿童认知结构发展变化的研究之一［J］.心理学报,1983(2):156-161.

［29］ 刘加霞,刘琳娜."综合与实践"领域的主旨、特征与实施建议——《义务教育数学课程标准(2022年版)》内容解读［J］.湖北教育,2022(6):8-10.

［30］ 刘金花,李洪元,曹子方,等.5—12岁儿童长度概念的发展——儿童认知发展研究(Ⅴ)［J］.心理科学通讯,1984(2):10-14,66.

［31］ 刘兆伟.小学数学教材的合理改造［J］.教学与管理,2020(2):54-55.

［32］ 刘志彪.小学数学教材解读的四重境界［J］.教学与管理,2020(29):36-38.

［33］ 吕静,黄丽.5—11岁儿童面积等分概念稳定性的发展［J］.杭州大学学报(自然科学版),1983,10(3):376-384.

［34］ 吕静,张增杰,陈安福.5—11岁儿童面积等分概念的发展——儿童认知发展研究(Ⅳ)［J］.心理科学通讯,1985(4):10-16,66.

［35］ 吕世虎,颜飞.新课标"统计与概率"内容分析:从结构到要求［J］.教育研究与评论(中学教育教学),2022(8):26-32.

［36］ 马云鹏.聚焦核心概念落实核心素养——《义务教育数学课程标准(2022年版)》内容结构化分析［J］.课程·教材·教法,2022,42(6):35-44.

［37］ 马云鹏.小学数学课程标准与教材研究［M］.北京:高等教育出版社,2016.

［38］ 马忠林.数学教育史［M］.南宁:广西教育出版社,2001.

［39］ 米山国藏.数学的精神、思想和方法［M］.毛正中,吴素华,译.成都:四川教育出版社,1986.

［40］ 皮亚杰,加西亚.心理发生和科学史［M］.姜志辉,译.上海:华东师范大学出版社,2005.

[41] 盛群力.教学设计[M].北京:高等教育出版社,2005.

[42] 孙国春.小学数学教材解读集体偏差现象探析[J].中国教育学刊,2016(3):78-83.

[43] 孙晓天,邢佳立.中国义务教育:基于核心素养的数学课程目标体系——孙晓天教授访谈录(三)[J].教学月刊·小学版,2022(3):9-12.

[44] 孙彦婷,李星云.我国小学数学课程建设70年的历程与发展趋势[J].课程·教材·教法,2019,39(11):53-58.

[45] 唐佳丽,李勇."统计与概率"在小学数学教材中的编排分析[J].数学教育学报,2022,31(1):59-63.

[46] 王本陆.课程与教学论(第3版)[M].北京:高等教育出版社,2017.

[47] 王秉铎.7—12岁儿童容积概念发展的实验研究[J].福建师范大学学报(哲学社会科学版),1985(1):106-112.

[48] 王光明,刘静.加强核心素养导向,完善课程标准体系——《义务教育数学课程标准(2011年版)》与《义务教育数学课程标准(2022年版)》(小学部分)比较研究[J].课程·教材·教法,2022,42(7):4-11.

[49] 王权.中国小学数学教学史[M].济南:山东教育出版社,1996.

[50] 乌美娜.教学设计[M].北京:高等教育出版社,1994.

[51] 乌云赛音,陈石磊,孙宏伟.儿童分数概念的形成和发展阶段及认知结构研究[J].内蒙古师范大学学报(哲学社会科学版),1989(3):91-95.

[52] 吴立宝,曹一鸣.中学数学教材的分析策略[J].中国教育学刊,2014(1):60-64.

[53] 吴立宝,刘颖超,郭衎.2022年版和2011年版义务教育数学课程标准比较研究[J].教育研究与评论,2022(5):28-34.

[54] 吴立宝,王光明,王富英.教材分析的几个视角[J].教育理论与实践,2016,36(23):39-42.

[55] 徐速.小学数学学习心理研究[M].杭州:浙江大学出版社,2006.

[56] 徐文彬,彭亮,任利平,等.小学数学教材中"认识三角形和四边形"的内容编排分析与比较——以"人教版""苏教版""北师版"为例[J].数学教育学报,2021,30(2):1-7.

[57] 徐文斌.小学数学教学方法[M].北京:教育科学出版社,2017.

[58] 杨庆余.小学数学课程与教学[M].北京:高等教育出版社,2004.

[59] 叶浩生.心理学通史(第2版)[M].北京:北京师范大学出版社,2019.

[60] 义务教育数学课程标准修订组.义务教育数学课程标准解读(2022年版)[M].北京:北京师范大学出版社,2022:40.

[61] 于洁.小学生数学归纳推理能力发展特征调查研究[D].上海师范大学,2022.

[62] 俞蓉,赵世恩.中英小学数学教材中"图形的运动"难度比较研究[J].数学教育学报,2022,31(6):80-86.

［63］喻平.教学认识信念研究［M］.北京:科学出版社,2016.

［64］喻平.核心素养指向的数学教学目标设计［J］.数学通报,2021(11):1-6.

［65］喻平.数学教学心理学(第2版)［M］.北京:北京师范大学出版社,2018.

［66］张奠宙,宋乃庆.数学教育概论(第二版)［M］.北京:高等教育出版社,2009.

［67］张华.课程与教学论［M］.上海:上海教育出版社,2000.

［68］张莉,伊晓美.新世纪以来小学数学教科书中"分数"习题难度分析——以3套人教版为例［J］.数学教育学报,2023,32(1):47-54.

［69］张梅玲,刘静和,王宪钿.关于儿童对部份与整体关系认知发展的实验研究——5～10岁儿童分数认识的发展［J］.心理科学通讯,1982(4):37-45.

［70］张顺燕.数学的源与流(第二版)［M］.北京:高等教育出版社,2003.

［71］张卫星.小学数学教材研读啥［J］.教学与管理,2014(29):35-36.

［72］张增杰,刘范,赵淑文,等.5—15岁儿童掌握概率概念的实验研究——儿童认知发展研究(Ⅱ)［J］.心理科学通讯,1985(6):3-8,66.

［73］张增杰,刘中华,邱曼君.5—11岁儿童概率概念认知结构的萌芽及其发展［J］.西南师范学院学报(自然科学版),1983(2):29-43.

［74］章全武.改革开放40年小学数学课程的嬗变——基于7份课程文件内容的分析［J］.上海教育科研,2018(9):18-22.

［75］章全武.教师教科书使用取向及其影响因素个案研究［J］.现代基础教育研究,2022,48(4):162-171.

［76］赵淑文,刘范.8—15岁儿童容积概念的发展——儿童认知结构发展变化研究之二［J］.心理科学通讯,1983(4):23-29,66.

［77］中华人民共和国教育部.义务教育课程方案(2022年版)［M］.北京:北京师范大学出版社,2022.

［78］中华人民共和国教育部.义务教育数学课程标准(2022年版)［S］.北京:北京师范大学出版社,2022.

［79］周仁来,张环,林崇德.儿童"零"概念形成的实验研究［J］.心理学探新,2003(1):29-32.

［80］朱智贤,林崇德.思惟发展心理学［M］.北京:北京师范大学出版社,1986.